美しさと魅力の心理

三浦佳世・河原純一郎
Kayo Miura　Junichiro Kawahara

編著

ミネルヴァ書房

は じ め に

　雲の切れ目から放射状に差し込む金色の光を見れば，誰しも美しいと感じ，魅力的な人が通り過ぎれば，思わず目を奪われてしまいます。私たちは何が美しいのか，どういうものが魅力的なのかを知っています。

　しかも多くの場合，こうした評価や感情はほかの人と共有できます。美しさには，共通解あるいは一般性，さらにいえば普遍性があるように思われます。それなのに，あらためて美とは何か，と問われると，答えに窮します。

　一方，「蓼食う虫も好きずき」という言葉があります。美しいものは好まれますが，好まれるものが美しいとは限らないようです。18世紀の哲学者カントは，判断する対象に関心をもっていたり，利害関係があったりすると，普遍的な美の判断ができないと指摘しました。関心や利害は個人によって異なります。判断に個人差があるのだとすれば，それはもう美ではなく，好み（テースト）の範疇に入っているのかもしれません。魅力にもそうした側面がありそうです。

　それでは，どうしてその景色を美しいと感じたのでしょう？　なぜその人を魅力的だと思ったのでしょう？　理屈じゃないとか，わからない，という場合もありそうです。でも本当に，美しさや魅力は理屈ではないのでしょうか？

　問い方を変えてみましょう。美しさや魅力は何によって，あるいは，どのようにして決まるのでしょう？　美しい，魅力的と感じたとき，あなたのなかでどのようなことが起こっているのでしょう？　人によって，時代によって，感じ方や判断に違いがあるのはどうしてでしょう？

　本書はこうした問いに，主として心理学の立場から答えるものです。議論する印象や感情は，美しさと魅力にとどまりません。よさや快さ，面白さ，かわいさなどのポジティブ評価・ポジティブ感情，さらには不快感や嫌悪感，不気味さなどのネガティブ評価・ネガティブ感情も含まれています。

　ところで，先の質問に答えるには，いくつかのアプローチがあります。一つは主体，つまり私たちの特性から考えるものです。経験や知識，心身の状態，

i

注意の向け方，関心の度合い，接触頻度，関連する記憶，利き手など，様々な要因から判断への影響を調べる方向です。いずれの要因も個人差の見られるものなので，美しさよりも好みや魅力について議論することが多いようです。本書の第Ⅰ部（理論編）では，「認知的要因」として取りあげています。ここではまた，理由なく下した（と思っている）判断にも理由があり，逆に，正当な理由があると思って下した判断でも，その理由は後づけにすぎないなど，人の判断の特徴や，そこに至るプロセスについても考察しています。

　もう一つのアプローチは，対象の特徴から考えるものです。このアプローチの歴史は古く，たとえば，古代ギリシャ時代から美しい比率についての議論が行われていました。中世には黄金比が尊ばれましたが，19世紀になると，この比が本当に美しいのか，データを採って調べようとする人が現れます。詳しくは本書の第Ⅱ部（項目編）を読んでいただきたいのですが，現在では黄金比を好む人は少数派のようです。また，黄金比を美しいと思う人は，この比に関する知識をもっていることが多いようです。知識や時代の影響を受けるとすれば，普遍的な美とはいえません。本書の第Ⅰ部（理論編）では，シンメトリーや1/fゆらぎなどの，対象の特徴から考えるアプローチを，「知覚的要因」という括りのなかで取りあげています。

　この2つに加え，第3のアプローチがあります。進化や発達を視野に入れた説明です。本書では「生物・神経基盤」としました。マックスプランク経験美学研究所所長のメニングハウスは「美は報酬である」と述べ，「行為を動機づける力がある」と語っています。この考え方はダーウィンにまで遡ることができます。一方，現代のニューロサイエンス研究も，美しいものを見ているときは，脳の報酬系が活性化されると報告しています。この考え方は，カントの美のとらえ方とは異なります。第3のアプローチは，あらためてヒトにとっての美とは何か，魅力とは何かを考える機会を与えてくれることでしょう。

　本書は第Ⅰ部（理論編）に続き，第Ⅱ部（項目編）として様々な具体例を紹介しています。「顔」から「希少品」に至るまで，日常で気になる45の事柄を通し，引き続き，美しさや魅力について考えます。このテーマの広がりと奥深さを実感していただけることと思います。第Ⅰ部から読みはじめ，知識を得て，

はじめに

第Ⅱ部に移ってもいいし，第Ⅱ部の興味ある章から読みはじめ，関連する第Ⅰ部の項目に戻って理解を深めていただいても結構です。読み進めていくうちに，各章の関連性に気づいて，さらに興味をもっていただけることと思います。

　本書は，心理学分野の第一線で活躍されている先生方，50余名に執筆いただきました。先生方には，専門的な知識をわかりやすくご紹介いただきました。そのため，予備知識がなくても，楽しく読んでいただけるものになっていると思います。一方で，充実した内容と文献リストは，この分野の専門家や研究者の方々にも役立つものになっていると思います。

　自然であれ人工物であれ，また，日常で出会うものであれ芸術作品であれ，美しいもの，魅力的なことに接して心揺さぶられ，あるいは，不快感を面白さに変えていく「経験」も大切です。一方，美しさにも理由があり，直感的・無意識的だと思った判断にも論理があることを知る，つまり「知識」を得ることも，見方・考え方を広げたり，変えたりするのに役立つことでしょう。

　美しさや魅力に関心のある人，デザインや表現，製品開発に関わっている人，人の心理を知り仕事に役立てたいと思うビジネスパーソン，心理学を学んでいる学生や関心をもっている中高生，知覚・認知分野の専門家，様々な方に本書を手に取っていただければと思います。

　2019年8月

編著者を代表して　三浦佳世

美しさと魅力の心理

目　次

はじめに

第 I 部 「美しさと魅力」をめぐる基礎理論

認知的要因

1 物の上手は好きの元──処理流暢性 …………………………… 2

2 見れば見るほど好きになる──単純接触効果 ………………… 4

3 Right が Right であるわけ──左右と感情 …………………… 6

4 昇れば天国，落ちれば地獄──上下と感情 …………………… 8

5 センターがエース──センターステージ効果 ………………… 10

6 美人は一瞬で目を惹く──魅力と注意捕捉 …………………… 12

7 全体としてこちらのほうがよい ……………………………… 14
　　──アンサンブル知覚

8 面接で有利になる順番は──順序効果 ………………………… 16

9 商品写真，前から撮るか，斜めから撮るか？ ………………… 18
　　── 3/4 効果

10 よくある見え方は好まれる──典型的見え ………………… 20

11 好まれる構図とは──構図バイアス …………………………… 22

12 典型的なものが好き──典型性選好理論 ……………………… 24

13 ほどほどのものがよい──覚醒ポテンシャル理論 ………… 26

14 美的な評価は感情である ……………………………………… 28
　　──アプレイザル（感情評価）理論

15 ユーモアはどこから生まれる？──不適合理論 ………… 30

16 好きになったのはいつ？ ……………………………………… 32
　　──好みの後づけに関する諸現象

17 あの時見たものは今見ても──感情（気分）一致効果 ‥34

18 流行っているものは美しい── MAYA 閾 ………………… 36

知覚的要因

19 シンプル・イズ・ベスト──プレグナンツ ………………… 38

20 対称的なものはよい──シンメトリとアシンメトリ …… 40

目　次

21　未完の美を求める心──体制化と補完……………42

22　デザインではムーブマンが大切──構造地図…………44

23　美は計算できるか？──複雑さと秩序による予測式……46

24　美は乱調にあり──1/f ゆらぎ…………48

25　隠れた規則性が美を生み出す──フラクタル…………50

26　覚えやすく，見つけやすいものは好まれる…………52
　　──冗長性

27　使いやすいデザインをめざして──アフォーダンス…54

28　機能的なものは美しい──機能美………………56

生物・神経基盤

29　弱さも人を惹きつける──同情・共感…………58

30　赤ちゃんは何を好むか？──親近性と新奇性…………60

31　誇張表現は実物よりもリアル？──鍵刺激…………62

32　動物は美を感じるのか？──美の進化的起源…………64

33　視線を測ると何がわかる？──眼球運動…………66

34　脳活動データからみる美と醜…………68
　　──ニューロイメージング

35　消費者の脳反応からみる魅力…………70
　　──ニューロマーケティング

第II部　日常のなかにみる「美しさと魅力」

顔・身体

顔①　　1　美人・ハンサムとは何か………………74

顔②　　2　究極の美人・ハンサムを求めて………………76

化粧①　3　魅力を与え印象にも残りやすいメイクとは？…………78

化粧②　4　化粧による魅力向上のメカニズム………………80

化粧③　5　錯視で引き出す顔の魅力………………82

表情　　6　魅力的な表情とは？………………84

vii

顔認知の文脈	7	顔を文脈で読む ………………………………… 86
ベビースキーマ	8	かわいさの構成要素 ……………………………… 88
ペット	9	なぜヒトは伴侶動物の虜になるのか ……………… 90
かわいい	10	「かわいい」を感情としてとらえる ……………… 92
摂食障害・醜形恐怖	11	ボディイメージと心の健康 ……………………… 94
身体的魅力	12	美しいとトクをする？ …………………………… 96
ファッション	13	ブランドロゴつき服は魅力的に見えるか？ ……… 98
マスク	14	衛生マスクは魅力を上げるか？ ………………… 100
漫画顔	15	漫画顔はなぜリアリティがなくても好まれるのか？ … 102

動 作

お辞儀・頷き・首振り	16	何気ない動作で印象が変わる …………………… 104
受け渡し	17	受け渡し動作の適切さや美しさ ………………… 106
動作の美と文化	18	踊りの魅力と舞いの美しさ ……………………… 108
踊ることの生得性	19	音楽にともなう身体の動き ……………………… 110

感 覚

音楽	20	音楽の魅力とは？ ………………………………… 112
リズムとグルーヴ感	21	リズムとグルーヴ感の格好良さはどこからくる？ … 114
声	22	魅力的な声とはどんな声？ ……………………… 116
言葉（役割語）	23	品格は言葉から …………………………………… 118
触	24	心臓ピクニック：「生命」を交感する快楽 ……… 120
味	25	おいしい・まずいの決め手って何？ …………… 122
香り・匂い	26	誰しもを魅了する香り？ ………………………… 124

デザイン

配色調和	27	色の美しさは組合せ次第 ………………………… 126
パターンのよさ	28	よさの概念は多義的 ……………………………… 128
トライポフォビア	29	パターンの気持ち悪さ …………………………… 130
黄金比	30	美しさが約束された比率？ ……………………… 132
景観美	31	景観美に「らしさ」は必要ない!? ……………… 134

目　次

庭園美	32	庭園美は数学的に解明できるか？	136
インテリア	33	インテリアの色の効果は変化する	138
照明	34	照明の光と美しさ	140
VR 空間	35	人工現実空間における臨場感と迫真性	142
音響空間	36	ホールも楽器のうち？	144
錯視の美	37	「錯視は美しい」理由を考える	146
活字の美しさ	38	書体のデザイン	148
質感・高級感	39	真珠の美	150
トレーのデザイン	40	高級感のある水切りトレー	152
パッケージング	41	視線からみえてくる食品パッケージのデザイン	154
車	42	こころと身体を活性化させる車づくり	156
不気味の谷	43	人間らしいが人間ではない不快	158
食べ物の見た目・鮮度	44	食べ物がインスタ映えするメカニズム	160
希少品の価値と選択	45	レアな商品の魅力	162

文献一覧　*165*

ix

第 I 部

「美しさと魅力」をめぐる
基礎理論

Category ································
▶ 認知的要因
▶ 知覚的要因
▶ 生物・神経基盤

認知的要因

I-1

物の上手は好きの元——処理流暢性

「楽」と「楽しい」には同じ文字が使われています。言葉の成り立ちの過程で，楽なことは好ましいことであると表されてきました。認知心理学では楽であることを「心的処理が容易に（流暢に）行われること」であるとみなし，この処理流暢性について検討を重ねてきました。以下ではその一部をご紹介します。

認知心理学は，まさに人の内部で行われる情報処理の流暢さを調べることをその歴史の一部としてきた学問です。反応時間はその代表的な測定指標です。反応時間とは読んで字のごとく，対象が呈示されてから反応が完了するまでの時間のことですが，それが実行される際の心的処理を考えると実に複雑な背景が存在することがわかります。心理学実験では多くの場合，実験参加者に何らかの対象を呈示し，それに対する何らかの課題を与えます（「対象が見えたと思ったら急いでボタンを押してください」など）。対象が呈示されると，それが感覚系に入力され，知覚され，記憶などの関連情報を参照しながら評価され，課題に必要な判断が決定され，身体運動による反応が実行されます。反応時間にはこのすべての段階の処理が累積的に反映されているのです。この反応時間が短いことは，どこかの処理がすばやく効率的になされたことを意味します。したがって，情報処理の流暢さを調べる際には反応時間の計測が主に行われます。

それではある対象への反応時間を短くするには（つまり処理を流暢化するには）いったいどうすればよいのでしょうか。1つの方法として，その対象を反復して観察することがあげられます。何事も繰り返すと上手くなっていくものです。プライミング効果もこれに含まれます。これは課題対象が出現する前に，一回でも同じ対象や関連する対象を経験しておくことで，反応が促進される現象です。他にも，対象の見た目を明瞭にする（知覚的流暢性），単語の場合に意味をわかりやすくする（概念的流暢性），読みやすくする（言語的流暢性）などでも処理流暢性を高めることができます（図I-1）。これらによって，反応時間が短縮するだけでなく，記憶や発音などの処理が促進されます。

2

I-1 物の上手は好きの元

図I-1 やさしい説明と難しい説明

処理流暢性には様々な判断や評価が影響を受けます。高い流暢性とともに与えられた情報は真実味が増して感じられる(1)，プライミングされた名前が有名なものに思える(2)，読みやすく書かれた文章だと著者が知的に感じられる(3)といった知見が報告されています。なかでもよく知られるのが単純接触効果です(4)（I-2参照）。これは対象（知らない文字など）が繰り返し呈示されると，だんだんその対象の好ましさが上昇していく現象です。つまり処理流暢性の高まりにより対象が好まれるようになることを示しており，まさに楽なものは好まれるということの証といえます。また対象の反復呈示は文字だけでなく，顔(5)，飲食物(6)，あるいは広告の品(7)などへの好意度を上昇させることから，とても一般性の高い現象であるといえます。

処理流暢性が美的評価にも影響するかについては未だ明確な結論に至っていませんが，絵画(8)(9)やメロディ(10)に対しての好みについては多くの研究がなされ，単純接触効果やそれに類する結果が報告されています。しかし好み以外では検討自体がまだ少なく，たとえば上述した顔への単純接触効果を調べた研究では魅力という美的次元の評価についてはっきりとした結果が得られていません(5)。一方で，色図形の魅力については単純接触効果が報告されています(11)。

それでは処理流暢性は好意度を自動的に高めているのでしょうか。部分的にはその通りです。プライミング効果や単純接触効果の研究によれば，事前に呈示される対象が観察者に気づかれていなくても好意度を高めることができます(12)(13)。つまり，観察者の知らないところで勝手に好きになっているようです。一方で，流暢性が高まったことに気づき，その原因が推測しやすい場合，好意度の上昇は抑えられます(14)。このようにして処理流暢性の効果を割り引くこともでき，部分的には制御可能ということになります。何かを評価する際には様々なかたちでバイアスが生じます。少なくとも処理流暢性による影響に関してしっかり理解しておくことで，その影響を排しながらより適切な評価を行うことができるかもしれません。

（山田祐樹）

認知的要因

I - 2

見れば見るほど好きになる——単純接触効果

　みなさんは，次のような経験をしたことはないでしょうか。毎朝，連続ドラマを見ているうちに，だんだん主演の役者さんが魅力的に思えてきた。あるいは，そのドラマの主題歌が，最初はピンとこなかったものの，何度も聞いているうちに徐々に耳に馴染んできた。このように，その対象が好きでも嫌いでもないようなニュートラルなものであっても，ある対象に触れれば触れるほど好きになっていくという現象を「単純接触効果」と呼びます。この現象は20世紀中ごろにザイアンスによって最初に提唱されました[1]。

　単純接触効果がどうして生じるかについては多くの説が提唱されていますが，現在までのところでは「知覚的流暢性の誤帰属」[2]という説が研究者たちの間で最も支持されています。この説によると，対象への複数回の接触が脳のなかでその対象を処理する効率を上昇させ，その知覚的な流暢性によって生じた親近性が対象自体への好ましさに誤って帰属される，というものです。自動車の運転は慣れないときにはいろいろ上手くできずに苦痛かもしれませんが，何度も運転を繰り返しているうちにあらゆる動作がスムーズに行えるようになると気持ちよく運転操作ができるようになり，いつしか運転自体が好きになってしまうようなものです。

　単純接触効果は，冒頭の例のように視覚でも聴覚でも生じますし，味覚や嗅覚[3]でも見られます[4]。さらには，事前に目で見たものを手で触ると，見ていないものを触るよりも好きになるような，多感覚統合的な現象も報告されています[5]。これまでの研究のなかでは，文字や単語，図形，絵画，写真など様々なものを繰り返し呈示することで効果が生じることが示されています。また，ニュートラルあるいはややポジティブに感じる対象の場合は好意度の上昇がみられる一方で，ネガティブに感じる対象の場合は反復呈示しても好意度が上昇しなかったり，より多くの接触回数が必要であったり，むしろ好意度が下がったりと，一貫した結果は得られていません。反復接触によって上昇するのは好意度だけ

4

ではありません。明るさや暗さといった知覚的な指標や,事前に反復接触した人名をより有名であると思ったり[7],文章をより妥当であると判断する[8]ような結果が得られています。その後の研究では,複数回接触した筆跡によって書かれた文章の説得性が上昇すること[9]や,

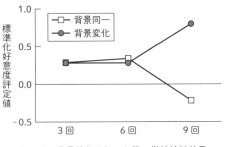

図Ⅰ-2　背景操作を行った際の単純接触効果
　　　　（松田ほか(14)を改変）

自信を失うような状況であっても鏡で日頃頻繁にみている自身の顔を複数回見るだけで自尊心が保てることを示した研究もあります[10]。

　1回あたりの接触させる時間は,ある程度長くても効果は見られますが,大体5秒以内であればより高い効果が得られます。また,知覚できないほど短い時間の呈示（閾下呈示）であっても効果が得られることから,単純接触効果はその対象を見たかどうかという記憶とは独立した現象であるといえます。このような閾下呈示による単純接触効果はサブリミナル効果（閾下呈示された対象によって何らかの影響を受ける効果）として世間的によく知られています。サブリミナル効果で有名な,映画館で「ポップコーンをどうぞ」「コーラを飲もう」という閾下メッセージによってそれらの売上が上昇したという有名なエピソードは信憑性の低さが指摘されていますが,閾下単純接触効果の存在そのものについてはクンストウィルソンとザイアンスによる研究が証明しています[11]。

　接触回数については,回数の増加に応じて好意度が上昇していく一方で,おおむね15回から40回ほどの呈示で飽きが生じ,上昇効果が抑制されます[12][13]。ですが,図Ⅰ-2に示す対象接触時の背景を操作した実験からは,背景が同一よりも変化させたほうが効果がみられることがわかっており,接触ごとに対象に新奇要素を付加することで飽きによる抑制効果を防ぐことができます[14]。意中の異性に何度も会って自分に好意をもってほしい場合は,毎回同じ服装・髪型に同じような場所で同じような話題では相手が飽きてしまうかもしれませんので,常に何らかの新しさを相手に提供できるようにしておくとよいでしょう。

（松田　憲）

認知的要因

I-3

Right が Right であるわけ——左右と感情

　英語を習いはじめた頃，疑問に思ったことがあります。それは "Right" という単語の意味についてです。ご存知の通り，"Right" には大きく分けて「正しさ」と「右」という 2 つの意味があります。当時の私は，どうして「正しさ」と「右」を同じ "Right" という言葉で表現するのか不思議に思ったものです（読者のみなさんのなかにも同じような疑問をもった人がいるかもしれません）。この疑問を考えるうえで，近年の認知心理学の知見が役に立つかもしれません。

　最近の研究で，人間は左右の空間と感情の快不快を結びつけていることが明らかになりました（図 I-3）[(1)]。この研究によると，右利きの人は自身の右側を快感情と，左側を不快感情と結びつけています。左利きの人の場合はこの関係は逆転し，左側を快感情，右側を不快感情と結びつけています。この結びつきを，ここでは「左右感情メタファ」と呼びます。なお，多くの人には利き手が存在し，たいていその利き手は右手であるといわれています[(2)]。つまり，右側を快感情と結びつけている人が全体的に多く，そのために「良い事柄」を言語で表現する際に「右」が使用されやすいのではないかと考えられています[(1)]。冒頭の「Right 問題」はこれに当てはまるといえます。

　さて，左右感情メタファが見られるのは言語表現だけではありません。たとえば，配置課題を用いた研究で左右感情メタファの影響は確認されています[(1)]。この実験では，人型のキャラクターが中央に位置し，その左右に正方形の空欄が描かれている用紙を実験参加者に配布しました。実験参加者は，パンダとシマウマをどちらの空欄に配置するかを尋ねられました。その際，「そのキャラクターはパンダが好きでシマウマが嫌い」という教示を行うと，実験参加者はシマウマを左側に，パンダを右側に配置する傾向が見られました（もちろん「そのキャラクターはシマウマが好きでパンダが嫌い」と教示すると逆の傾向になります）。加えて，別の実験により，紙面の左右に位置するエイリアンについて，「どちらが知的・魅力的・誠実・幸福に見えるか」を尋ねると，実験参加者の

6

利き手側が選択されやすいことが示されています。左右感情メタ⁽¹⁾ファの影響は日常場面でも見られます。カササントとジャスミンは，2004年と2008年の米国の選挙演説の際にも左右感情メタファと一致

図Ⅰ-3　左右感情メタファ

する傾向が見られることを発見しました。具体的には，右利きの演説者（ブッ⁽³⁾シュとケリー）は肯定的な内容を述べるときには右手で，否定的な内容を述べるときは左手でジェスチャーを行うことが明らかになりました。もちろん，左利きの演説者（マケインとオバマ）の場合は逆の傾向が見られました。以上のように，左右感情メタファは私たちの行動にも現れます。

　それでは，なぜ左右の空間と感情は結びついたのでしょうか。処理のしやすさ（処理流暢性；Ⅰ-1参照）が関与しているという説明が主流となっています。具体的には，利き手側の方が流暢に外界と触れ合うことができるために，利き手側を快感情と結びつけたのではないかという説明です。このことを支持する知見も存在します。たとえば，事故などで身体の右側が麻痺した右利きの人の場合，右と快感情の結びつきは消失します。また，健常な右利きの人でも，一⁽⁴⁾時的に右手が使いづらい経験をした後では左右感情メタファが消失することが報告されています。一方で，左右感情メタファはヒト以外（犬やミツバチ）で⁽⁴⁾　　　　　　　　　　　　　　　　　　　　　　⁽⁵⁾　　⁽⁶⁾も見られるため，利き手の処理流暢性だけで説明ができるかはまだ議論の余地があります（ヒト以外の研究では，脳の左右半球の機能差で説明を試みています）。

　冒頭の「Right問題」のように，左右感情メタファは私たちの日常のそこかしこに見られます。先ほど紹介したジェスチャー研究もまさにそうですが，実は⁽³⁾ユーザーインターフェースにも見られます。たとえば，タブレットやスマートフォンの画面上の対象（写真や論文のプレプリントなど）の良さを評価する際に，良い場合は右にスワイプ，悪い場合は左にスワイプするように求めるシステムも存在しています。人の心のなかに左右感情メタファが存在していることを考⁽⁷⁾慮すると，このようなシステムは極めてユーザーフレンドリーといえます。みなさんも日常のなかの左右感情メタファを探してみてください。（佐々木恭志郎）

認知的要因

I-4

昇れば天国，落ちれば地獄——上下と感情

　死後どこに行きたいですか。多くの人が天国と答えると思います。さて，天国はどこにあるのでしょう。みなさん，揃って上の方を指すでしょう。逆に地獄は下の方を指しますよね。しかしながら，天国と地獄は本当にみなさんの上と下にあるのでしょうか。そもそも天国と地獄の存在を客観的に証明した人はいないはずなので，誰にも場所なんてわからないはずです。その一方で私たちは自然に「天国は上，地獄は下」ととらえています。なぜでしょうか。その理由を解き明かすのに，「上下空間と感情の快不快の結びつき（ここでは上下感情メタファと呼びます）」はヒントの１つかもしれません。人間は，上側の空間を快感情，下側の空間を不快感情と結びつけています（図I-4）[(1)]。たとえば，日常会話でもテンションが「上がる」あるいは「下がる」と表現します。この上下感情メタファは日本に限らず，22の言語文化圏で確認されています[(2)]。

　実は，このような上下感情メタファは言葉だけの話ではありません。私たちの行動にも現れるのです。たとえば，画面上で「幸せ」などの快単語を見た後では画面の上側に注意が向きやすく，「不幸」などの不快単語を見た後では画面の下側に注意が向きやすくなります[(1)]。また，不快画像に比べて快画像を見た後では，上方向に手を動かすようになることも示されています[(3)]。さらにマルモレホラモスらは，実験参加者に，感情語を空間上の任意の場所に配置するように求めると，快単語は上側に，不快単語は下側に配置されることを報告しています[(2)(4)]。加えて，彼らは，中性感情である「驚き」は中央に配置されることも突き止めました[(4)]。他にも，ベクション（動いている視覚刺激を観察することで身体が動いて感じる錯覚）を用いた研究もあります。具体的には，快感情を喚起する音を聞きながらだと上方向のベクションが強くなります[(5)]。このように，感情の快不快は行動を上下方向に誘導します。

　上下の運動行為が感情処理を変調することもあります。カササントとダイクストラは，実験参加者に手で上あるいは下に物を移動させながら最近起きた出

8

来事を思い出すように求めました。すると，上に物を移動させているときは快記憶が，下に物を動かしているときは不快記憶が想起されやすいことがわかりました。同様の現象が，上下に物を動かす運動だけではなく，上下方向のベクションでも確認されています。加えて，上方向のベクション体験後は快気分になることも明らかになりました。上下の運動は，記憶だけではなく感情の評価にも影響を与えます。

図I-4　上下感情メタファ

佐々木たちは，参加者に様々な画像をタッチパネル上に呈示し，画像消失直後に画面を上あるいは下にスワイプするように求めました。その後，参加者は画像からどのような感情が喚起されたかを評価しました。実験の結果，上にスワイプした場合には直前に観察した画像が快に，下にスワイプした場合には画像が不快に評価されることが明らかになりました。このように，上下方向の運動と感情の快不快の結びつきは認知処理に影響を与えます。

　では，このメタファはそもそもどのようにして生まれたのでしょうか。現時点では2つの可能性が存在しています。1つは，身体体験にもとづいた説明です。たとえば，私たちは良い気分のときは背筋を伸ばし（上向きの姿勢），嫌な気分のときはうつむきます（下向きの姿勢）。このように感情と上下方向の身体の状態は日常生活で共起します。身体体験にもとづいた説明では，このような共起を無自覚的に学習した結果として上下感情メタファが形成されたと考えられています。一方で，言語的なメタファにもとづいた説明もあります。私たちは空間語（「高い」「低い」など）を字義的に使用する場合（「背が高い」など）と，比喩的に使用する場合（意識が「高い」など）があります。このような空間語の比喩的な使用が，特定の語（「意識」など）だけではなく般化し，結果として上下感情メタファが生まれたという説明です。両者の説明にはいずれも疑問点が残っており，決着はついていません。

　天国と地獄の場所を知る人はいませんが，少なくとも私たちの心のなかでは天国は自分の上側に，地獄は自分の下側に存在しています。上下感情メタファを考えると，このことはごく自然なことのように思いませんか。（佐々木恭志郎）

認知的要因

I-5

センターがエース──センターステージ効果

アイドルグループは，複数のメンバーで構成され，歌ったり踊ったりする集団です。3人以上のメンバーから構成される場合には，誰がエースであるか，誰がセンターであるかということが時に議論されます。リーダーが居る場合もありますが，リーダーは多くの場合，所属事務所や本人たちなどから明示的に指名されるのに対して，エースやセンターは多くの場合不明確であり，曲や状況によって受け手側から推定されるものであるといえます。また，リーダーはメンバーをまとめる，代表して告知を行うなどの明示的な役割を担います。一方，エースはメンバー間の能力や魅力の違いに依拠し，それらが最も高い対象を指します。センターは，字句的にはメンバーが並ぶなかで物理空間的に中央に立つ者を意味します。では，センターがエースなのでしょうか？

英語には，「take center stage」という言い回しがあります。問題などが注目される，最大の争点になるという意味でも使われますが，人が注目される，主役になる，人気があるという（おそらく本来の）意味でも使われます。しかし，中央にあるから注目されやすいのでしょうか，それとも人気があるから中央に置かれていると私たちが認識するのでしょうか。

人は，複数の人がいる状況では，より重要で能力の高い人が，より中央に位置すると考える傾向をもっています（図I-5）。また，偶然であっても中央に位置する人の能力が高いと認知するバイアスがあります[1]。これらは，センターステージ効果（center-stage effect）と呼ばれています。このようなバイアスは，中央にいる人は視覚・空間認知的に注意を引きやすく，注目を浴びやすいために生じると考えられていました[2]。ただし，重要で影響力のある人が中央に位置するという信念から，中央に位置する人にはむしろ注意を向けなくなり（中央への不注意），中央の人に対しての正確な認知が難しくなることから，能力の過剰評価が生じている可能性が示されています[1]。

消費者行動の研究においても，商品棚の中央にあることが選択行動にどうい

10

図I-5　センターステージ効果
　　　　——中央の人が重要と認知されやすい

出所：いらすとや

う影響をどのような理由で与えるのかが研究されています。商品棚に複数の似たような商品があるときに，人は中央にある商品を選ぶことが多くなります。これもセンターステージ効果です。しかし，記憶テストをしてみると，中央の商品についてより高い記憶再生率は得られません。つまり，センターステージ効果は中央に注意が向きやすく，記憶に残りやすいことによる効果ではありません。また，商品選択におけるセンターステージ効果は，自分の好みが明確なときには抑制されます。一方，他者が一番良いと思う物を選択せよという他者視点での課題ではより強く働きます。同様に，商品の一般的な人気・評判を評価すると中央の物ほど高く評価されます。したがって，世の中で人気の商品や評判の良い商品は棚の中央に置かれるという信念によって，商品選択のセンターステージ効果が生じていると考えられます。

　消費者がもつ信念については，「通路側の棚は売り出し中」や「棚の上の方の商品は高価」というものもあります。ただし，人気の商品を中央に配置することも含めて，現実の商品売り場では必ずしもそれらの消費者信念と一致した陳列がされているわけではありません。

　これらの科学的知見から考えると，アイドルグループにおいて「センターがエースである」という認知は，「所属事務所がセンターに能力の高い人を配置するだろう」という信念から生じており，中央への注意の向けやすさとは独立であると考えられます。また，自分の好みが明確な場合には，センターにとらわれずに様々な要素から魅力を判断し，気づくことができます。

（北崎充晃）

認知的要因

I-6

美人は一瞬で目を惹く──魅力と注意捕捉

　思わず美しい顔に目を奪われてしまった，このようなことを誰しも一度は経験したことがあるのではないでしょうか。美しく魅力的な顔には人の心を惹きつけ，人や社会を動かす力があります。私たちは顔の魅力に非常に敏感で，わずか100ミリ秒程度顔を見ただけでもその魅力を識別することができます[1]。それどころか，私たちは顔を見ると魅力を評価せずにはいられず，魅力的な顔には自然と視線や注意を奪われてしまいます[2][3]。驚いたことに，生後1週間にも満たない新生児でさえも魅力的な顔をそうでない顔よりも長く注視することがわかっています[4]。最近の顔魅力研究では，私たちの注意が魅力顔に奪われる現象とその仕組みを認知心理学の実験によって明らかにしようとしています。

　たとえば，たくさんの人が行き交う街のなかで，魅力的な人物を目で追ってしまうという経験は，複数オブジェクト追跡課題を用いて調べられています[5]。この課題では，10人の顔がコンピュータ画面上をランダムな方向に5秒間かけて移動した後，突然消失します。このとき，実験参加者は予め指定された5つの標的顔がどこに移動したかを正確に追跡し，記憶しておくことが求められます。5つの標的顔を同時に追跡するのは本来かなり難しいのですが，標的顔が魅力的なときはそうでないときよりも，正確に追跡できてしまうことが判明しています。

　魅力的な顔に思わず見とれてしまい，一瞬にして注意を奪われてしまうような体験を調べた研究もあります。中村と川畑は[2]，コンピュータ画面上の同一位置に1秒間に6〜7枚程度の速さで複数の顔写真を連続して呈示しました（図I-6左）。このとき，標的となる2名の女性の顔写真（第1，第2標的顔）を標的でない14枚の男性の顔写真に混ぜて呈示し，実験参加者には2名の女性顔がどのような顔であったかを後で報告することを求めました。すると，先に出現する第1標的顔は高い確率で正しく認識されていましたが，後続して出現する第2標的顔は第1標的顔が現れてから500ミリ秒の間はかなりの程度見落とされてしまいました。この現象は注意の瞬きと呼ばれ[6][7]，第1標的に一旦注意を向

Ⅰ-6 美人は一瞬で目を惹く

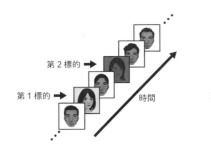
魅力的な顔の第1標的が現われてから
500ミリ秒の間は第2標的を見落としやすい

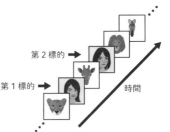
第1標的が現われてから500ミリ秒の間でも
魅力的な顔の第2標的は見落としにくい

図Ⅰ-6　2つの標的女性顔を含む高速逐次視覚呈示課題

けるとその後200〜500ミリ秒の間は別の標的に注意を向けにくくなることが知られています。さらに興味深いことに，第1標的顔を魅力的な女性顔にしておくと，第2標的顔の見落としはさらに多くなりました。顔魅力を評価する必要がない場面でさえも，魅力顔には一瞬にして注意を奪われてしまい，別な対象に瞬時に注意を向けなおすことはより一層難しくなるようです。

では，逆に本来注意の瞬きによって見落としが生じやすくなるタイミングで魅力顔を呈示するとどうなるのでしょうか。中村ら[8]は，動物顔（非標的顔）の間で第2標的として魅力的な顔を提示すると，魅力的でない顔よりも見落とされにくいことを報告しています（図Ⅰ-6右）。たとえ注意を十分に向けにくい状況の下でも，私たちは魅力的な顔を見つけ出すことができてしまうのです。

ここで1つ疑問として残るのは，注意を引きつける魅力的な顔とはどのような顔かということです。もちろん見た目として美しい顔は注意を引きつけますが[2]，顔魅力はそれだけで決定されるものではありません。その一例として，私たちには，自分の結婚相手や恋人の顔の見た目を現実よりも過大に魅力的であると評価してしまうバイアスがあり[9]，このバイアスは熱愛感情を強く経験する人において顕著に見られるといわれています。実際に中村ら[8]は先述の課題で第2標的として実験参加者の恋人の顔を呈示すると[8]，恋人に対して強い熱愛感情を抱く人ほど，恋人の顔をより正確に認識できることを明らかにしました。「美は見る者の目に宿る」といわれるように，注意を引きつける魅力顔は必ずしも顔かたちが美しい顔とは限らないのです。

（中村航洋）

13

認知的要因

I-7

全体としてこちらのほうがよい
——アンサンブル知覚

　スーパーマーケットの野菜売り場では，様々な野菜を目にします。私たちは
これを見て，「こちらの種類のじゃがいものほうが大きいな」とか「こっちの
ナスの袋は長めのものが入っているぞ」ということを瞬時に見分けることがで
きます。このとき，すべての野菜を一つひとつ比較してはいません。それでも
直感的に「平均すると大きそうだ」ということがわかります。このように，長
さや大きさなど，一つひとつの物体の情報は正確に認識できなくても，平均や
ばらつきなどの統計的な要約を瞬間的に認識できる能力は「アンサンブル知
覚」と呼ばれています。アンサンブルとは「共に」「一緒に」を意味する言葉
ですので，アンサンブル知覚とは「集合体の知覚」を意味しています。

　長さや大きさといった単純な特徴だけでなく，私たちは人の顔や表情のアン
サンブルも瞬間的に認識することができます。たとえば，数人のグループ写真
を撮るとき，カメラのファインダーを覗いたあなたはこう言葉をかけることで
しょう——「みんな，もっと笑って！」「いい笑顔だね！」。このときも，多く
の場合，一人ひとり全員の笑顔の具合をチェックしてはいないはずです。瞬間
的に，全体の笑顔の度合いを認識できていることに気づくでしょう。

　このような表情のアンサンブル知覚は，「何となく」「直感的に」行われてい
るようですが，実は非常に高い精度をもつことがわかってきました。モーフィ
ングという技術を使うと，満面の笑顔（強度100％の笑顔と呼ぶことにします）
と笑顔のまったくない真顔（強度０％の笑顔と呼びましょう）を好きな割合で混
ぜて，いろいろな強度の笑顔を作ることができます（図I-7）。そこで実験の
参加者に，様々な強度の笑顔を一斉に見せ，これらの笑顔の平均の強度をもつ
笑顔をモーフィングで作成するように教示すると，見せられた顔のなかの一つ
の笑顔の強度を作成するときよりも，正確に再現できました。日常生活で周り
の人の雰囲気を認識するのにこの能力が一役を買っていると考えられます。

　また，顔から感じる魅力もアンサンブルとして知覚できます。魅力度の高い

14

I-7 全体としてこちらのほうがよい

強度0%　　強度30%　　強度60%　　強度90%　　強度100%

→ 笑顔の強さ

図I-7　女性35人の顔を平均し、真顔と笑顔を様々な割合でモーフィングしたもの
注：京都大学こころの未来研究センター（KRC）表情データベースより作成。

　4人からなる高魅力グループと魅力度の高い2人と低い2人からなる比較グループの写真を実験参加者に呈示すると、グループのなかから1人ずつを選んで顔を呈示したときよりも、ずっと正確に高魅力グループと比較グループを見分けることができました[4]。これは0.5秒ほどの短い時間で可能であり、私たちはグループのなかの1人の顔だけを取り出して魅力を判断しているのではなく、瞬時にグループ全体の魅力を計算していることを示しています。

　では、このような顔や表情のアンサンブル知覚は私たちの生活のどのような場面に影響を与えているのでしょうか。ウォーカーとブルは[5]、1人の人物を実験参加者に見せて、その人物の魅力度を判断するように教示しました。このとき、対象となる人物のほかに2人が写った集合写真を見て魅力度を判断する条件と、同じ写真から対象となる人物だけを切り取ったものを見て魅力度を判断する条件が行われました。その結果、同じ人物・構図であるにもかかわらず、集合写真のなかに写っているときのほうが魅力的だと判断されました。彼女らはこの効果を「チアリーダー効果」と呼んでおり、グループの平均の顔が瞬間的かつ自動的に知覚されることによって、対象の人物の顔が平均に近づいて認識されたと説明しています。一般的に、平均された顔は個々の顔よりも魅力的に見えるため[6]（図II-1参照）、チアリーダー効果が生じると考えられます。

　アンサンブル知覚されたものは、その場だけでなく、記憶されて後の認識にも影響します。繰り返し見たものは初めて見たものよりも好きになるという単純接触効果が知られていますが[7]（I-2参照）、複数の物体のセットを繰り返し見ると、それらの平均の特徴をもった物体を実際には見ていないにもかかわらず、より好ましく感じるようになります[8]。このように、私たちが感じる魅力や好みの一端はアンサンブル知覚やその記憶によって支えられています。（上田祥行）

15

認知的要因

I-8

面接で有利になる順番は──順序効果

　私たちの社会のなかでは，人や物などの複数の対象に対して連続的に評価や判断を行う場面があります。たとえば人事や教育現場の面接では，面接官は，複数の候補者を次々に面接し評価します。このような系列的な評価は，オーディションでの人物評価や裁判における量刑判断，スポーツなどの競技審査，医療現場での画像診断などにおいても行われ，そこでは様々な対象について客観的で公平な評価が連続的に求められます。しかしこのような場面で，評価を行う側は個々の人物や競技，画像に対して独立に評価を行っているつもりでも，①全体のなかで評価対象が呈示された順序（系列位置）や，②評価の直前の経験（履歴）によって，評価に偏り（バイアス）が生じることがわかっています。たとえば①では，音楽オーディション番組において，系列位置の影響により最後の出場者の得点がより高くなることが示されています。同様の傾向は，フィギュアスケートやシンクロナイズドスイミングの競技審査などでもみられています。

　一方で②のように，系列位置にかかわらず，前に行った評価が現在の評価に影響するという局所的な履歴効果も生じます。たとえばケンリックらの研究では，男子学生の実験参加者に対し，魅力度の非常に高い女優が主役の TV ドラマを見ている最中に，平均的な魅力度の女性の写真を見せて魅力を評価してもらうと，ドラマを鑑賞していた学生は，鑑賞していない学生に比べて写真の女性の魅力度を低く評価することを示しました。このように現在の評価が直前の評価結果から遠ざかるように変化する対比効果は，魅力の評価以外にも，食べ物の味や，音楽の演奏といった評価においてもみられます。反対に，現在の評価が直前の評価に近づくように変化する同化効果も生じます。近藤らは，複数の一般人を撮影した顔画像を順番に呈示して連続的に魅力評価を行うと，現在の魅力評価が直前の評価に近づく方向に変化することを示しました。つまり，魅力的な人を評価した後で呈示された人は，単独で評価されるよりもより魅力的に評価され，反対に，魅力的でない人を評価した後で呈示された人は，より

16

I-8 面接で有利になる順番は

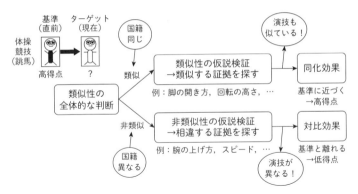

図 I-8 選択的アクセシビリティの過程（Mussweiler(10)をもとに作成）

魅力的でなく評価されます。同様の同化効果は他にも，オリンピックの体操競技の審査や，学生の小論文の採点など様々な場面で生じることが示されています。

では系列的な評価における同化と対比の履歴効果では，何によって効果の方向が決定されるのでしょうか？ 1つの説明として提唱された選択的アクセシビリティモデルでは，同化か対比かを決定する主な要因として，2つの評価対象（ターゲットと基準）の間の知覚的な類似性をあげています。このモデルによると，図 I-8 のように，現在の評価対象（ターゲット）と直前の評価対象（基準）を最初に類似していると認識すると，類似する証拠（類似するという仮説と一貫する証拠）を選択的に探すことにより，同化効果が生じます。反対に，2つの評価対象を異なると認識すると，続けて相違する証拠を選択的に探すことにより，対比効果が生じます。このモデルは，オリンピックの体操競技の審査を実験室環境で再現した研究によって支持されており，直前の競技者（基準）と現在の競技者（ターゲット）の同一の演技を呈示していても，国籍が異なるという事前情報を与えると対比効果が生じ，反対に，国籍が同じだという事前情報を与えると同化効果が生じることが示されています。先に述べた顔の魅力評価における対比と同化の効果も，このモデルから，基準とターゲットの類似性の違い（女優と一般人または一般人同士）により説明できる可能性があります。

以上のように，私たちが系列的な評価を行う際には複数のバイアスが生じることが示されており，評価を公平に行うための科学的手法の確立が必要とされています。

（近藤あき）

認知的要因

I-9

商品写真, 前から撮るか, 斜めから撮るか?
―― 3/4 効果

写真は, 3次元的な立体をある視点から見たときの見え方 (物体像) を2次元平面上に表したものといえます。視点を変えれば物体像は変化するので, 同じ物体でも正面・横・斜め右やや上……というように, いろいろな物体像を生じます。視点の違いによって, 物体像の美や魅力は変化するのでしょうか。「美しい花の写真」が美しいのは, 花という物体そのものが美しいからだけでなく, 美しく見える視点を選んで撮影されているからだとも考えられます。

では, どのような視点が好まれるのでしょうか。パーマーら[1]は, 馬・電話機・靴などの物体を様々な視点から撮影し, その写真がその物体の「どれくらい良い, あるいは典型的な写真か」を実験参加者に評定してもらいました。すると, 多くの物体で斜め方向 (正面と横の間) の視点で評価が高くなりました。このような斜め方向の物体像 (図1-9(a)) を英語では three-quarter view (3/4 の見え) と呼びます。車やイスなどの物体の正面像と斜めの像を見せて「物体の見た目の印象の良さ」を評定してもらった新美と渡邊の実験[2]でも, 斜めの方が評定値は高くなりました。一方, 正面の評定値と斜めの評定値には明らかな正の相関 (正面の評定値が高い物体は斜めの評定値も高い傾向) があり, 視点が変わっても物体間の相対的な「印象の良さ」の序列が保たれていることもわかりました。つまり, 物体像の好ましさには, 物体そのものの好ましさと, 視点が生む好ましさの, 両方が含まれているといえます。

物体の知覚や認知の特性が視点によって変化することを, 認知心理学では視点依存性と呼びます。その例として, 斜めの視点では物体の認識が容易になることが古くから知られています。これは, 物体像を見せてできるだけ早くその物体が何かを回答する, といった実験を行うと, 正面や真横・真上の視点より斜めの視点で回答が速く正確になることで確かめられます[3]。ですから, 斜めが好まれることは, 知覚・認識の容易さが好ましさを生むという処理流暢性の理論 (I-1参照) によって説明できるかもしれません。

I-9 商品写真，前から撮るか，斜めから撮るか？

図I-9 (a)斜めの視点からの3/4の見え (b)自転車とイスの奥行きが圧縮された見え[5]

　斜めの視点は，なぜ物体認識が容易で，好まれるのでしょうか。自転車のように前後に細長い物体を正面から見ると（図I-9(b)），奥行きが圧縮されて立体感覚が損なわれ，物体認識が難しくなります[4]。上下や左右に細長い物体（イスやテレビ）なら，上や横の視点で同じことが起こります。これを圧縮された見え（foreshortened view）と呼びますが，斜めの視点なら避けることができます。

　また，人工物では直方体に近い形状が多いですが，直方体を正面や横から見ると1つの面しか見えず，ただの四角形の像となります。しかし斜めの視点では，正面・側面・上面のすべての面が隠れずに見えるので，物体の外見的な情報が最も豊富に得られます。車のヘッドライトやワイパーは横からだとよく見えず，ホイールやドアは正面だと見えませんが，斜めではすべてが見えるわけです。

　一方で，例外も多く存在します。物体によっては斜め以外の視点が好まれることがあり，パーマーらの実験結果[1]でも時計・電話機・家は正面が，ティーポットは横が最も好まれました。時計などの物体は正面から見て使うことを前提にデザインされ，物体の主要な特徴のほとんどが前面にあるため，正面が好まれると考えられます。ティーポットも，実際の使用状況で典型的な視点を反映しているようです。典型的な視点については，次のI-10を参照してください。

　もう一つの例外として，芸術的な効果を狙った場合があげられます。画家や写真家は，あえてわかりにくい視点を選ぶことがあります。マンテーニャの『死せるキリスト』や，マーガレット・バーク＝ホワイトが飛行機を真後ろから撮影した写真[5]は，そのよい例です。飛行機としてわかりづらい視点を選ぶことで，見たことがない斬新な姿が得られ，そこに芸術的価値――たとえば，何か飛行機とは別の意味が見出されてしまう効果――が生まれます。物体像の美や好ましさは物体と視点の相互作用においてはじめて理解されるといえるでしょう。（新美亮輔）

認知的要因

I-10

よくある見え方は好まれる──典型的見え

　斜めから見た物体像（3/4の見え；I-9参照）は，何の物体かわかりやすいだけでなく，典型的な・見慣れた見え方と感じられることが知られています。そして典型的なものは好まれ（典型性選好理論；I-12参照），認識しやすいものは好まれ（処理流暢性；I-1参照），ふだんよく経験する，見慣れた，親近性の高いものは好まれます（単純接触効果；I-2参照）。さらに，見慣れた視点からの物体認識は学習が重ねられているので容易です。つまり，物体認識の容易さ，物体像の親近性，典型性，好ましさは相互に関連しているということができます。

　パーマーらは，日常的に見かける物体では最も典型的で，親近性が高く，認識が容易で，好ましく感じられるような特別な視点が存在すると考え，これを「典型的見え（典型的景観）」と呼びました。実際に物体認識課題の成績が最もよい視点や，その物体の姿を思い浮かべたときに最初に浮かんだ視点，物体の見え方の良さが最も高く評定された視点などを調べ，これらがよく一致することを確かめました。典型的見えは斜めの見えとは限らず，物体によって異なり，たとえば時計では正面が典型的見えとなりやすいとされます。

　斜めの視点が典型的見えとなりやすいのはなぜでしょうか。まず，物体の認識に役立つ視覚的情報が豊富に得られると考えられます（I-9参照）。さらに，そもそも物体のありとあらゆる視点のうち，「斜め」とみなされる視点が多いことも指摘できます。新美と横澤は，正面～後ろの間のいろいろな視点の物体像を用意し，実験参加者がその物体の方向をどれくらい正確に判断できるか調べたところ，正面や横・後ろは正確に判断できましたが，斜め方向の知覚は不正確であることを発見しました。たとえば0度（正面）の視点と正面から15度ずれた視点の違いはすぐわかりますが，30度の斜めの視点とそこから15度ずれて45度になった視点の違いはわかりにくく，同じような「斜め」として感じられます（図I-10）。そのため，私たちは仮に物体をあらゆる方向から等しい頻度で眺めたとしても，斜めの物体像を「見慣れた」「典型的な」ものと感じや

図Ⅰ-10　正面（0°）と15°の像の違いは大きいが，斜め同士は似て見える

すいのでしょう。

　とはいえ，斜め以外の視点が典型的見えとなることもありますし，斜めなら何でもよいわけではなく，後ろ斜めの視点はあまり典型的には感じられません。典型的見えはどのように決まるのでしょうか。パーマーら[1]は，典型的見えはその物体に関する重要な情報が隠れずによく見えている見え方だとしています。何が「重要な情報」かは，その物体の種類や文化によっても異なります。ですから，典型的見えは物体の形状のような幾何学的要因だけでは決まりません。

　ブランツら[4]は，コンピュータ画面上で様々な物体の3D映像を自由に回転できるようにして，実験参加者に「カタログに載せる写真を撮るのに最適な視点」を決めてもらいました。車などの日常的によく見る物体に比べて，抽象彫刻のように日常的な意味をもたない物体では，最適な視点は定まりにくく，人によってかなりのばらつきがありました。つまり，典型的見えには物体の知識が影響します。たとえば車や牛では下から見上げる視点は選ばれませんでしたが，飛行機やヘリコプターでは見下ろす視点も見上げる視点もともに選ばれています。

　典型的見えには一種の習慣として決まるものもあるようです。ネット通販サイトで商品写真を眺めると，ティーポットは注ぎ口が左，取手が右を向く写真がほとんどです。これは右利きの人が使用する場面を想定したものと考えられますが，ブランツら[4]の研究ではティーポットの典型的見えと実験参加者の利き手には関連が見られていません。車の商品写真は左向き，自転車は右向きがほとんどですが，いろいろな車の画像について見えの良さを評定した筆者の実験[5]のデータを分析したところ，左向きと右向きで差はありませんでした。このように，右向きと左向きのどちらが典型的かは，実際にどちらが好ましいと感じられるかにかかわらず文化や習慣によって決まることも多いようです。肖像画の顔の向きは，西欧の肖像画では左向きが多いですが[6]，アラビア語など右から左へ読む言語を使う人では右向きを好む傾向があることも報告されています[7]。　（新美亮輔）

認知的要因

I-11

好まれる構図とは──構図バイアス

絵画や写真のような視覚メディアは，たいてい四角い枠（フレーム）をもちます。構図（コンポジション）とは，フレーム内の視覚的要素の位置関係や配置のことです。写真や映像では現実の光景にフレームをあてはめて切り取るという意識が強いので，フレーミングと呼ぶこともあります。多くの場合フレームは横長ですが，これはヒトが横長の視野をもつことに関連があると考えられます。

よい構図を決める要因として，西欧絵画では伝統的にバランスやハーモニーの概念が重視され，特に対称性（シンメトリ）をもつ構図が好まれてきました（I-20参照）。写真の構図の経験則としては1/3ルール（rule of thirds）が有名です。これは，フレームを縦横それぞれ3等分し，その分割線上や分割線の交点上に主要な要素を配置するという方法です（図I-11(a)）。黄金比（II-30参照）を用いた黄金分割（約1：0.6）も，これに近いといえます。しかし，当然ながらよい構図は画題や文脈によって変化します。風景写真では地平線が1/2の高さ（画面中央）にある構図も，1/3や2/3の構図と同等かそれ以上に好まれます。また，東アジア文化圏の絵画ではむしろ対称な構図を避ける傾向が強いことは，よく指摘されます。[1]

フレーム内に1つの丸を配置するという，最も単純な構図を考えてみましょう。アルンハイムは，フレームの中心を通る垂直軸と水平軸，そして2本の対角線の4本の構造線を重視し，そのすべてが通る中心点を最もバランスのとれた位置とみなしました。パーマーらは，長方形内の様々な位置に1つの丸を配置した図形を見せてその良さを評定してもらう実験を行い，実際に中心配置で最も評価が高く，次いで垂直軸・水平軸上の評価が高いことを確かめています。[2][3]

単純な図形ではなく，現実の物体ではどうでしょうか。4：3の横長のフレーム内の様々な位置に1つの物体（ボート，教会など）を配置した構図を用いた実験では，全体的に端よりも中心付近が好まれたものの，横位置に関しては中心よりもやや左右に外れた位置が最も好まれました。つまり，アルンハイ[4]

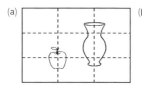

図Ⅰ-11 (a) 1/3ルールによる構図の例　(b) 構図の内向きバイアス[5]

ムの考えたように端より中心を好む傾向がある一方，黄金分割や1/3ルールが予測するとおり中心から左右にややずれた位置を好む傾向もあるようです。

　この問題に対する一つの明確な答えがパーマーたちの研究です[5]。4：3のフレーム内の様々な横位置に1つの物体（イス，車，立っている人間など）を配置し（縦位置は中央に固定），いくつかの方法で実験参加者に構図の良さに関する判断をしてもらいました。物体が正面向きの場合・左を向いている（物体の左側面が見えている）場合・右を向いている（右側面が見えている）場合に分けて調べたところ，正面向きの物体は中心配置が好まれました（中心バイアス）。しかし右向きの物体は中心より左寄りの位置が，左向きの物体は右寄りの位置が好まれました（図Ⅰ-11(b)）。つまり，物体が画面内側に向いている構図が好まれたのです。これは内向きバイアス（inward bias）と呼ばれています。実際，中世と18世紀の大量の動物画を分析した研究からも[6]，動物の後方より前方に広い空間をとる前方バイアス（anterior bias）が存在することが指摘されています。

　実は左右位置については，古くから右バイアス，つまり主な物体を右寄りに配置する傾向も知られています。ところが左利きの人では逆に左バイアスが見られることから[7]，右バイアスは右利きの人が多いことの反映と考えられます。このほか，右利きの人は「良い」ものを右側，「悪い」ものを左側に配置しやすい[8]（Ⅰ-3参照）など，利き手によって空間構造の把握のしかたに平均的な違いがあるようですが，その理由ははっきりとはわかっていません。

　美や感性が関わる感覚や判断は個人差が大きいものですが，構図の良さについても同様です。1つの物体を配置する実験でも[4]，実験参加者1人ずつのデータを見れば，中心バイアスを示さない例（左右の端や下寄りの配置を好む）があります。こういった個人差は，利き手に限らず経験や文化などの様々な要因が複雑にからみあって生まれているといえるでしょう。

（新美亮輔）

認知的要因

I -12

典型的なものが好き——典型性選好理論

　世界にはスズメやカラス，ダチョウなど，様々な種類のトリが存在しますが，私たちはそれらのトリをまったく別の存在として認識するのではなく，「トリ」という1つの概念としてとらえることができます。このように，私たちには日々の経験や物事のなかで共通した性質をもつもの同士を1つにまとめて，それにラベルをつけて認識する，「カテゴリ化」という認知機能が備わっています。1970年代，このカテゴリがどのように構成されているかを説明するモデルとして，典型性理論が提唱されました[1]。この理論では，カテゴリのメンバーが共有する特徴のすべてを反映した事例を「プロトタイプ（典型事例）」と称します。そして，カテゴリはプロトタイプとメンバーとの類似度，すなわち典型性の度合いにもとづいて整理整頓（構造化）されていると考えます。

　1970年代後半，「どういうものが美しい，あるいは好ましいと感じられるか」といった美的選好に関する心理学的研究では，当時多大な影響力をもっていたバーラインの覚醒ポテンシャル理論（I -13参照）では説明できない研究結果を説明できる理論が模索されていました。そのなかで，典型性理論は美的選好を説明するための新たな枠組みをもたらしました。

　ウィットフィールドらは，芸術作品や美的な対象への選好判断は，それらの典型性の度合いによって決定されるという，典型性選好理論を提唱しました[2]。典型性選好理論では，その美的対象が属するカテゴリの特徴を多く共有している事例ほど（典型性が高ければ高いほど）選好されます。この理論は，家具や絵画などの視覚芸術[3][4]，プロダクトデザイン[5]などの美的対象を用いた研究によっても確認されています。

　たとえば，シュールリアリズム絵画を対象としたファーカスによる研究では，同じ様式の作品を反復提示することによってその様式を学習した参加者は，シュールリアリズムの代表的な作品（典型的作品）を好むことが示されています[3]。

　ヘッカートらは，典型性選好理論と覚醒ポテンシャル理論のどちらが美的対

24

Ⅰ-12 典型的なものが好き

象に対する美しさの評価を説明できるかを検討しています[4]。彼らは，キュビズム絵画を用いて，人々の美しさの判断における典型性の効果と主観的複雑性の効果を比較しました。その結果，何が描かれているのかすぐに判別できる作品群（図Ⅰ-12(a)）の場合には，典型性が作品の美しさ判断に影響を及ぼすことが確認されました。一方で，描かれている内容がすぐには判別できない作品群（図Ⅰ-12(b)）では，典型性ではなく見ための複雑さが美しさ評価に影響しました。これらの結果から，彼らは抽象絵画に関する美的選好には複雑性が，具象絵画に関する美的選好には典型性が関係すると結論づけています。

(a) 内容が判別しやすい作品[9]
（認識平均所要時間：0.77秒）

(b) 内容が判別しにくい作品[10]
（認識平均所要時間：9.97秒）

図Ⅰ-12　ヘッカートらが研究に使用した絵画作品の一例[4]

また，典型性と美的選好との関係を例証するそのほかの研究としては，顔の魅力に関する研究があります（Ⅱ-1参照）。この種の研究では，複数名の顔を画像処理によって平均化して作成した「平均顔」を研究対象とする場合があります。平均顔は様々な顔事例の特徴を平均化していることから，「顔」カテゴリの典型事例とみなすこともできます。一連の研究からは，人々が平均顔に対して美的魅力を見いだしやすいことが示されています[6]。

ただし，典型性選好理論は単純な快不快の評価をランダム図形（無作為に生成した多角形）などの美的対象ではない視覚対象を用いて検証した研究が多い点が問題点として指摘されており[7]，また芸術作品に対する美的判断を説明するには説明原理として不十分であると批判されることもあります[8]。

（筒井亜湖）

認知的要因

I-13

ほどほどのものがよい
——覚醒ポテンシャル理論

　芸術作品が人々に対してどのような印象を引き起こすのか，どのような作品が美しい，好ましいとされるのか（美的選好）を初めて実験にもとづいて研究したのは，19世紀の物理学者フェヒナーでした。彼は作品によってもたらされる印象について，作品の物理的な性質（たとえば，黄金比など）の点から明らかにしようと試みました。以来，美的な問題について心理学的な方法で研究を行う経験美学の領域では，美的対象の物理的な性質からのアプローチが主流でしたが，1970年代，この経験美学の主流に対して新しい流れをつくり出したのはバーラインの一連の研究でした。

　バーラインは当時心理学の領域において主流であった行動主義からの理論と，現れつつあった認知心理学からの理論とを融合させて，経験美学に新しい理論的枠組みをもたらしました。彼の参照した1つめの理論は行動主義の動因低減説です。動因低減説では，「生物は動因（興奮状態，たとえば「飢え」など）を引き起こすものから逸脱し，ホメオスタシス（生物が生命を維持するために必要とする内的な平衡状態）を維持しようとする」そして「動因の低減（飢えからの回復）は生物にとっての報酬となり，それを叶える行動（摂食行動）を習慣化させる」と考えます。しかしこの説では，生物が自発的に行動し，興奮や覚醒，緊張などを増加させるような刺激を探求する，美的な行動を説明できません。そこで次に彼が参照したのが，認知心理学の情報理論です。情報理論では，生物はホメオスタシスを維持するためだけでなく，情報を探索するためにも動機づけられると考えます。

　この2つの異なる理論を融合させることで，バーラインは「覚醒ポテンシャル理論」を提唱しました。覚醒ポテンシャルは，覚醒（生物が行動するために必要な活動レベル）をもたらす可能性を意味する概念であり，バーラインがヘドニックトーンと総称した快にもとづく諸概念（快さや良さ，好ましさなど）と逆U字の関係となることが主張されています（図I-13(a)）。この逆U字関係

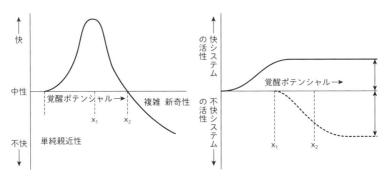

(a) 覚醒ポテンシャルと快・不快の関係　(b) 覚醒ポテンシャルの増加に伴う快・不快システムの活性化の推移

図Ⅰ-13　覚醒ポテンシャル理論(3)

は，快感，不快感をそれぞれ引き起こす脳部位にある快システムと不快システムの，覚醒の増加にともなう活性化という，2つの現象によって構成されます。具体的には，何らかの情報入力によって生じた覚醒ポテンシャルは，脳において報酬と感情をコントロールする部位へと伝達されます。覚醒ポテンシャルの増加は，情報を探索する動機づけに起因して快システムを活性化する一方で，ホメオスタシスを維持する動機づけにもとづき不快システムも活性化させます。ここで不快システムの方が活性化されるのに強い覚醒ポテンシャルを必要とするため，先に快システムが活性化し，快の主観的感覚を増加させます（図Ⅰ-13(a)(b) x_1）。次に覚醒ポテンシャルのさらなる増加によって不快システムが活性化されると快システムの活性は相殺されて（図Ⅰ-13(a)(b) x_2），快の主観的感覚は減少していきます。この仕組みが，図Ⅰ-13(a)にあるような逆U字関係を生み出します。これは，単純すぎる情報には快を感じないが，複雑すぎるものには不快を感じ，その中間が最も快くなることを表しています。

　バーラインは，覚醒ポテンシャルをもたらす情報の要素として「複雑性」や「新奇性」などをあげ，これらを「照合変数」と総称しました。照合変数は，いずれも私たちの内部にある主観的な指標との比較照合によって決定されます。よって，ある情報がどのくらい複雑であるかは，個人のもっている基準によって異なり，その情報がもたらす覚醒ポテンシャルも違ってきます。すなわち，ひとによってほどほどのものは違うということです。

（筒井亜湖）

認知的要因

I-14

美的な評価は感情である
──アプレイザル（感情評価）理論

　美的な問題について心理学的な方法で研究を行う経験美学の領域では，美的な対象（美術作品など）への評価（美的評価）について，快不快のような比較的単純な評価に関する研究が進められてきました。しかし，そのような単純な評価は，私たちが芸術に触れたときに行っているものとは異質であるように感じられるかもしれません。21世紀に入り，経験美学では美的評価を「感情」とみなす流れが広がっています。この流れのなかで，美的判断を説明する枠組みとして，感情を説明するために提唱された理論であるアプレイザル理論を参照する研究が現れはじめました。アプレイザル理論は，対象や事象から感情が誘発されるまでの間に生じる内的なプロセスとして複数種のアプレイザル次元（認知的評価次元）を想定し，これらの次元における評価パタンの違いによってあらゆる感情が説明できると考えます。シェーラーの成分過程モデルでは，直面した対象や事象が馴染みのないものであるか［新奇性］，それによって快が生じるか［内発的快］，それが自らの要求や目的に関係しているか［目的重要性］，それにうまく対応する（対処する）能力があるか［コーピングポテンシャル］，それが社会的ないし個人的に望ましいかどうか［規範適合性］の，5種類の主観的な事前評価にもとづいて，感情は誘発されると仮定します。たとえば図I-14にみられるように，各アプレイザル次元の高低によって感情を表現します。

　経験美学の領域において，はじめてアプレイザル理論を説明原理として取り入れたのは，シルビアです。彼はアプレイザル理論の枠組みにおいて，美的対象の面白さを説明する心理モデルを提唱しています。このモデルでは，面白さは新奇性とコーピングポテンシャルの2つのアプレイザル次元によって説明され，新奇性とコーピングポテンシャルがともに高い（馴染みがないけれども，自分なりにその刺激を解釈・理解できる）と評価される場合に面白さの印象がもたらされます。

　またシルビアは，芸術作品に対する怒りや嫌悪感といった否定的な印象につ

I-14　美的な評価は感情である

表I-14　感情・美的評価による，アプレイザル次元における評価パタンの違い[2][3][4]

感情・美的評価	アプレイザル次元				
	新奇性	内発的快	目的重要性	コーピングポテンシャル	規範適合性
喜び	高い	高い	高い	高い	高い
怒り	高い	―	非常に高い	高い	低い
恐れ	高い	低い	高い	非常に低い	―
悲しみ	低い	―	非常に高い	非常に低い	―
（美的）面白さ	高い	―	―	高い	―
（美的）怒り	―	―	高い	―	低い
（美的）嫌悪	―	低い	低い	―	―

注：「喜び」「怒り」「恐れ」は文献（2），「悲しみ」は文献（3），「（美的）面白さ・怒り・嫌悪」は文献
（4）より作成。

いても，アプレイザル理論の枠組みから説明しています[4]。彼の提案する怒りの
評価モデルは目的重要性と規範適合性の2つのアプレイザル次元で構成されま
す。ここで，作品を評価する鑑賞者にとって目的重要性が高く，規範適合性が
低い（その作品は自らの要求や目的に関係しているけれども，社会的ないしは個人
的に望ましいものではない）と評価される場合に，怒りの印象が生じるとされま
す（表I-14）。また，嫌悪感のモデルでは，目的重要性と内発的快がアプレイ
ザル次元として組み込まれ，目的重要性と内発的快がともに低い（その作品が
自らの要求や目的に関係なく，かつ不快である）場合に嫌悪感が生じると説明さ
れます（表I-14）。

　美的な評価判断は，単純な快不快の判断というよりは，評価する人の状態や
環境など，様々な要因が関与する複雑なものであると考えられます。また，ひ
とことで美的評価といっても，快さや良さ，好き嫌いのほか，美しさや面白さ，
嫌悪など，様々な種類があります。美的評価へのアプレイザル理論の適用は，
これらの複雑かつ多様な評価判断の構造について，1つの理論的枠組みによっ
て説明することを可能にしました。とはいえ，元来アプレイザル理論は喜びや
悲しみといった強い感情を対象としています。今後は，より美的評価に特有の，
包括的かつ詳細なアプレイザルモデルの検討が望まれます。　　　（筒井亜湖）

認知的要因

I -15

ユーモアはどこから生まれる？
——不適合理論

　私たちは，日々，喜んだり，腹を立てたりするのと同じか，それ以上の頻度で，何かを「おもしろい」「おかしい」と感じ，笑っています。この「笑い」という身体表出をともなう感情現象を，ここではユーモアと呼びます。

　これほど身近な現象でありながら，ユーモアがどのような心理的プロセスを経て生じるのかについて，統一的な見解は得られていません。最も有力視されているのは，不適合（予測と実際のズレ）がユーモアを生じさせるとする不適合理論ですが，この理論は2つの立場に分かれています。1つは，不適合の存在そのものがユーモアを生じさせるとする不適合モデル[1][2]，もう1つは，不適合的な状況が生じた理由を発見し，不適合を解決することによってユーモアが生じるとする不適合－解決モデル[3][4]です。漫才でいえば，「ツッコミ」の役割の1つは，「ボケ」という不適合に対する解決の手がかりを与えることにあります。

　しかし，日常では，必ずしもユーモアの生起にとって解決が重要とはいえないケースも見られます。たとえば，前方から走ってきた友人が目の前で突然転倒したとき，その原因は重要でなく，友人が転んだという特異な状況そのものがおもしろいと感じられます。つまり，不適合自体が特に不可解なものでなければ，漫才やジョークでなされるような理由づけがなくても，ユーモアは生じます。

　このように考えると，「不適合」の概念には，状況の不可解さとしての不適合と状況の特異性・意外性としての不適合という2つの意味内容が混在していることに気づきます[5][6]。不適合－解決モデルが前者，不適合モデルが後者の不適合について論じているとすれば，2つのモデルは実のところ，異なる認知プロセスを扱っていると考えられます。つまり，何らかの理由づけによって不可解さを解消するプロセスと状況の特異性・意外性を検出するプロセスです。

　このうち，不可解さを解消するプロセスは，ユーモアに特有のものではありません。私たちは，日々遭遇する事象に対して状況モデルと呼ばれる心的表象を形成し，絶えず更新し続けています[7]。新しく入ってきた情報が状況モデルと

矛盾するものであれば，状況モデルを再構築するなどして矛盾を解消する必要があります。こうした不可解さの解決がユーモアにつながるのは，解決の結果として再構築された状況モデルが何らかの特異性を含んでいる場合に限られます。たとえば，以下のような状況です。

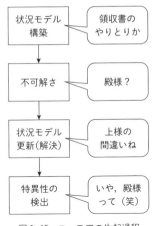

図Ⅰ-15　ユーモアの生起過程

店員「領収書の宛名はいかがいたしますか？」
客「えっと，殿様でお願いします。」
店員「上様でよろしいですね。」

ここでは「殿様」という客の不可解な発言が，店員の返答により「上様」の言い間違いであったことが明らかになります（図Ⅰ-15）。それがわかると，客の間違い方の珍妙さに意識が向き，ユーモアが生じます。また，前述の友人の転倒の例のように，不可解さの解決というプロセスを経なくても，状況が特異性・意外性を含んでいればユーモアは生じえます。このように考えると，ユーモアの生起に必要なのは，不可解さの解決よりも状況の特異性・意外性の検出であると考えられます。

しかし，特異性・意外性の検出はユーモアの必要条件であって，十分条件ではありません。たとえば，友人が転倒したとき，苦悶の表情を浮かべ，頭から血を流していたら，生じるのはユーモアでなく，焦りや不安などの感情でしょう。つまり，状況が他の強い感情を引き起こすような重要な意味合いをもっていないということがユーモア生起のもう１つの条件になるといえます。(5)

進化学的な観点からは，ユーモアは「遊び」を媒介する感情であるという説が有力です。(8)(9) 遊びは虚構性を前提とした活動であり，そのなかでの出来事は現実場面とは切り離されたものであり，重要な意味をもちません。また，遊びは感覚的・認知的な刺激，つまり新奇性を求めて行われる活動です。こうした遊びの特徴は，「重要でない特異性・意外性」によって生じるというユーモアの特徴とよく合致しています。「人はなぜ笑うのか」は，古代ギリシャ，アリストテレスの時代から議論されてきたテーマですが，現代の心理学はこの問いに，「遊びのためである」という一つの解答を提示しています。

（伊藤大幸）

認知的要因

I -16

好きになったのはいつ？
──好みの後づけに関する諸現象

　もし今アクセサリーを身に着けていて，「あなたはそれを「いつ」気に入り
ましたか？」と尋ねたら，「お店でひと目見たときから，このあたりが魅力的
と思ったので買った」と答えるかもしれません。つまり，何らかの「理由」が
あって「選んだ」という趣旨を述べるのではないでしょうか。非常に自然な流
れだと思います。しかしながら，実は私たちの選択というものは，必ずしもこ
のような自然な流れに則っていません。驚くべきことに，選択の「後」に好み
が「つじつま合わせ」のように作られることが時として存在するのです。

　ヨハンソンたちは，非常に単純な判断課題を行いました。実験者は，参加者
に二枚の人物写真（魅力度が同じくらい）を見せて，魅力的な方を指差すよう
に求めました。その後，選ばれた方の写真だけを参加者に見せて，選んだ理由
を尋ねました。このような選択課題を1人の参加者に複数回行うという実験で
した。しかしながら，実は実験者はマジシャンで，選ばれた写真と選ばれなか
った写真を数回おきに参加者に気づかれないようにすり替えていました。つま
り，参加者はたびたび気づかぬうちに選んでいない写真を見せられながら，選
んだ理由を尋ねられていたのです。「普通にすり替えに気づくだろう」と思う
人も多いと思います。しかし，多くの参加者はすり替えに気づかず，それどこ
ろか，選んだ理由について確信をもって答えた人ばかりでした。このような選
択の意図と結果の不一致の見落としは，「選択盲」と呼ばれています。選択盲
は，味覚や触覚の判断などの他の感覚でも見られ，さらには道徳的，政治的，
経済的判断などでも起こることが後の研究で判明しました。また，すり替えに
気づくのは一貫して参加者のうちたった20〜35％という報告もあります。選択
盲は，私たちの選択は必ずしも動機や意図にもとづかず，むしろたびたび選択
をした後に動機や意図が時間的にさかのぼって作られることを示しています。

　他にも，選択行為と好みに関する現象はあります。選択による好みの変化も
その1つです。事前に顔写真などの対象に対して，参加者はどれくらい好きか

I-16 好きになったのはいつ？

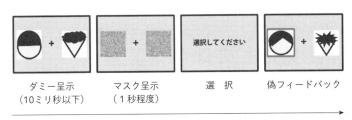

図I-16 閾下呈示選択パラダイムの選択課題の例
注：通常，視認性を下げるためにダミー呈示後にマスクを呈示する。

について評定します（事前評定）。その後，そのなかから同じくらいの評定値の顔写真をペアで参加者に呈示し，どちらが好きか尋ねます（選択課題）。選択課題の後，再び好みの評定を行います（事後評定）。なお，事後評定で顔写真を呈示する際に，選択課題時に自身がどちらを選択したかについて参加者には示されました。すると，選択された顔については，事前評定に比べて事後評定のときのほうがより好まれるようになることがわかりました。このことは当初は同じくらい好まれていたにもかかわらず，自分が選択したことで好みが変化することを示しています。その後，実際に「選択した」ことが重要なのかについて調べられました。[9][10] これらの実験で用いられたのは，上述の手法を改良した「閾下呈示選択パラダイム」です（図I-16）。事前評定，選択課題，事後評定を行うのは同じですが，選択課題の手続きが異なっています。具体的には，知覚できないほどの短時間（10ミリ秒以下）で2種類の写真をダミー対象として呈示し，好ましいものを強制的に選択させます。強制選択後，ダミーとは異なる2枚の写真をターゲット対象として呈示し，一方の写真について参加者が選択したものであると虚偽のフィードバックを与えます。結果として，選択したと虚偽のフィードバックが与えられた対象については，事前評定に比べて事後評定での好ましさが高くなりました。つまり，(実際には選択してなくとも)自分が選択したと「思い込む」ことが選択による好みの変化には重要と考えられます。

私たちは，好みにもとづいて選択を行っていると思っています。しかしながら，選択盲や選択による好みの変化は，選択によって好みが後づけ的に生み出され得ることを示しています。そう，あなたのアクセサリーは「好きだから選んだ」のではなく，実は「選んだから好き」になったのかもしれません。 （佐々木恭志郎）

認知的要因

Ⅰ-17

あの時見たものは今見ても
——感情（気分）一致効果

「悲しいときにはせめて楽しいことを思い出そうとしても，そのようなとき
に限って頭に浮かぶのは悲しい思い出ばかり」。「それならばせめて街に出て気
分転換しようと思ったら，目に付くのは事故やトラブルといったネガティブな
情報ばかり」。みなさんもこのような経験をしたことはないでしょうか。この
ように，ある感情や気分の状態（たとえば，喜びや悲しみ）のときにその状態と
一致した感情的要素をもつような情報の認知や記憶が上昇することを，感情
（気分）一致効果と呼びます[1]（図Ⅰ-17）。

感情（気分）一致効果と類似した現象として，感情（気分）状態依存効果と
いうものがあります。情報を記憶したときとその内容を思い出そうとするとき
の感情（気分）が同じであるときに，記憶成績が良くなるというものです。す
わなち，ポジティブな感情・気分のときに記憶した事柄はポジティブなときに
思い出しやすく，ネガティブなときの記憶はネガティブなときに思い出しやす
い，というものです。

感情（気分）一致効果について，バウワーらの実験では[2]，事前に参加者の気
分をポジティブないしネガティブな状態へと誘導し，ポジティブあるいはネガ
ティブな物語を読ませ，その後に物語の内容を思い出し答えてもらう（再生）
課題を課しています。その結果，参加者の気分に一致した内容がより多く思い
出されるという，感情（気分）一致効果がみられました。その後の研究によっ
て，気分誘導後に呈示される情報が自己と関連している場合に感情（気分）一
致効果が得られやすいこと[3]や，ポジティブな記憶を思い出すことがその後のポ
ジティブな気分を促進すること[4]も示されています。また，日々生きていくなか
で起こる変動の激しい感情や気分のみならず，比較的変動の少ない個人の生ま
れもった性質（気質）においてもこの効果を見ることができます。楽観的な人
と悲観的な人に，これまでの人生で起きた出来事をそれぞれ同数ずつあげても
らうと，楽観主義者が楽しかった思い出を次々にあげるのに対して，悲観主義

者の口からは悲しい思い出ばかりが語られる傾向にあります。前述のように楽しい記憶はポジティブな，悲しみの記憶はネガティブな感情・気分を引き起こすと考えられますから，感情・気分と記憶は双方向的に高め合う関係にあるといえるでしょう。

何故このような効果が得られるのかについて，符号化特定性原理による説明がされています。符号化（記銘）したときの文脈が記憶に大きく影響するというもので，グッデンとバドリーの陸上と水中で覚えたものを思い出して答える（再生）テストを行った実験で，学習時と再生時の状況が同じであるほうが記憶成績が良かったことなどが知られています。陸上か水中かといった自身の外側の文脈と同様に感情や気分のような内側の文脈が検索手がかりとして働くことが考えられ，効果の生起の説明が可能となります。

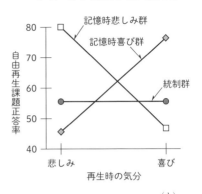

図Ⅰ-17 感情（気分）一致効果の例

私たちが無意識に何かに注意を向ける際に生じるバイアスもこの効果の要因としてあげられます。ポジティブな画像とネガティブな画像を同時に呈示すると，自身の感情・気分の状態と一致した画像のほうを無意識に注目してしまうといわれています。また，私たちの認知のバイアスのなかに確証バイアス（自身の信念に合致する情報ばかりを探索し，反する情報には注目しない傾向）というものがありますが，この情報の取捨選択にも感情・気分の影響が見られます。

感情（気分）一致効果はマーケティング等にも応用されています。店舗のレイアウトや接客をより魅力的にすることで，客は商品の良い面が目に留まるとともに，当初購入を予定していなかった商品にまで手を伸ばす可能性が上がるかもしれません。ほかにも，気分的に高揚するスポーツ等の観戦中に触れた広告の商品への購買意図が高まったり，通販サイトで意中の商品を購買して満足感を得た後に画面に表示される関連商品をついついクリックしてしまうのは，気分の高揚が買い物の興奮と結びつくからだと考えられます。　　（松田　憲）

認知的要因

Ⅰ-18

流行っているものは美しい
── MAYA 閾

　美しさの基準は１つでしょうか？　たとえば，ジャケットの肩幅は流行の変化にともない長い時間軸で見ると，広くなったり，狭くなったりしています。広い肩幅が流行り出すと，極端に広くなることもあります。この現象にはピークシフト理論（Ⅰ-31参照）が関わっていると考えられます。極端に広い肩幅でも，それが流行っているときは，美しく見えるものですが，流行遅れになれば，バランスの悪いデザインにしか見えません。機能的な観点からすれば，肩幅は大きく変化する必要はないはずです。それにもかかわらず時代によって変化するのは，同じデザインだと「飽き」が生まれ，変化を求めたい気持ち（新規性志向）が芽生えるからであり，あるいは，集団のなかで目立ちたいと思う人が，人とは異なるデザインを望むからです。

　一般に，極めて新規な対象やデザインに対して，人は拒否感を抱くといわれています（覚醒ポテンシャル理論；Ⅰ-13参照）。しかし，慣れてくると拒否感が弱まり，それを取り入れる人が徐々に増えてきます。目にする機会が増えると，それが好ましく感じられるようになります（単純接触効果；Ⅰ-2参照）。さらに取り入れる人が増えると，典型性の点からも望ましいと思う人が増えます（典型性選好理論；Ⅰ-12参照）。さらに，他の人と同じでいたいという「斉一性（同調性）」への願望がこれに拍車をかけます。しかし，増えすぎると，人と同じではつまらないと思う人や（個別性），新鮮味がなくなったと感じる人が（新規性），新たなデザインを求めて動き出します。流行のシフトやサイクルは，そうした認知的な嗜好モデルや動機づけの理論から説明ができるでしょう。

　車のモデルチェンジも同様です。ドイツの心理学者カーボンは車の外観を例にとり，20世紀後半以降，曲線的なデザインが主流であったために，人は曲線を好むものだと思われがちだが，そうとは限らないと指摘します。彼は未来のコンセプトカーや過去の角張った車を潜在的に繰り返し見せると，曲線的な車への好みが低下することを示しました。また，曲線的なデザインが普遍的に好

図Ⅰ-18　時代による車の外観の変遷[3]

まれるのなら，直線的な車が流行った時代には生産台数も落ちこみそうなものですが，その逆だったとも指摘しています。進化論的に人は曲線を好む傾向があるとしても，人は革新的かつ挑戦的な探求を行うものでもあり，ときには角張った形を好むものだと彼は述べています（図Ⅰ-18）。

　世の中に流通しているものを好ましく思う傾向は，芸術作品でも示されています。アメリカの心理学者カッティングは，美術書やネット上でしばしば目にする絵画と，同じ作家の描いた比較的目に触れる機会の少ない同じ題材の絵画を一対で提示し，好ましいと思う方を選ばせました。その結果，選ばれた絵画は，色や明るさなどの物理特性によらず，また，評価者の関心や知識にも関係なく，単に流通量が多く，目に触れる機会の多いものであることがわかりました[3]。彼は流通量に基づく好みの形成が次の文化の形成につながると考えています。

　流行は意図的な仕掛けによってもつくられます。デザイナーのレイモンド・ローウィは「MAYA閾」という言葉を示しました。これは「Most Advanced Yet Acceptable」という英語のフレーズの頭文字をとったもので「最も斬新だが，それでも受け入れられる」という意味をもっています。心理学者のハントは順応水準（その人の平素の状態や判断の基準）からのずれが小さ過ぎると退屈を生むが，大きすぎると混乱を生むため，適度なずれが最適行動をもたらすと述べました[4]。新規性と快さの関係を論じたバーラインも（Ⅰ-13参照），少し見慣れないものの方が快く感じられると考えました。MAYA閾，つまりは半歩先を仕掛けていくことが，ヒット商品を生み出す秘訣なのでしょう。

（三浦佳世）

知覚的要因

Ⅰ-19

シンプル・イズ・ベスト──プレグナンツ

　図Ⅰ-19(a)はどのような線分から構成されているように見えるでしょうか？
おそらく図Ⅰ-19(b)のような直線と円弧の組合せに見えることが多く，図Ⅰ-
19(c)のような２本の曲線の組合せに見えることはあまりありません。[1]

　ゲシュタルト心理学の祖ウェルトハイマーは，「視野内に複数の対象がみえ
る場合にそれらが無秩序に雑然と存在するものではなく，あるまとまりをもっ
て知覚される」と論じました。このまとまりは，他のまとまり方と比較して最
も単純で均整がとれる「よい形」になるとし[2]，視野が全体として最も簡潔で秩
序あるまとまりをなそうとする傾向を「プレグナンツ傾向」と呼びました。[3]な
お，プレグナンツとはもともと「産む」といった意味をもつ語ですが，ここで
は「簡潔性」といった意味あいで理解されています。

　たとえば図Ⅰ-19の上段においても，(b)のように直線と円弧の組合せとした
方が，(c)のように二本の不規則な曲線の組合せとするよりも単純で簡潔なよい
形となります。そのため，(c)の見え方となるように意識づけながら(a)を見よう
としても，すぐに(b)の見え方に戻ってしまうでしょう。ここでも単純な見方が
選ばれているといえます。

　ウェルトハイマーは，プレグナンツ傾向により視野内の複数の対象が具体的
にどのようにまとまるのかを「群化の要因」として示しました。[3]それによると，
①近接の要因（距離的に近くにあるもの同士がまとまりやすい），②類同の要因
（類似した特性をもつもの同士がまとまりやすい），③閉合の要因（閉じた図形とな
るようにまとまりやすい），④よい連続の要因（なめらかな連続となるもの同士が
まとまりやすい），⑤よい形の要因（形態として簡潔なものとなるようにまとまり
やすい），⑥共通運命の要因（同一方向に動くもの同士がまとまりやすい）などが
あげられます。これらの要因に共通するのは，まとまることでより簡潔な，少
ないエネルギーで処理可能となることといえます。

　このような観点から，情報理論学者アトニーヴはプレグナンツを情報量の少

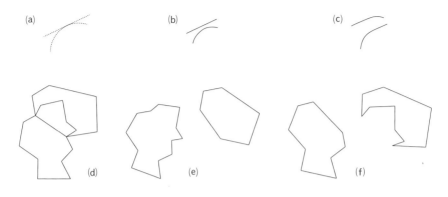

図I-19　プレグナンツ傾向の例(1)（上段）と対称性によらない分節の例(8)（下段）

ない冗長なパターンと定義しました(4)（冗長性；I-26参照）。なお，視覚発達に関する研究により，生後3～4カ月の乳児であってもよい形（対称的な形）を識別できることや，よい連続の要因に従って図形を知覚していることが示唆(5)されています。(6)

　なお，プレグナンツ傾向で言及される「よい形」のまとまりとは，必ずしも規則的であることや対称的なことのみを指すものではなく，あくまで全体としての簡潔さや単純さを意味します。(7)たとえばカニッツァは，図I-19(d)の図形は図I-19(e)のような2つの図形に分節されて見え，図I-19(f)のようには見えにくいことを論じました。(8)図I-19(e)に幾何学的図形としての規則性や対称性はありませんが，図形の凹面やへこみを最小にして凸状の形を形成する傾向により，まとまりが生じているものと考えられます。

　群化の要因における「よい連続」や「よい形」の要因に代表されるように，ゲシュタルト心理学の知覚論は知覚の基礎に「よさ」という特性を取り上げ，感性評価にもとづく知覚理論を提案したともいえます。そのため，知覚と芸術(9)を結ぶ基礎理論の一つとしても注目されています。(1)(8)(10)

(木村　敦)

知覚的要因

I-20

対称的なものはよい──シンメトリとアシンメトリ

シンメトリ（対称性）は，自然界の動植物の形態や結晶の構造に頻繁にみられる形態的特性です。部分相互間の均衡や調和をもたらすという意味で，美しさを規定する要因の一つと考えられています。[2][3]

シンメトリは視知覚においても重要な意味をもっています。心理学者ルビンは，視野内で対象として知覚される「図（figure）」と，背景として知覚される「地（ground）」がそれぞれどのような特徴をもつかについて，現象観察を通じて考察しました。そして，図になりやすい形態的特徴の一つとしてシンメトリをあげています。[4]たとえば図I-20では，それぞれ左右対称である領域（左図では明灰色，右図では暗灰色の領域）が図として知覚されやすくなります。視野[5]全体として簡潔な形にまとまって見えるものは「よい形」と考えられていますが（I-19参照），シンメトリもまた視覚世界に安定や秩序をもたらす「よい形」の一つといえます。

シンメトリと美の関わりについては，西欧の建築物や庭園，紋様などに数々の証左を得ることができますが，実験的な検討も多数行われてきました。たとえば盛永は，長方形の枠内に複数の円盤を最も美しく見えるように配置させる課題から配置と美的評価の関係を検討しました。そして，枠内に円盤がシンメトリに配置される場合が多いことを見出しました。[6]より現実的なデザインでは，ウェブサイト画面の対称性と美しさの関係を検討した研究においても，[7]全体として左右対称なデザインの方がより美しいと評価されています。なお，この傾向は特に男性で顕著であったそうです。シンメトリに対する嗜好の性差はウェブサイト画面に限らず，抽象的な図形や日用品の画像などに対しても男性の方が女性よりもシンメトリを好む傾向があることが報告されています。[8]

シンメトリと美しさに関連しては，他にも顔の魅力度評価において，「平均性」とならんで「左右対称性」が影響を及ぼすことが知られています（II-2[9]参照）。ただしその解釈としては，秩序や安定感といった知覚的な要因のみな

40

らず，身体が左右対称であることが遺伝的な健常さを示唆するからといった進化論的な解釈もあり，そのメカニズムについては現在も議論が続いています。

芸術やデザインの分野においては，シンメトリな対象よりもアシンメトリな対象の方が美しいと評価される場合もあります。抽象画を用いた研究によると，描画対象がアシンメトリである方がシンメトリである場合よりも美的評価が高くなりました。美的評価課題の際に測定した皮膚電気活動の反応から，アシンメトリな作品を鑑賞している場合の方が観察者の覚醒度が高いことが示されており，この結果は覚醒度が適度に高い場合に美的評価が高くなると論じた「覚醒ポテンシャル理論」（Ⅰ-13参照）の枠組みから解釈することができます。ただし，絵画や風景写真など様々な画像を実験材料として用いたナダルらの調査によると，シンメトリと美的評価には覚醒ポテンシャル理論から予測されるような逆U字の関係性（非対称度が中程度の場合に美的評価が高くなる）がみられるものの，統計的に有意な関連は認められなかったそうです。また，美術の専門的学習がシンメトリとアシンメトリに対する美的評価に及ぼす影響を調べた研究によると，直接的に評価を回答させた場合には美術専攻の学生はアシンメトリな画像をより美しいと評価したのに対し，認知課題により無自覚的な美的評価を測定した場合には美術専門性にかかわらずシンメトリな画像が高評価でした。この結果は，アシンメトリに対する美的評価は解釈や，学習など高次認知要因の影響を受けやすい一方で，シンメトリに対する美的評価は視覚的な安定性といった知覚的要因にもとづくことを示唆するといえます。

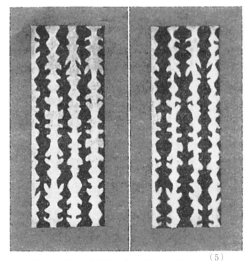

図Ⅰ-20　図－地分化におけるシンメトリの要因
注：左図では明灰色，右図では暗灰色の領域が図になりやすい。

（木村　敦）

知覚的要因

Ⅰ-21

未完の美を求める心──体制化と補完

　ルーブル美術館でひときわ目を引くギリシャ彫刻があります。この彫像は両腕をもたないトルソー像ですが，もし両腕を具えた元の完全な姿で展示されたならば，はたしてこのように館内中央の大事な場所に展示されることになったでしょうか。また宮本武蔵の作品「枯木鳴鵙図_{かれきにもず}」は見る人を圧倒させますが，もし真っ直ぐに伸びた一本の枝が定規で引かれた直線だったらこのような緊張感を見る人に与えるでしょうか。これらの作品がもたらす迫力美の根源をそれらに含まれる不完全性に求めてみることにしました。

　事物に緊張感をもたらす心的な働きについて，その一端を「ルビンの杯_{さかずき}」でみてみます（図Ⅰ-21(a)）。この図は互いに向き合う２人の男女の横顔が描かれていますが，杯の図として見るほうがより有力です。何も描かれていない空白部分になぜ杯を見ることになるのでしょうか。この図では「杯」を縁取る輪郭線が男女の額，鼻，口の輪郭線を使って構成されています。輪郭線を共通して使っているので「杯」を見るときには男女が見え難く，「男女」図を見るときには杯が見え難いのです。視覚世界では，２つの領域が互いに接すると両者を分ける境界線がいずれか一方の領域に付着して輪郭線として働くのです。「杯」領域が輪郭で囲まれた完全な図になると，「男女」領域は輪郭を失い不完全領域になります。そのため杯領域の裏側を通って反対側の部分とつながり完結する必要が生じるのです。このような不完全をより完全なものへと導く視覚の働きを知覚心理学では簡潔性の法則（ドイツ語読みでプレグナンツの法則），一般化して「群化の法則」とよんでいます（Ⅰ-19参照）。この視覚の働きを見事に表現した「カニッツアの三角形」（図Ⅰ-21(b)）では，実際には存在しない三角形とそれを縁取る「主観的輪郭」を見ることができます。この主観的輪郭を生じさせるためには，不完全図形が適切に配置されていなければなりません。カニッツア図形では３個のパックマン図の開口部の輪郭が三角形の角部分に付着するように配置されているので，不完全なパックマン領域は三角形の背後を

I-21 未完の美を求める心

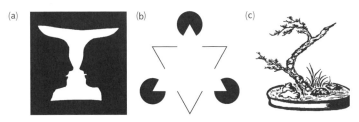

図I-21 (a)ルビンの杯 (b)カニッツアの三角形 (c)盆栽図

くぐって正しい円へと完結するのです。ここで，不完全状態にあるものを完全な姿へと導く心的な働きを「未完の完」とし，そのような状態におかれたものを未完成状態とします。不完全ではなく未完成の状態で示されたものであるならば，それを見る人の心のなかに完結したイメージが作り出されるのです。ルーブル美術館のトルソー像が観る人の心をひきつけるのは，それが不完全な像ではなく未完成の像だからです。この「未完の美」に注目した彫刻家ロダンは数多くのトルソー像を制作しています。

わが国では古くからこの未完の完の心の働きを深く追究してきました。未完の美を求めて完全な形をわざわざ壊してしまう日本の芸術家たちに接して，英国の美術評論家ハーバード・リードは美を求める日本人の心は完全を拒みそこからの微妙な逸脱を追い求めることにあることを知ったのです。日本人が考える不完全は決して"でたらめ"を意味するものではなく，心の働きによってより完結へと導かれるように綿密に計算され準備された未完成を意味します。温室育ちの草木には均整のとれた完成美が備わっていますが，野に据え置かれた草木には，見た目はきわめて不格好でもしっかりと根をはりどんな強風にも耐えられる強靭さが内に秘められています。この野にある草木の不格好をこよなく愛し慈しんだ日本人の心は優れた盆栽芸術を生みだしました（図I-21(c)）。日本の芸術家たちは，不規則，不均一，不均衡，不連続といったもろもろの不完全特性を素材に含ませることでより完全な調和を目指しました。彼らは，観る人の心のなかに産み出される完結過程によって美的体験が得られるものと確信したのです。岡倉覚三（天心）は名著『茶の本』(Book of Tea. 1906年)で，「*True beauty could be discovered only by one who mentally completed the incomplete.*（不完全を完全へと導く心の働きのなかにこそ美は生まれる）」と述べています。（鷲見成正）

知覚的要因

I -22

デザインではムーブマンが大切
──構造地図

「ムーブマン」は美術用語で，絵画や彫刻などに動き（movement）を感じさせる表現を指します。彫刻や絵画といった空間芸術では，静止している媒体のなかでどのように躍動感を表現するかが造形上の課題となります。実際，西洋の建造物や庭園には左右対称なものが多い一方で，彫刻や絵画においては人物が正面を向き左右対称（シンメトリ）のかたちで描かれた作品はあまりありません。シンメトリ（I-20参照）は美しくとも同時に静的な印象をもたらすことが多いため，躍動感を表現するには不向きな場合が多いようです[1]。一方で，アシンメトリはともすればバラバラで統一感のないものに見えることから，対象の形態や配置はアシンメトリでありながら構図全体としてはバランスがとれている状態が好まれやすくなります。

盛永は，複数の円盤図形を長方形の枠内に最も美しくなるように配置させる実験を行いました。その結果，3枚以上の円盤を用いた場合には必ずしも左右対称な配置とはならないものの，それらの円盤によって構成される配置の重心が長方形枠の重心と一致することを見出しました。これは「重心一致の法則」と呼ばれます[2]。

視覚的なバランスを物理的空間における重力的な安定性に求める考え方は，アルンハイム[3][4]やドンディス[5]など，視覚論の枠組みから芸術を論じた研究者の理論にも通じる部分があります。たとえばアルンハイムは，水平線と垂直線という重力的な安定性を規定する軸と，枠の中心に向かう放射状の引力に沿った軸が視覚的なバランスを規定するとし，これを「構造地図」と呼びました（図 I-22(a)）[3]。彼の理論によると，枠の中心に配置されたオブジェクトは安定した印象を受け，中心からやや外れて配置されたオブジェクトは中心に引き寄せられる緊張感を受けるために不安定な印象を受けます。このように構造地図にもとづく視覚的バランスを操作することで，構図全体としての安定感やダイナミクスを表現できると考えたのです。たとえば図 I-22(b)は20世紀の抽象画家カン

44

I-22 デザインではムーブマンが大切

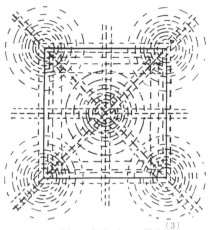

図I-22(a) 正方形における構造地図 (3)

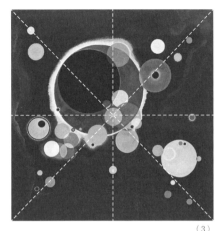

図I-22(b) カンディンスキー作品の構造地図による解釈 (3)
注：図中の垂直・水平・対角線（点線）は構造地図にもとづく補助線を加筆したもの（Kandinsky, 1926）(9)。

ディンスキーの作品です。様々な円図形が一見無造作に配置されているようにみえますが、構造地図にもとづく補助線を引いてみると、画面中央や対角線に沿って小円が配置され、構図全体としてのバランスが考慮されていることがわかります。(6)

また、絵画の構図については、視覚的なバランスだけではなく描画対象の配置や向きに心理学的な意味づけを見出すアプローチもあります。たとえば美術史家グリュンワルドが提唱した「空間象徴図式」によると、人は平面空間にも画面左下を出発点として右上方向に進むという時間的な序列を見出すことが多く、左下＝端緒・誕生、右上＝目的・死、あるいは左右軸で見ると左＝母・過去・内向性、右＝父・未来・外向性といった空間象徴があるとされます。このような空間象徴図式は、描画の内容や過程から深層心理を探る描画法心理検査の一種である「バウムテスト」の解釈にも用いられます。(7) なお、空間の左右に対する意味づけや嗜好性については、利き手・利き眼に関連する脳の機能差といった身体的なラテラリティ（左右の機能的非対称性）から解釈される場合もあります。(8)

（木村　敦）

知覚的要因

Ⅰ-23

美は計算できるか？
——複雑さと秩序による予測式

　20世紀の半ば，美しさを単純な数式で計算しようと考える人たちが現れました。最初の提案者はアメリカの数学者バーコフでした。

　バーコフは「美は複雑さにおける秩序である」と考え，美度を秩序と複雑さの比で表しました。式で表すと，M＝O／Cになります。Mは美度，Oは秩序，Cは複雑さを意味しているので，この式は，秩序が大きいほど，あるいは，複雑さが減少するほど，美しさは増す，ということを示しています。この考え方は「多様性のなかの統一」を主張したギリシャの哲学者アリストテレスや実験美学の創始者フェヒナーの考え方とも対応し，「シンプルなものがよい」としたゲシュタルト心理学のプレグナンツの考え方（Ⅰ-19参照）とも呼応します。

　具体的には，バーコフは幾何学的図形を例にとり，秩序（O）を，図形の対称性，均衡，水平垂直網，点対称，不満足な形（負の値）の５項目で表し，複雑さ（C）を，すべての辺を含む直線の数で表して，90個の図形の美度を計算しました（図Ⅰ-23）。その結果，美度の値は正方形1.5，黄金比矩形1.25，ユダヤの星1.0，ギリシャ十字0.75などとなり，最も高い値を示したのは正方形でした。彼は花瓶の形状やタイル模様，絵画，詩，メロディなどにもこの公式を当てはめ美度を計算しています。詩の場合には，秩序に韻やリズム，子音の数などの５つの要素を用い，複雑さに基本的な音の総数を採用しています。ただし，彼は個々の図形や詩がどの程度美しいと感じられるかを実際に調べて，式の妥当性を検証することはしてはいません。

　バーコフの考え方を配色の領域に当てはめ，調和の程度を予測しようとしたのが，ムーンとスペンサーです。彼らの色彩調和論（Ⅱ-27参照）はよく知られています。ただし当てはまりはよくないようです。もっともバーコフは，芸術においては直観的な鑑賞の方が分析的な計算よりも優れているとも述べており，美の公式の限界を認めています。

　一方，美しさは秩序と複雑さの比ではなく，そのかけ算M＝O×Cになる

46

図Ⅰ-23　バーコフが美度の計算に用いた図形の一例と美度の値[(1)]

と考えたのがデービス[(4)]やアイゼンク[(5)]などの心理学者です。この式は、秩序が欠けても、複雑さが足りなくても、美しさは低下することを意味しています。秩序と複雑さが相反する性質をもった概念だと考えれば、快さは適度な複雑さ（単純さ）のときに最大になるとしたバーラインの発想（Ⅰ-13参照）に対応するかもしれません。もっとも、デービスたちは秩序と複雑さを独立した概念としてとらえていました。ただし、次に述べるボゼリーとリーベンバーグは、この式もバーコフのそれと同様、当てはまりが悪いと指摘します。

　ボゼリーたちは、美しさはすぐにわかる規則性ではなく、隠れた規則性を発見したときに、あっという驚き（アハ体験）を伴って生まれてくるものだと考えて、隠れた秩序を含む公式を提案しました。たとえば角度や長さなど、その図形において変え得る変数の数（P）と、それが直角や水平など規則性をもっている場合の数（R）をもとに、$M = (1+R)/P$ という美度の公式を提案しました。彼らは[(6)]、バーコフの風車の変形図形を用いて美度（予測値）を計算し、実際の美的評価（実測値）との相関を調べてみました。その結果、バーコフの式では相関値が0.02なのに対し、ボゼリーたちの式では0.76となり（相関値は1に近いほど評価値と予測値が一致していることを示し、0に近いほど予測が当てはまらないことを示します）、彼らの式の方が美度を予測できることを示しました。その後、ボゼリーたちは $M = R - P$ でも十分、当てはまると述べています。[(7)]

　美度の公式では秩序と複雑さをどのような物理値で表すかが研究者の仮説にもとづいています。そもそも秩序と複雑さは独立した概念ではないのかもしれません。[(8)]さらに、美しさの判断には美度の計算に用いたような物理的要因に限らず、意味や感情、学習や経験など、個人差を伴う様々な認知的要因も関わっています。美度の公式は、対象をどういう物理特性で記述し、美をどのようにとらえるかを示した概念式だと考えた方がいいのかもしれません。　（三浦佳世）

知覚的要因

I-24

美は乱調にあり──1/f ゆらぎ

　ゆらぎとは，ある平均に従いながらも部分的に不規則な時間的・空間的変化が生じる状態のことを意味します。フラクタル（I-25参照）が複雑性の指標として扱われているのに対して，ゆらぎは規則性の指標として用いられることがあります。そよ風やロウソクの炎のゆらめき，そして木目の模様など，自然のなかには，ゆらぎをもつものが多数報告されています。

　ゆらぎは，白色ゆらぎ，1/f ゆらぎ，1/f2 ゆらぎの3つに分類されます（図I-24(a)）。なかでも1/f ゆらぎは，木目の模様，ロウソクの炎のゆらめきなどの自然界でも数多く存在し，人が最も快さを感じるゆらぎであるといわれています。この1/f ゆらぎを基準として，傾きが小さく白色ゆらぎに近づくほどランダムさが増え，反対に傾きが大きく1/f2 ゆらぎに近づくほど単調さが増えるという特徴があります。

　ゆらぎの例としてよくあげられるロウソクの炎のゆらめきが時間的変化について解析されるのに対して，絵画作品のゆらぎは色の濃淡の空間的変化について解析されます。武者の解析方法を参考に，私たちは絵画作品におけるゆらぎの特徴の解析を行い，ゆらぎと美しさの関連について検討しました。絵画のゆらぎを解析するにあたり，まずバラエティー豊かな12枚（具象画6枚・抽象画6枚）の絵画を選定しました。続いて，それらの絵画をコンピュータに取り込み，絵画の濃淡のデータを水平方向に読み取りました。そうして得られた絵画の濃淡を，様々な空間周波数をもった成分に分解し，水平方向に一列ずつ解析し，それらを平均して傾きを求めることで，絵画のゆらぎの値を算出しました。解析の結果から，具象画か抽象画かといった作品の様式の間に差はほとんどみられませんでしたが，抽象画については値のばらつきが比較的大きいことが示されました。抽象画はその名の通り，非写実的で，なかにはモチーフをもたないものもあります。それにより，場所から場所への濃淡の変化に富んでおり，意外性があるためゆらぎの値にばらつきがみられたと考えられます。

48

I-24 美は乱調にあり

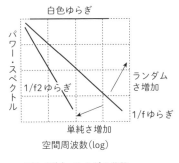
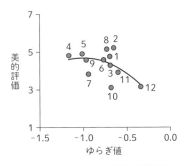

図I-24(a) ゆらぎの分類
(川崎より一部改変)

図I-24(b) 絵画のゆらぎ値と美的評価

　得られたゆらぎの値と美的な評価の関係については，1/fゆらぎに近い値，つまり傾きが－1に近い値をもつ絵画の評価が高く，ゆらぎの傾きが小さく不規則な作品は評価が低いことが示されました（図I-24(b)）。まだ最終的な結論とはいきませんが，ランダムさと単調さがほどよく調和した絵画が高く評価される傾向がみられました。

　一般的に単純な視覚情報ほど処理が容易なため高く評価されることが知られています（処理流暢性；I-1参照）。しかしながら，絵画のゆらぎは適度なランダムさ，あるいは適度な単調さが美的な評価につながる可能性が示されました。絵画の場合，単調すぎると処理は容易かもしれませんが，その分，鑑賞物としては退屈だとみなされるのかもしれません。

　ゆらぎとフラクタルに共通していえるのは，ほどほどの複雑性をもつ作品に私たちは快さを感じるということです。芸術は自然の模倣である，という古代ギリシャの理念，そして，自然は芸術を模倣する，というイギリスの詩人オスカー・ワイルドの言葉にあるように，自然は芸術を語るうえでとても重要であると考えられています。しばしば技術的完成度の高さと芸術的価値は別の次元で語られます。芸術を定義することは，専門家をもってしても非常に難しいことです。芸術作品かそう呼ぶに値しないか，物理的な特徴によって判断されるなんてことが，この先起こり得るのだろうかと思案が浮かびます。

（長潔容江）

知覚的要因

I -25

隠れた規則性が美を生み出す——フラクタル

　海岸線や波，そして雲など，無秩序のようにみえる自然現象にもフラクタルと呼ばれる規則性が潜んでいることが知られるようになりました。フラクタルとは，全体の構造が部分の繰り返しによって構成されるパターンのことを指します。その一例であるコッホ曲線（図 I -25(a)）は，図形全体が類似している 4つの部分から構成されています。コッホ曲線からもわかるように，フラクタルの面白さはどの部分を拡大しても類似のパターンが現れ，部分の構造が全体とよく似た形であることです。この性質を自己相似性と言い，一見複雑そうなパターンも，実に単純な規則の繰り返しによって生成されています。また，自己相似性には厳密な自己相似性と統計的な自己相似性の 2 種類あります。コンピュータで生成されたコッホ曲線は厳密に繰り返しのパターンが現れる一方，自然界の海岸線や雲などは，繰り返しのパターンは厳密ではなく同じ統計的性質をもつとされます。

　フラクタルが注目されるようになったきっかけは，数学者マンデルブロが1982年に発表した著書 "The Fractal Geometry of Nature" でした。彼は，フラクタル次元の算出法としてボックス・カウンティング法を提案しました。既存の難しい数式と比べ，定規と両対数方眼紙だけで次元を測定できるこの方法は，より簡単で汎用的だといえます。物理学，地学，医学，工学，そして心理学といった幅広い分野で扱われるようになったのは，彼が編み出した，この誰でも使える手法によるものだといわれています。ボックス・カウンティング法とは，画像を格子状のボックスで覆い，そのボックスの一辺の長さを変化させ，線が通るボックスの数を計算する方法です。図 I -25(b)の例では，ボックスの大きさ（1/n）が n= 2 の場合，線が通過するボックスの数は 3 個，n= 4 の場合は 7個，n= 8 の場合は12個……というように，ボックスの大きさを次々と変えて同様の作業を繰り返します。ボックスの数のデータが準備できたら，横軸にボックスの大きさ（L）の対数，縦軸にボックスの数（N）の対数をとって，得ら

50

I-25　隠れた規則性が美を生み出す

図I-25(a)　コッホ曲線

注：図中の□の部分を拡大すると，全体と相似したパターンが現れる。

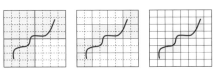

図I-25(b)　ボックス・カウンティング法による線の被覆の例

図I-25(c)　パターンごとのフラクタル次元(5)

れた直線の傾きがフラクタル次元です。

　フラクタル次元はDで表記され，$1 \leq D \leq 2$の非整数の値をとります。図I-25(c)のように，Dは1に近づくほど繰り返しのパターンは目立たず単純なパターンとなり，反対にDが2に近づくほど繰り返しのパターンが多くなり要素が入り組んだ複雑なパターンになります[4]。

　アメリカを代表する画家であるポロックは，カンヴァスを地面に置き，絵具を直接垂らすという独特な手法を用いました。図I-25(c)のD＝1.6とD＝1.9の画像は，まさにポロック風だといえます。物理学者のテイラーらが，1943年から1952年の間に制作された作品を対象に，ボックス・カウンティング法によりフラクタル次元を算出した結果，ポロックの絵がどの部分を拡大してもフラクタルパターンになっていることを発見しました[5]。当時，美術評論家のなかには，偶然を利用して描かれた前衛的なその作品を，デタラメでカオスだと否定的に評価する者もいました。しかし，無秩序に絵具が塗り重ねられているように見える作品のなかにも，自然界の雲や木がそうであるように，混沌のなかに微妙な秩序が隠されていたのです。数学者によって自然界におけるフラクタルが発見される20年以上も前に，ポロックはフラクタルパターンを描いていたというから，芸術家の感性には驚きです。

　その後のテイラーらの実験から[6]，フラクタル次元が中程度（D＝1.5くらい）の画像が最も好まれることが示されました。適度なフラクタル次元をもつ画像は，単純さと複雑さが調和していて快さを感じるのかもしれません。（長潔容江）

知覚的要因

I-26

覚えやすく，見つけやすいものは好まれる
──冗長性

　環境に存在する物体を知覚する過程をパターン認知と呼びます。パターン認知は19世紀初めからゲシュタルト心理学の研究対象でしたが，現象的説明が主でした。19世紀後半になると，情報理論を用いた認知心理学が登場します。その説明の一つとして「冗長構造説」が提唱されました。[1][2]「冗長」というのは，同じ情報が重複していることであり，その度合いを「冗長度」といいます。たとえば，読者のみなさんにとって，文章のなかで同じような表現を何度も目にすることになると"理解しやすい"と感じると思います。そのような文章を"冗長である"といい，"冗長度が高い"と表現します。冗長構造説では，冗長度を定義するために，物体やパターンの「情報量」を考慮します。情報量が少ない場合は処理が楽になります（負荷が低い）。一方で，情報量が多い場合は処理が難しくなります（負荷が高い）。つまり，冗長度が高いということは，重複した情報が含まれているために情報量が少ない（負荷が低い）と解釈できます。この考え方を用いて，パターン認知への実証的説明が加えられました。以下に冗長度を用いた実験的検討を紹介します。

　まず，パターンについて"冗長なもの"の定義が必要です。情報量として物理的に操作できる冗長なものが，心理的にも冗長なものなのかどうかを検討するわけです。これを確かめるためには，実験用のパターンを作成する必要があります。これまで，多くの理論とともに様々なパターンが提案されてきました。[1][2][3]そのなかから，今回は，図 I-26のパターン[2]を紹介します。

　ガーナーは，5つのドットが3×3のマス上に並んだパターンを作成しました（3×3のマス上なので，合計で9マスのいずれかに5つのドットを配置することになります）。このとき，回転変換（90度の回転で得られる4パターン）と鏡映変換（鏡に映して見える4パターン）を想定します。図 I-26の左のパターンではすべて同じパターンが推測されます（冗長度が高い）。中央のパターンでは回転変換で異なる4パターンが推測されます（冗長度が中程度）。右のパターンで

52

Ⅰ-26　覚えやすく，見つけやすいものは好まれる

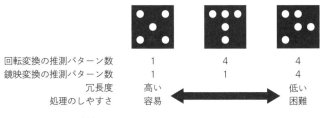

図Ⅰ-26　ガーナーのパターンと冗長度および処理のしやすさの関係[(2)]

は，回転変換と鏡映変換で異なる8パターンが推測できます（冗長度が低い）。これらは，情報量として物理的に定義できる冗長度です。観察者は物理的世界をそのまま知覚しているわけではありませんから，物理的に定義された"冗長なもの"が心理的にも（知覚された場合にも）"冗長なもの"として知覚されるか否かを検討します。冗長なものを心理的に定義する際，ゲシュタルト心理学では「プレグナンツの法則（処理のしやすさに関する知覚的体制化）[(4)]」（Ⅰ-19参照）として，"よさ"が用いられました。つまり，よいパターンとは体制化されやすく，処理もされやすいといえます。そこで，上記で説明したパターンのよさを評定する実験を行いました。実験の結果，冗長度が高くなるにつれてよいパターンであると評定されました[(2)]。情報量の観点から物理的に定義された冗長度と心理反応（よさ）とに関連が見られたといえます。このパターンを用いれば，"冗長なもの"と"処理のしやすさ"との関連について実験的に検討できます。つまり，上記では"冗長なもの"は"よいもの"と定義されたわけですが，次に，"冗長なもの"は"処理がしやすい"ことを検討したわけです。認知心理学では様々な実験方法が用いられますが（たとえば，変化検出課題や視覚探索課題など），いずれでも冗長度が高くなるにつれて覚えやすかったり，早く見つけられたりしました[(5)(6)(7)]。実証的観点から，冗長なものはよい形であるため（情報量が少なく，負荷が低いため），"処理が楽である"と結論できます。

　生活環境を考慮すると，情報量の少ない環境の方がストレスは少ないのですから，上記の結果は妥当といえます。一方で，"処理が楽である"ことが生活を"楽しませてくれる"とは必ずしもいえません。なぜなら，冗長なものは退屈ともいえるからです（Ⅱ-28参照）。

(髙橋純一)

知覚的要因

Ⅰ-27

使いやすいデザインをめざして
――アフォーダンス

　アフォーダンスの概念を最初にデザインに導入したのはドナルド・ノーマン
です。ノーマンは認知心理学者としても有名ですが，アップル社でインターフ
ェースデザインの開発に携わるなど，デザインの分野で現在も活躍している人
です。ギブソンによる当初のアフォーダンスの定義は「環境とヒト・動物など
の生物との双方向的な関係」でしたが，デザインの世界では「モノの見た目の
形状が適切な使い方を誘発している状態」をアフォーダンスと呼びます。

　たとえば図Ⅰ-27のドアＡは押して開けるのか，引いて開けるのか，さっぱ
りわかりません。透明なガラスでできていたらドアがあることすらわからない
でしょう。このような状態をデザイナーはアフォーダンスがない状態といいま
す。ドアＢはバーがついているため，ユーザーはバーを押せばドアが開くので
はないかと推測することができます（実際にはバーを引いて開けることもあり得
ますが）。このためドアＢではバーが押すという行為をアフォード（誘発）して
いるといえます。しかし，この状態では右側を押せばよいのか左側を押せばよ
いのかはっきりせず，多少の試行錯誤を要するかもしれません。

　ドアＣはバーの右側を押して開けることがユーザーに明確に伝わります。こ
こではバーの上に付けられた平たい板が，バーが押すという行為をアフォード
するのを補強するとともに，押すべき位置をより明確に示す役割を担っていま
す。ノーマンはこの平たい板のことをシグニファイア（Signifier）と呼び，ア
フォーダンスとは区別しています。ドアＡ〜Ｃの中ではＣが最も使いやすそう
で，なおかつ最も好ましいデザインに見えますので，ノーマンのいうアフォー
ダンスとシグニファイアはよいデザインに欠かせない要素であるといえます。

　アフォーダンスは使いやすいデザインに不可欠な要素として重要視されてお
り，日本デザイン振興会が毎年優れたデザインに授与している「グッドデザイ
ン賞」でも審査員の講評にしばしばアフォーダンスという言葉が用いられてい
ます。最近ではユーザーに操作部分を見えづらくすることによって誤操作を防

54

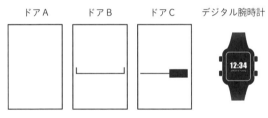

図Ⅰ-27　アフォーダンスの例

ぐことを「逆アフォーダンス」と呼ぶ事例まで現れています。

　しかし，このようなデザイン独自のアフォーダンスの解釈は，本来のアフォーダンスの意味とは異なっています。ギブソンによる当初のアフォーダンスの定義では当事者であるヒトや動物がその関係を目で見て理解できているかどうかは関係ありません。また，道具としての適切な使い方を想定した概念ではありませんので誰かがドアを足で蹴ったとしても，それはそれで環境がそのような行為をアフォードしているといえます。

　ノーマンも，後日，自身の著書にて，このような意味でのアフォーダンスという語の使用は誤りであったと認めています。そのうえで，自身の著書で使用されているアフォーダンスという語についてはギブソンによって提唱された本来のアフォーダンスという意味ではなく，知覚されたアフォーダンス（Perceived Affordance）という意味でとらえるべきであると述べています。

　また，使いやすいモノをデザインするためには，アフォーダンスだけでは不十分です。たとえば読者の皆さんはデジタル腕時計の時刻の調整に手間取ったことはありませんか？　図Ⅰ-27右のように，デジタル腕時計の周辺部分には複数のボタンがついています。ボタンの突起の形状は押すという行為をアフォードしています。しかし，どのボタンを押せば時刻を調整できるのかユーザーは直感的に理解できませんので，いろんなボタンを押しながら悪戦苦闘することになります。スムーズに時刻の調整を行うためにはアフォーダンスのほかに，シグニファイア，メンタルモデル（機械が働く仕組みに関する知識），フィードバック（ボタンを押すと音が出るなど，行為の結果を即座にユーザーに知らせる機能）などが必要です。身の回りの道具をさらに使いやすくデザインするためには，今後さらに心理学を活用していく必要がありそうです。　　　　　　　（小山慎一）

知覚的要因

Ⅰ-28

機能的なものは美しい——機能美

「機能的なものは美しい」と聞いて皆さんは何を連想するでしょう？　ボーイング787などの飛行機，新幹線N700系，MacBookなど，流線型から成るシンプルかつ現代的なデザインを連想するかもしれません。

　機能を追求した結果として現れる美のことを機能美といいます。19世紀のアメリカの建築家サリバンによる "Form follows function"（形態は機能に従う）という言葉は機能美を表す言葉としてとても有名です。かつては，美と機能は別々のものとして考えられていました。たとえば図Ⅰ-28(a)の椅子Aはイギリスのトーマス・チッペンデールという有名なデザイナーによってデザインされた椅子です。この椅子の美しさはテキスタイル模様や彫刻といった装飾によって表現されており，美の表現と，座る人を支えるという椅子本来の機能の追求は別々にデザインされているように見えます。一方，椅子Bはアメリカのチャールズ・ホリス・ジョーンズというデザイナーの作品です。こちらは模様等の装飾は一切付けられておらず，透明なアクリル板1枚とステンレスのフレームのみで美と機能の両方が表現されています。座る人を支えるという機能を追求するだけでこのような美しい椅子を作ることは不可能ですが，機能の追求を美しく行った結果としてこのようなデザインが生まれたといえます。

　形の美しさの追求と機能の追求は一体のものであり，製品の美しさは機能美でなければならないという考えは，その後ドイツのバウハウス等を通じて20世紀前半に世界中に広まり，機械・船舶・橋梁などのデザインに大きな影響を与えました。[1] 機能美のシンプルさは機械による大量生産とも相性がよかったのかもしれません。日本で毎年開催されているグッドデザイン賞でも，受賞作品の紹介文や審査員講評で「機能美」という言葉が頻繁に使われています。

　しかし，機能美の意味は時代とともに少しずつ変化しています。一つは機能美＝流線型という変化です。図Ⅰ-28(b)はレイモンド・ローウィーというデザイナーがデザインした鉛筆削り器です。シンプルな流線型の美しい形態から私

56

たちはこの作品に現代的な機能美を感じますが、実際には鉛筆を削るという機能とこのような形態はほとんど関係ありません。本来の道具の目的と離れていても流線型をしていれば機能美と呼ばれるように、機能美の意味が変わってしまった

図I-28(a)　装飾美(A)・機能美(B)を強調した椅子のデザイン
注：Aはチッペンデール、Bはジョーンズによるデザイン。

と考えられます。もう一つは機能美＝簡素という変化です。日本では第2次世界大戦直前に広まりました。戦時中の物資欠乏から簡素で機能的なデザインが美しい＝簡素美と評価されるようになりました。その後、簡素さが機能美の一つとして一人歩きするようになり、実際の機能との関連性が弱くても簡素なものを機能美と評価するようになりました。現代

図I-28(b)　ローウィーがデザインした鉛筆削り器

のMacBookの機能美も、一部は機能ではなく簡素さやシンプルさによって説明できるかもしれません。

　また、機能美への感受性は知識や経験によって変わるようです。たとえば関門橋や瀬戸大橋などに比べ、よく見かける歩道橋や陸橋、首都高速のジャンクションを美しいと感じる人は少ないかもしれません。しかし、土木専門の研究者や技術者、ドボクマニアと呼ばれる熱心なファンたちはこれらの景観からも強い機能美を感じるそうです。橋の構造や機能、工法などについての知識を豊富にもつことによって、機能美をより強く感じられるようになるものと思われます。工場景観の美しさを楽しむ「工場萌え」と呼ばれる人々でも同様の現象が見られます。

　このように、機能美は時代やライフスタイル、見る人の知識や経験とともに変化してきました。今後の技術革新によって新しい材料や機能が登場すれば、新しい形の機能美も生まれることでしょう。

（小山慎一）

生物・神経基盤

I-29

弱さも人を惹きつける──同情・共感

　強い人は魅力的ですか？　強いロボットは好きですか？　「強さ」は魅力の要素の1つとなり得るものです。しかし，もしある人が別の人を一方的に攻撃しているとしたらどうでしょうか？　攻撃者と犠牲者のいずれが魅力的でしょうか？

　人や動物は苦境にある他者に対して共感を示すことが報告されています。たとえばチンパンジーは，別の個体との闘いに負けた個体に対して親密に身体を触るなどの「慰め」行動を自発的にとります。この慰め行動は，苦境にある他者に対する共感，つまり「同情」と関係していると考えられています[1]。総じてメスの個体の方がオスの個体よりも慰め行動をする回数が多いことは，人においても女性が男性よりも共感的である傾向と似ています。ただし，社会的ランクの高い個体においてのみ，オスの個体の方がメスの個体よりも多くの慰め行動をとります。そして別の個体との闘いに負けた個体が相手と和解していない場合には，和解した場合よりも多くの慰め行動が見られます。さらに，近親関係にあるなど，より社会的つながりの強い個体に対して，同情行動は生じ易いのです。これらのことは，闘いに負けた個体の身体を触るという行動が，苦境にある他者に対する共感に関係することを支持します。

　人についても多くの向社会性や同情，慰め行動に関する報告[2]がありますが，言葉を話す前の乳児（10カ月齢）が犠牲者に対する原初的同情を示すことも報告されています[3]。この実験では，乳児に青い球と黄色い四角がインタラクションする映像を見せます。そのあと，映像にでてきた物体と同じ形の2つのぬいぐるみを提示し，乳児の行動を観察しました。最初の実験では，青い球が黄色い四角にぶつかり潰す映像を見せました。つまり，青い球は攻撃者で，黄色い四角が犠牲者です。その結果，多くの乳児は犠牲者のぬいぐるみの方に手を伸ばしました。この犠牲者に手を伸ばす行為は，苦境にある他者に近づく，身体に触れる行為に示される同情と関係していると考えられます。一方，2つの物

58

図Ⅰ-29　Sociable Trash Box（岡田美智男氏提供）

体が各々同じ動きをしますが離れていてぶつからない映像を見せた場合には，乳児はどちらにも同じように手を伸ばしました。言葉を話す前の乳児にこのような行動が見られることは，同情のような向社会性が生まれつき備わっている可能性を示唆します。

　人がもつ共感や同情の能力をロボット研究に応用した例があります。一般的なロボットの多くは私たちを助けてくれます。一方，豊橋技術科学大学教授の岡田美智男氏が開発したゴミ箱ロボット（Sociable Trash Box）は，自分でゴミを集めることはできません(4)（図Ⅰ-29）。その代わりに，周りの人の助けを借りてゴミを集めます。このロボットは，ゴミを見つけるとまずそれに近づき，拾えないようなしぐさをします。そして周りにいる人や子どもに視線を向けたり，近づいたり，まさに同情を誘うようなしぐさをします。それに気づいた人は，おそらく同情心からゴミを拾い，そのロボットに入れてあげる行動をとります。岡田氏はこうした研究から「弱さを力にする」というコンセプトを提唱しています。

　同情は，苦境にある他者に対する共感です。そしてこの心理的能力は普遍的であり，生得的でさえある可能性があります。時にそれは，苦境にある者にとっては魅力としても機能します。

（北崎充晃）

生物・神経基盤

I-30

赤ちゃんは何を好むか？——親近性と新奇性

　赤ちゃんは何を好むのでしょうか。赤ちゃんに何が好きかと聞いても言葉で返答してはくれません。そこで，赤ちゃんの行動から赤ちゃんが何を好むのか推測することになります。たとえば，赤ちゃんは誕生時から人の顔に注目することが様々な研究から示されてきました。ファローニらは同じ複雑さの絵や写真のうち，顔の写真や単純化された顔のようなパターン（図I-30）を新生児（生まれてから28日間の赤ちゃん）がより長く見つめると報告しています。さらに，生後数日の赤ちゃんは母親の顔を他の女性の顔よりも長く見つめたという報告もあります。新生児の視力は成人と比べて非常に未熟でぼんやりと明暗が見える程度ですが，それでも髪型など大まかな形状にもとづいて顔をある程度見分けることもできるようです。

　生後3～4カ月頃には，赤ちゃんは主な養育者の顔や周囲の人々の顔と類似した特性をもつ顔に注目するようになります。たとえば，クインらは主に母親に養育された赤ちゃんは，男性の顔よりも女性の顔を長く見つめたと報告しています。一方で，主に父親に養育された赤ちゃんは女性よりも男性の顔を長く見つめたそうです。赤ちゃんは生まれつき特定の性別の顔を好むのではなく，生後最も長い時間接してきた養育者と同じ性別の顔を好むようになるようです。

　同じ性別の顔同士が似通った特徴をもつのと同様に，同じ人種の顔同士は類似した特徴をもっています。赤ちゃんが見慣れた人種の顔を好むことを示す研究もあります。イギリスで白人ばかり目にする環境で育った3～4カ月児はアジア系やアフリカ系，アラブ系の人々の顔よりも見慣れた白人の顔をより長く見つめたと報告されています。一方で同じ月齢でも，中国人ばかり目にする環境で育った中国の赤ちゃんは，アジア系の顔に注目したと報告されています。このように，幼い赤ちゃんは，顔を見つめることを好むとともに，なじみ深く親近性の高い顔やなじみ深い顔と類似した顔を見つめることを好むようです。

　慣れ親しんだ親近性の高い対象を好む性質は視覚以外の感覚でも確認されて

います。視覚と異なり，聴覚や味覚，嗅覚といった感覚の情報を赤ちゃんは胎児期（受精から出産まで）から受け取っていますが，この胎児期に経験した感覚の特徴を誕生したばかりの赤ちゃんが好むことを示した研究もあります。たとえば，新生児の赤ちゃんは母親の声を他人の声よりも好んで聴くことや[6][7]，母国語の発話音声を外国語の発話音声よりも好んで聴くことを報告した研究があります[8]。これは，胎児期に母親のおなかのなかで母親や周囲の人々の声を聴いてきた経験にもとづく反応だと考えられています。

図Ⅰ-30 単純化された顔パターン(左)と顔らしくないパターン(右)
注：右よりも左のパターンをより長く見つめる。

　嗅覚においては，新生児は他の赤ちゃんの羊水のニオイよりも自分の羊水のニオイを好んで嗅いだという報告があります[9]。また，生後3日の新生児は誕生後に母乳を摂取してきたか，粉ミルクを摂取してきたかに応じて，それぞれ母乳と粉ミルクのうち自分が摂取してきたなじみ深い方のニオイを好んで嗅いだという報告もあります[10]。ニオイを伴わない純粋な味覚については，様々な味のなかでも栄養分と関連した甘味への好みを生まれもって備えているようです。新生児に対して甘味成分を添加した溶液を与えると微笑み，弛緩した表情をするが，酸味や苦味に対しては顔をゆがめて吐き出すような反応が生じたとする報告があります[11][12]。

　赤ちゃんが，純粋な味覚の例を除く多くの感覚でなじみ深い対象を好むことを議論してきましたが，これとは真逆の新しい新奇な対象を好むという性質も同時に赤ちゃんは備えていることも知られています。特定の対象が繰り返し提示されると，赤ちゃんは徐々にその対象に飽きて反応を示さなくなります。十分に対象に飽きた状態で新奇な対象が提示されると，赤ちゃんは飽きた対象よりも新奇な対象を好んで見たり，聞いたり，触ったりすることが様々な研究から確認されています[13][14][15]。赤ちゃんが何に対してどのくらい飽きているのか，というその時々の赤ちゃんの状態も，赤ちゃんが何を好むかということに関係するようです。

（大塚由美子）

生物・神経基盤

I-31

誇張表現は実物よりもリアル？
——鍵刺激

特徴を誇張して描かれた肖像画がよりその人らしく見えるのはなぜでしょうか。肖像画のなかの誇張表現はカリカチュアと呼ばれ，16世紀後半頃から用いられてきました（図I-31）。17世紀の美術史家，バルディヌッチは，「この言葉は肖像画の一つの手法を表し，それはモデルの全体像の可能なかぎりの類似を目指したもので，冗談ないしは嘲笑を目的としてその人物のもつ欠点を故意に強調し，容貌の諸要素がすべて変形されているにもかかわらず，全体としてはその肖像がまさにモデルそのものであるように描かれた肖像画を指す」と述べています。また，誇張や歪曲による表現の起源は古く，フランスのラスコー，スペインのアルタミラの洞窟壁画に描かれた動物にもそうした表現が見られます。先史時代のヒトも，強調の表現に対象の本質や真髄のようなものを感じ取っていたのかもしれません。

このような誇張や歪曲の表現は文化的な枠組みのなかで生み出され，理解されてきたものですが，誇張の表現に惹きつけられる性質は，ヒトにとって普遍的なものといえるのでしょうか。この問いに対して，神経科学者のラマチャンドランは，動物にも誇張された特徴への選好が見られることを指摘し，誇張の表現を美の普遍的な法則の一つに位置づけました。

ラマチャンドランが着目したのは，動物に特定の反応を生じさせる鍵となる刺激，すなわち「鍵刺激」でした。たとえば，セグロカモメの雛は，母親から餌をねだる際に，くちばしの赤い斑点模様を手がかりに母親を識別します。動物行動学者のティンバーゲンは，雛が本物の母親ではなく，赤い斑点模様のついた棒にも反応することから，そのことを確かめました。さらに興味深いことに，特徴を極端に強調した赤い三本線のついた棒を見せると，雛が本物の母親以上に激しく反応することも発見しました。また，ミヤコドリが巣から転がり出た卵を回収する習性に着目し，自分の卵とその4倍の大きさをもつ複製の卵を巣のそばに置いたところ，自分の卵ではなく，より大きい複製の方を回収す

ることを発見しました。以上の例は、いずれも現実にはあり得ない強調された特徴が、動物の反応を強く誘発することを示しています。このような特徴をもつ刺激は、超正常刺激と呼ばれています。

「鍵刺激」のような生得的な仕組みだけでなく、新しい行動を獲得する過程においても、動物が強調された刺激に反応することが知られています。ピークシフトと呼ばれる現象です。もともとは、学習心理学の領域で、ハトを対象とした弁別学習で発見されたものです。ハトに対して、長方形をつつけば食物を与え、正

図Ⅰ-31　フランス国王ルイ＝フィリップを西洋梨に見立てた肖像画
注：週刊風刺新聞『カリカチュール』に掲載（フィリポン画『洋梨』1831年）。

方形をつついても食物を与えないようにします。このような訓練を繰り返すと、ハトは長方形に反応し、正方形には反応しないようになります。つまり、ハトは、長方形と正方形を弁別します。その後、縦横の辺の長さの異なる様々な長方形を見せ、どの長方形に最も反応するかを調べます。すると、ハトは訓練で用いられた長方形よりもさらに細長い長方形に最も頻繁に反応しました。実は、長方形のみを用いてハトを訓練すると、訓練と同じ長方形に最も頻繁に反応するのですが、長方形と正方形の弁別訓練の後では、正方形からさらに離れたより極端に細長い長方形に最も頻繁に反応します。このように反応頻度のピーク（頂点）がずれるため、「ピークシフト（頂点移動）」と呼ばれています。

先述の肖像画のカリカチュアの表現は、その人物の顔を、平均的な顔と比べて独特なものにしている特徴をすべて取り出して、強調することによって生み出されます。これは、誇張された特徴により敏感に反応するピークシフトの現象とうまく対応しています。ラマチャンドランが美の普遍的法則として取り上げたピークシフトの理論は、「美を感じるのはヒトだけなのか」（Ⅰ-32参照）という問題に一石を投じ、従来の美の定義に対しても大きなインパクトを与えました。

（伊村知子）

生物・神経基盤

Ⅰ-32

動物は美を感じるのか？——美の進化的起源

　美は，知，情，意のすべてに関わり，私たちが生きるうえで大切なものですが，ヒトにとって美は，社会や文化，歴史のなかで構成されるものであり，美を感じる対象は個人や集団ごとに異なるものだと考えられ，長い間，心理学の研究対象となりませんでした。ヒトに普遍的な美が存在するのかについても意見が分かれていました。ところが，近年，神経美学や認知心理学により，ヒトが美を感じる仕組みやヒトに普遍的な美が少しずつ議論されるようになると，[1][2][3]比較認知科学や進化心理学の分野でも，動物との連続性において美の起源や芸術行動の進化を説明しようとする試みが始まりました。[4][5][6][7][8]

　ヒトにとっての美とはどのようなものでしょうか。私たちは，美を感じ，美に惹かれ，美を求めて行動します。美は，知覚や認知，情動や価値評価だけでなく，意思決定，動機づけなど，行動の選択や維持にも関わる総合的な心的過程といえます。ヒトと動物の認知機能に進化的な連続性を認めるならば，動物にも美に関わる心的過程が何らかのかたちで存在するかもしれません。

　これまでの比較認知研究では，ヒトが美を感じる対象やその特徴に対して動物の知覚や認知を調べることにより，ヒトとの類似点や相違点を探るというアプローチが採用されてきました。ハトはピカソとモネの作品を識別するなど，動物[7][8]も複雑な視覚パタンに対して高い識別能力をもつことが示されています。また，動物も既知の刺激より新奇な刺激に対して選好を示すことや，強調された特徴に対して選好を示すことなどが明らかになっています（ピークシフト；Ⅰ-31参照）。

　さらに，野外研究では，こうした識別や選好が有利にはたらく事例も発見されています。オーストラリアに生息するニワシドリのオスは，メスへの求愛のために構造物をつくります（図Ⅰ-32）。立派な構造物をつくるオスほど，交尾の機会が高まることが知られています。ニワシドリの仲間は，光沢のある羽や新鮮な果物，花などを飾り，遠近法の一種を利用して大きさの異なる飾りの見かけが均一になるように並べることも報告されています。[9]このような行動は，

64

自然界で最もヒトの芸術行為に近い事例として注目されています。

このような多くの類似点があるものの、ヒトと動物の知覚、認知には相違点があることも明らかになってきました。ヒトの知覚や認知は、特に周囲の情報の影響を受けやすいことが示されています。たとえば、私たちは、ある図形の一部が別の図形により遮蔽されても、全体的な形から欠けた部分の形を知覚的に補完することができます。また、エビングハウス錯視として知られているように、同じ大きさの円でも、周囲に小さな円を並べた方が、大きな円を並べるよりも大きく知覚されます。それに対して、ハトではヒトとは異なり、自発的な知覚的な補完やエビングハウス錯視が生じないことが報告されています。(10)(11)

図I-32 ニワシドリのオスがつくる構造物と飾り
注：木の枝を立てて通路をつくり、その前の庭に光沢のある物を並べる。

それでは、ヒトに最も近いチンパンジーではどうでしょうか。これまでの研究では、チンパンジーもヒトと同様に、遮蔽された図形を補完して知覚することが示されています。(12) 一方で、欠けた部分に対する描画行動を観察すると、チンパンジーとヒトでは行動に違いがあることがわかりました。(6) チンパンジーと2,3歳のヒトの幼児に、一方の目のみが欠けた顔の線画を見せると、ヒトの幼児では欠けた部分を補完するように描き入れる行動が見られたのに対し、チンパンジーでは、線画に重ねて描く行動は見られたものの、欠けた部分を補完するような行動は見られませんでした。このことから、余白や間などに対する感性や、周囲の情報との関係による想像力は、ヒトに固有のものではないかと考えられます。

動物が美を感じるのかという問いは、ヒトにとっての美や芸術とは何かを問うことでもあります。実験室や野外における動物の行動との比較から、ヒトに固有の美やその構造が明らかになると考えられます。最後に生活のなかの美という観点で注目されるのは、ブラジルに生息するヒゲオマキザルが打ち割った石の破片が人類の剝片石器に類似しているという最近の報告です。(13) このような道具のなかにも、美や芸術、デザインの起源を探るヒントが隠されているかもしれません。

（伊村知子）

生物・神経基盤

I-33

視線を測ると何がわかる？
――眼球運動

　美しさや魅力の研究において視線計測が行われることがありますが，視線計測から何がわかるのでしょうか。普段の生活のなかではなかなか気づくことができませんが，実は私たちの視野は周辺部と中心部で視覚能力に大きな差があります。たとえば視力検査で用いられる小さな図形が判別できるのは視野の中心部のみで，視野周辺では視力は急速に低下します。また，微妙な色の違いも視野の中心部でしか区別できません。ですので，どこに視線を向けているかという情報は，私たちが対象を観察しているときにどのような情報を得ているのかを知るためにとても重要なのです。

　私たちの視線は通常，頭部が動くときに生じる反射的な運動や，滑らかに動いている対象を視線で追う運動をするときを除くと，ある位置に0.1〜0.4秒程度停留した後，急速に次の位置へ動くというパターンを示します。この急速な眼球運動をサッカードと呼びます。そのときに行っている作業にもよりますが，この「停留とサッカードの繰り返し」は1秒間に3〜4回程度ものペースで行われています[1]。観察対象のどの位置に最初に停留したか，1回の停留で何秒停留したか，ある範囲内に何回停留したか，ある範囲内に含まれる停留の時間を合計すると何秒になるか，どの位置への停留位置が多いか，どのような順番で移動していくかといったことを調べることによって，私たちが視覚から得ている情報を詳しく知ることができます。

　視線移動のパターンは様々な要因によって変化しますが，大きく観察する対象による要因と観察する人による要因に分類できます。前者をボトムアップな要因，後者をトップダウンな要因と呼びます。ボトムアップな要因としては，対象が周囲と比較して明るさや動きなどの特徴において異なっていることがあげられます。この性質を顕著性と呼びます[2]。顕著性が高い領域は視線が停留しやすい傾向があります。顕著性については様々な理論が提案されており，理論間の比較や人間の視線停留位置との比較が行われています[3]。

66

Ⅰ-33 視線を測ると何がわかる？

図Ⅰ-33 夜の駐車場を歩く二人の人物の写真（左）およびこの写真を10秒間観察したときの視線停留時間に応じて白く着色したもの（右）

　トップダウンな要因としては，文脈や観察する対象についての知識，観察する人の目的や行っている作業（課題）などがあげられます。たとえば人の顔では表情による変化が大きい眼や口の周辺に，また，風景のなかに小さく人物が描かれた絵画ではその人物に対してより視線が停留しやすい傾向があります。さらに，同じ人が同じ絵画を見ているときでも，そのときの目的に応じて視線が停留する位置や順番が変化します。[4] トップダウンの効果は強力で，顕著性が非常に高い領域（すなわちボトムアップな要因により視線が停留しやすい領域）が存在してもトップダウンな要因によってほとんど視線が停留しないこともあります。たとえば図Ⅰ-33右は図Ⅰ-33左の写真を10秒間観察したときの視線停留時間を示していますが，人物や遠方にうっすらと写っている建物などへの停留が長く，必ずしも顕著性が高いところに視線が停留するわけではないことがわかります。つまり，見る人側の要因によるところが大きいといえるでしょう。

　最後に，視線の研究に興味がある方のなかには，視線を測ることによって「なぜこの人はこれに視線を向けているのだろう」という理由，すなわち観察している人のトップダウンな要因を明らかにすることを期待している方も多いと思います。しかし残念ながら，トップダウンな要因は非常に多様であるため，純粋に視線移動パターンのデータ「のみ」から推定することは少なくとも現時点では困難です。今後の研究が期待されます。

（十河宏行）

生物・神経基盤

I-34

脳活動データからみる美と醜
―― ニューロイメージング

　本書の多くの項目で，芸術や魅力に関する心理的事象や現象，さらには心理学的メカニズムに関する紹介があったと思います。美に関する科学的研究では，美の定式化を志したフェヒナー以降，様々な実験的研究によって美の基準や美の認知過程に関する説明を行ってきました（I-23参照）。現代では非侵襲による脳機能計測技術が進展し，脳の血流の変化をとらえようとする機能的磁気共鳴画像（fMRI）や，脳の磁気的変化をとらえようとする脳磁図（MEG）や脳波（EEG）などのニューロイメージング研究が盛んになり，美の成り立ちを脳の活動に求めることが可能になりました。このような美的体験に関する脳の働きを明らかにしようとする研究分野は神経美学（Neuroaesthetics）と呼ばれています。

　美的体験の脳研究は，視覚美の研究から出発しました。fMRIを用いた研究では，美しいと感じるとき（判断されるとき）内側眼窩前頭皮質と呼ばれる脳部位の活動が高まることが明らかになりました。この脳活動は，鑑賞対象が肖像画・風景画・静物画といった絵画のカテゴリに関係なく，また具象的対象だけでなく抽象画でも同様の変化が認められました。身体像や顔の美しさに対して，さらには芸術作品や写真，図形パタンにおいても共通しています。さらに，絵画でも音楽でも美しいと感じるときに共通して内側眼窩前頭皮質の活動が高まることが示されています（図I-34）。さらに眼窩前頭皮質は，日常的な商品のデザインへの高い評価においても，数学者にとっての美しい数式についても，同様の活動を示します。眼窩前頭皮質の働きは美しさの体験に関する共通活動ですが，たとえば扁桃体や腹側線条体などの報酬系ネットワークに位置付けられる脳領域の活動も個別の研究では示されています。

　一方で醜さを感じるときの脳活動も調べられています。その１つが運動野の活動です。この活動は嫌悪表情に対してや，社会的規範からの逸脱（不道徳）でも認められます。眼窩前頭皮質の外側部が活動を高めることもあります。

　fMRIは脳の詳細な活動についての計測は得意ですが時間的な変化の計測は

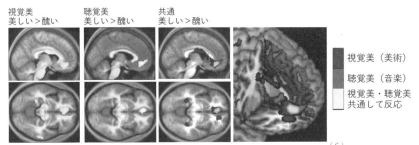

図Ⅰ-34 視覚美（美術）と聴覚美（音楽）に対する脳活動（Ishizu & Zekiを改変）[6]
注：カラー図版については元論文を参照のこと。

苦手です。一方でMEGは脳の活動の場所を詳細に調べるのは苦手ですが時間的な変化を計測するのが得意です。そのようなMEGを用いた研究のなかには、美しいかそうでないかの2択で判断しているときの脳活動を調べた研究があります。絵画や写真を提示してから400ms～1,000ms遅れて左半球の背外側前頭皮質の活動が高まることが示されています[11]。この美しさの判断までに至る時間は、様々な視覚情報処理を経て、美しいという意思決定に至るまでに要する時間ということです。この場所は、海馬や眼窩前頭皮質といった情動や報酬の処理に関わる脳部位からの入力を受け、対象に対する行動反応（目標に向けた行動など）の基盤となるなど、情動的な意思決定や認知的評価、注意過程などに関わっているとされます[12]。

これらの美しさへの脳活動は、美術、音楽、顔や身体、建築物など、見たり聞いたりできる、いわば感覚対象がある場合に限定されるのではなく、道徳や愛といった見えない対象についても同様のことが当てはまります。美には多様な対象や領域が考えられます。言葉の美しさや心の美しさなどについてはまだ明らかにされていませんが、これまで述べた脳活動が同様に生じると予想できます。

さらに現代では脳イメージング研究だけでなく、脳に磁気や電気刺激を与えることで脳活動を変容させて、美しさの体験や評価がどのように影響を受けるかも検討され始めています（たとえば、Nakamura & Kawabata）[13]。美しさと魅力の脳研究は、心理物理実験や認知実験に比べて制約も多く複雑なことはできませんが、従来の心理学的研究において明らかになっていることを脳の活動として問い直すことが可能です。

（川畑秀明）

生物・神経基盤

I -35

消費者の脳反応からみる魅力
──ニューロマーケティング

　機能的磁気共鳴画像（fMRI）などの脳を非侵襲で可視化する技術が進展したおかげで，この20年の間にニューロ○○や神経○○学といった研究分野を一気に多く見かけるようになりました。I -34でも神経美学について触れています。多くは神経活動を通してある特定の行動や心理の原理や機能を明らかにしようとする基礎研究が中心ですが，その応用的研究に位置する１つがニューロマーケティングです。たとえば，人はどのようにモノを購入しようとするのか，広告によってどのような感情が誘発されるのか，それらの問題を脳の働きの観点から明らかにし，消費者行動の理解に，そしてビジネスに役立てようとする研究分野です。一般書も多く刊行されています[(1)]。

　なぜマーケティングにおいて脳機能画像研究が必要とされてきたのでしょうか。その理由には２つあり，１つは脳研究によってコストと利益の間に見られるトレードオフを効率的に見出そうと期待してきたことにあり，もう１つは商品を生み出す前に適切なマーケティング研究を展開しうると期待してきたことにありました[(2)]。脳の反応には，消費者の意思決定や好みについて潜在的ではあるけれども豊かな情報を含んでいるという仮定で研究が行われます。それを商品開発に活かし，広告など販売促進に活かそうとするわけです。

　では，具体的にはどのようなことが明らかにされてきたのでしょうか。消費者行動を理解するうえで重要な概念に willingness-to-pay（WTP）というものがあります。これは，ある商品を購入するのにいくらだったら払うかという価値の推定を表します。消費者が支払える金額の範囲と企業が利益を得る範囲のバランスを取るために重要な問題です。たとえば，ある fMRI を用いた研究では，空腹の実験参加者に食べ物に値段を付けさせる課題において，その価値の高さと内側眼窩前頭皮質（mOFC）と背外側前頭皮質の活動との相関を見出しています[(3)]。特に mOFC は，金銭的報酬[(4)]だけでなく，顔の魅力[(5)]，芸術作品における美的経験[(6)]，対人的な協力[(7)]といった社会的報酬，さらには味の旨味[(8)]などによ

70

Ⅰ-35 消費者の脳反応からみる魅力

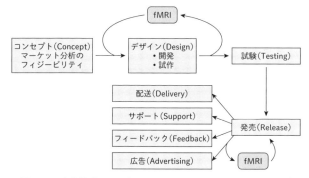

図Ⅰ-35 商品開発のサイクルとfMRIのニューロマーケティング
における適用（Ariely & Berns(2)をもとに改変）
注：最初のfMRI研究では商品の開発段階で用いるものであり，デザインプロセスに活かそうとする。第2のfMRI研究では実際に販売された後，販売を高めるために広告に活かそうとする。

って引き起こされる報酬系の働きに一致します。このような消費者の意思決定は，商品開発のサイクルにおいては，商品のデザインプロセスにも広告や販売プロセスにおいても重要な知見を提供してくれるでしょう（図Ⅰ-35参照）。

同様にマーケティングにおいて重要な問題として，商品の評価過程や商品や広告によって誘導される感情状態の推定などがあげられます。たとえば，日常的な商品デザインの評価において（たとえば，マグカップのデザイン），高い評価は前帯状回の下部からmOFCにかけての活動を引き起こすことが示されています[9]。これまでの研究では，食品や飲料[10]，自動車[11]，パッケージ[12]など様々な商品に対する選択過程や評価過程について脳機能画像による脳活動を調べています。これらの研究で明らかになっているのは，高い評価と報酬系の脳活動との対応関係が中心です。逆にいえば，報酬系の活動を指標として，商品や広告のデザインなどが客観的に評価可能であることを示唆しています。

ニューロマーケティングの研究は，商品開発と密接に結びつけており，扱われる対象も多様です。今後は，個々の商品等についての購買行動や選択，評価の高さに関してだけでなく，ブランドの資産的価値（ブランドエクイティ）[14]やそれを構成するブランドへの忠誠心や認知度，感じられる品質，イメージなどに対しても研究が進められるでしょう。脳機能だけでなく心理学やマーケティング科学の様々な技術や論理を利用して挑戦するべきものだと考えられます。（川畑秀明）

第 II 部

日常のなかにみる
「美しさと魅力」

Category ·····························
▶ 顔・身体
▶ 動　作
▶ 感　覚
▶ デザイン

顔・身体：顔①

Ⅱ-1

美人・ハンサムとは何か

　美人やハンサムなど人から魅力的だといわれている人がいます。「美人やハンサムは人それぞれ違った基準があり，共通する美の基準などはないんだ」という意見も昔からありますが，だれが見ても美人だったりハンサムだったりする人はおり，やはりそこには何らかの一般的な基準があるようにも思われます。

　この問題について初めて取り組んだのは，進化論を提唱したダーウィンのいとこでもあったフランシス・ゴールトン（Francis Galton）で，1880年代のことでした。彼は，当時最先端の技術である写真を使って研究を行いました。彼は写真を印画紙に焼き付けるときに重ねて焼くという方法を使って複数の顔を重ねた写真を作り出すことにしました。このような方法を使うと個々人の独特の顔の特徴は次第に薄くなって消えていき，多くの顔が共通してもっている特徴が強調されてきます。彼はこの方法によって多くの顔の「平均的な顔」を作り出そうとしたのです。じつは，ゴールトンが目指したことのひとつは，犯罪者の顔を重ねて焼き付けて平均化し，犯罪者に典型的な顔を作り出そうという試みでした。ところがこの試みはうまくいきませんでした。実際にはどんな顔，──もちろん犯罪者の顔でも──重ね合わせれば合わせるほど，男性はハンサムに，女性は美人になっていくということがわかったのです。そこで，ゴールトンは美人とかハンサムというのはある特別な特徴をもっているから魅力的になるのではなく，むしろ平均的になればなるほど魅力的になるのだという仮説にたどり着きました。これを「平均顔仮説」といいます。平均顔仮説は，美人やハンサムに関して提唱されたはじめての科学的学説といえるでしょう。彼はさすがにダーウィンのいとこだっただけあり，進化論に大きな影響を受けており，平均顔仮説にも進化的な裏づけがあると考えました。つまり，進化という観点から見れば平均から逸脱していることはそれだけ遺伝や病気などのリスクをもっていることを示していて，平均的なものを選ぶのが進化的にみれば最も適応的だったのだろうと考えたのです。

74

その後, しばらく平均顔仮説のことは忘れられ, 学問的な研究がされることはありませんでした。そもそも美人やハンサムについて科学的に論じることなどすべきではないとか, そんな研究は野暮だという考えが主流だったのでしょう。また, 顔の善し悪しなどといったテーマ自体が低俗なものだと思われたのかもしれません。対人印象形成について研究する社会心理学者も, 魅力的な性格や人を表現する言葉による印象形成の研究などをもっぱら行うことになりました。[2][3]

ところが, 対人印象形成の研究をすすめていくなかで, どうしても外見的な影響, 特に顔の影響は避けて通れない, それどころか人間の印象形成においては, 最も大きな影響を及ぼしているのは顔なのではないかということが次第にわかってきました。また, 一方でデジタル技術の進歩によって写真の重ね焼きといった古典的な方法を使わないでも, 複数の写真を合成できるようにもなってきました。

図Ⅱ-1 顔を重ねれば重ねるほど美人・ハンサムになる例
注：下にいくほど合成枚数が多い。

このような状況のなかでゴールトンの平均顔仮説は再発見されていくことになります。たとえば, ランゴロリスとログマンは, アメリカ人の大学生の顔写真を材料にして, これを512×512画素の画像データに直してドット毎の濃淡値を平均化する方法で実験を行いました。そして, 合成する顔写真の枚数を, 2→4→8→16→32と増加させるにしたがって, 魅力度の評定値が増加していくことを示しました（図Ⅱ-1）。[5]この種の研究は当時, 世界中の科学者によって行われ, このような結果が安定して得られることがわかってきました。[6]一般にハンサムとか美人というと特別な特徴をもっている顔だと思われますが, 逆にそのような特徴をもっていなければいないほど魅力度が増加していくというのは極めて興味深い現象だといえるでしょう。

(越智啓太)

顔・身体：顔②

II-2

究極の美人・ハンサムを求めて

　フランシス・ゴールトンが提唱した平均顔仮説，つまり，たくさんの顔を平均化すればするほど美人・ハンサムになっていくという仮説は，1990年代後半に再発見され，多くの研究者によって美人やハンサムを説明するかなり強力な説であるということがわかってきました。

　その後も様々な研究者によって私たちの外見的な魅力に影響する要因が次々に明らかになってきました。たとえば，顔の左右の対称性（I-20参照）という要因です。ラホデスらは，顔写真を加工して左右が完全に対称になった顔からそれほど対称でない顔までを作り出し，それらの魅力度を評定させたところ，対称性が高いほど魅力的だと認知されることを示しました[1]。また，リトルらは，対称顔が魅力的だと認知される現象は，アフリカの原住民の写真を使ってヨーロッパ人が評定した場合でも見られるということを示しています[2]。

　また，顔の肌のテクスチャ（表面の質感）がすべすべだということが重要であることも示されています。リトルらは，①個々人の元の顔，②何人かの顔を合成した平均顔（平均顔にすると個々の顔のにきびやシミなどが消えるのですべすべの顔になる），③元の顔のパーツ配置はそのままで肌のテクスチャアだけをすべすべにした顔，④平均顔のパーツ配置で肌のテクスチャアをもとの顔のすべすべでないものにしたものの4つの刺激を用いて，どの刺激が魅力的かを実験しました。その結果，肌がすべすべであることは魅力度のうえでは，配置の平均化に匹敵するほど強力だということがわかりました[3]。

　では，究極の美人顔，ハンサム顔というのはどのような顔なのでしょうか。平均顔仮説からすれば，世の中のできるだけ多くの顔を平均化していけば究極の美人・ハンサムができると思われます。しかし，実際にこのような顔を作ってみると，もちろんある程度は魅力的な顔になるのですが，究極の美人・ハンサム顔にはならないということがわかってきました。

　そこで，この問題について研究したのがカニンガムです。彼はまず，多くの

76

II-2 究極の美人・ハンサムを求めて

顔の平均顔よりもコンスタントに魅力が高いと判断される顔を作り出す方法を考えました。それは美人コンテスト平均顔という方法です。これは，誰の顔でもともかく平均化してしまうのでなく，美人コンテストで入選している人の顔だけを使って平均顔をつくるという方法です。この方法で作成された顔は単純に多くの顔を平均化した顔よりも一貫して魅力的だと判断されました。次に彼はこの美人コンテスト平均顔と平均顔のパーツやその配置を測定して比較し，どのような違いが魅力度の増加を引き起こしているのかを検討しました(4)（図II-2）。その結果，目の高さや目の幅，目の間の距離，頬骨の幅，眉の高さなどは平均顔よりも大きくしたほうが魅力が上がること，鼻の面積やほおの幅などは平均顔よりも小さくしたほうが魅力が上がることがわかりました。総合するとどうやら，顔の上半分のパーツや配置を大きく，下半分（ただし口をのぞく）を小さくすることが魅力度を上昇させる効果があるということです。これは幼形的な特徴を示すものですので，彼の結論は，平均顔を幼形化することによって魅力度が上がるということになります。これを幼形化仮説といいます。幼形化による魅力向上の効果は，男性顔よりも女性顔で顕著に現れるということも示されています。(5)

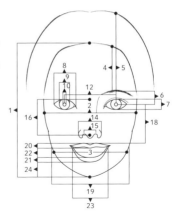

図II-2　カンニンガムが測定した部位（一部抜粋）(4)

幼形化による魅力向上効果は，実際の人間の顔だけでなく，たとえば，マンガやアニメのキャラクターの顔においても生じることが知られています。また，長期に親しまれているキャラクターでは次第に幼形化が進行していくことが指摘されています。具体的には，ミッキーマウスやスヌーピーなどははじめて登場したときよりも最近のほうがより幼形的な特徴が強調して描かれているようです。(6)

これらの研究によって美人やハンサムを規定する要因が次第に明らかになってきました。美人やハンサムの認知においては社会文化的な要因だけでなく，私たちが進化の過程で獲得してきた複雑な行動メカニズムが影響しているのではないかと考えられています。

（越智啓太）

顔・身体：化粧①

Ⅱ-3

魅力を与え印象にも残りやすいメイクとは？

　人は他人からステキと思われたい，かわいいと思われたい，印象に残りたいなどと思ってメーキャップをします。メーキャップで肌の色や質感，目元・口元などの左右のバランスや形を整え，顔の各パーツに彩りを加えれば，自分らしさを美しく表現することはもちろん，大人っぽさなどの様々な印象を表現することができます。メーキャップは自己表現のための大事なツールの一つです。

　では，どのようなメーキャップがより魅力的で記憶にも残るのでしょうか？私たちは他人のメーキャップ顔を見ているときの脳波の反応を調べました。脳波は思い込みなどの心理的バイアスが入らないといわれている潜在的な反応です。これまでの研究では，人は魅力的な顔を見ると魅力的でない顔よりもN170という脳波反応が小さくなりました[1]。魅力的な顔は顔としてスムーズに認識できるので脳波反応が小さくなるというのです。この脳波は顔を見てから約0.2秒後に起こる反応のため，アンケートでは尋ねることができない直感に等しいものでしょう。脳波を調べることでメーキャップを魅力的と感じる仕組みがわかる可能性があります。

　私たちは同じ女性に対して，メーキャップアーティストにナチュラルなメイクと濃いメイクを施してもらい，素顔と併せてそれらの顔写真を第3者が見たときの脳波を確認しました。すると，ナチュラルなメイクは濃いメイクや素顔よりも脳波反応のN170が小さいことがわかりました。アンケートではナチュラルメイクは魅力度が最も高く，次に濃いメイクで，一番魅力的でなかったのは素顔でした。これらの結果から，ナチュラルメイクは濃いメイクよりも顔としてスムーズに認知して直感的に魅力的と感じられることがわかりました[2]。

　ここでのナチュラルメイクのポイントはベースやチークなどで自然な血色感とつやのある肌で女性らしい仕上がりです。一方，濃いメイクは全体のコントラストが強く，直線的で大人っぽいクールな印象の仕上がりでした（図Ⅱ-3）。

　次に魅力的と評価されたナチュラルメイクは記憶にも残るのかを調べました。

78

II-3 魅力を与え印象にも残りやすいメイクとは？

　　　素顔　　　　　　ナチュラルメイク　　　　　濃いメイク

図II-3　同一女性の素顔・ナチュラルメイク・濃いメイクの例

　脳の深い部分の脳血流を測定したfMRIの研究では，魅力的な顔は魅力的でない顔よりも記憶され，そのときには記憶を司る海馬と前頭眼窩野の活動の関連が強かったということが示されました。前頭眼窩野は快を感じるときの報酬系とも関連していて，顔の魅力に増加して活動も大きくなるという結果でした。[3]

　私たちは同一女性でナチュラルメイクと濃いメイク，素顔の顔画像を使って記憶実験を行いました。結果，記憶の成績が最も良かったのは素顔，次にナチュラルメイク，最後は濃いメイクでした。魅力の評価は先の脳波実験と同じ結果です。ナチュラルメイクは素顔や濃いメイクと比較して，魅力的で記憶にも残りやすいということです。素顔はその人自身がそのまま表れているので記憶には残りますが，残念ながら魅力度は低いのです。また，濃いメーキャップの顔は実際には見たことがなくても見たような気がしてしまうこともわかりました。[4]メーキャップが濃いとその人本来の顔よりもメーキャップの方が印象に残ってしまうのでしょう。私自身というより強烈な印象を残したい場合には濃いメーキャップの方が有効かもしれません。メーキャップは場面と目的に応じて使い分けることができます。

　一方でメーキャップは文化や時代の背景，ファッションのトレンドからも影響を受けるといわれています。[5]私たちの研究結果も時や場所が変われば，同じではないかもしれません。また，アメリカの研究では，濃いグラマラスなメーキャップの方がナチュラルメイクよりも魅力を感じるが，信頼度や好ましさの評価はその逆という実験結果があり，[6]顔の魅力にもいろいろな意味合いがあります。今後は，個々人の顔の特長を生かしつつ，誰が見ても最高の魅力と思えるメーキャップの技法や推奨につなげて，メーキャップがもっと楽しく，希望に叶うものにしたいと思います。

（互　恵子）

顔・身体：化粧②

Ⅱ-4

化粧による魅力向上のメカニズム

　化粧という言葉は，昭和の頃まではもっぱらメーキャップを指していましたが，現代ではスキンケア・メーキャップ・フレグランスなどを総称する用語になりました。(1)この広義の化粧が魅力を向上させていることは間違いないでしょう。しかし，なぜ化粧水をつけたり，口紅を塗ったり，香水をまとったりすることで魅力が向上するのか，立ち止まって考えると，決して自明のことではありません。ここでは，化粧と魅力・美しさの関係を，スキンケア・メーキャップ・フレグランスそれぞれに分けて考えてみたいと思います。

　魅力・美しさとの関わりがわかりやすいのは，やはりメーキャップでしょう。メーキャップで用いられる化粧品は，ファンデーションや口紅など，いずれも色を加えるものです。つまりメーキャップとは，容貌上に色材を塗布する着色行為です。ただし，着色の対象は，「肌」と，目鼻口などの「顔の要素」に分けて考えたほうが良いと思われます。ファンデーションは，肌のくすみ，シミなどを覆い，色むらのない，好ましい肌色を演出します。つまり，肌の色彩情報を均質化することで健康的な肌状態を提示し，魅力を増すのです。一方，眉墨，マスカラ，アイライナー，アイシャドーなどは，眉や目の形態（形・配置）を操作することが主眼の化粧品です。眉墨は，眉を濃く明瞭にするだけでなく，描き足して形を変更することもできます。アイシャドーは錯視の効果で目を大きく見せることが可能です。(2)顔の要素の形を直線的にするか曲線的にするか，配置バランスを拡散的にするか集中的にするか，この2要因の操作によって，キュート・フレッシュ・クール・やさしいなどの印象をもたらすことができます。この形態と印象の対応関係は，表情認知と年齢推定の過般化（拡大適用）がもたらすものだと考えられます。(3)すなわち，形態操作に関わるメーキャップは，形態を調整して，容貌から推測される人格印象を操作する技術，さらに踏み込んでいえば，対人関係の距離感を調整する技術だと考えられます。

　スキンケアは，肌への悪影響を取り除き，保湿成分と油分などのバランスを

Ⅱ-4 化粧による魅力向上のメカニズム

整え，活力を与え，紫外線や乾燥などの環境から守ることで，体表の健康を維持増進する行為です[4]。男性の顔写真を用いた実験では，健康的な肌の男性に対する魅力評価が高くなることが示されています[5]。肌の健康は，女性が最も重視する美しさの条件でもあります[6]。スキンケアは，肌の健康を維持・増進することを通じて魅力を向上させているのです。

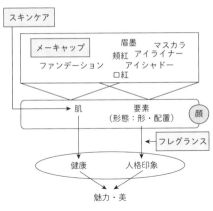

図Ⅱ-4 化粧が魅力に及ぼす作用の整理

フレグランスは，嗅覚に訴える化粧です。視覚を介して魅力に影響するメーキャップやスキンケアとは，この点が異なります。しかし，顔写真にフレグランスをつけて，その香りを嗅ぎながら印象評価を行うと，顔写真の印象がフレグランスの印象の方向に牽引されます[7]。フレグランスは嗅覚を通じてそれをまとう人の人格印象を操作する点で，形態に影響するメーキャップと類似した効果を発揮しているのです。

さて，ローズは魅力的な顔が有する共通の特徴として，「平均性（averageness）」「左右対称性（symmetry）」「性的二形性（sexual dimorphism，男性らしさと女性らしさ）」をあげています[8]（Ⅱ-1参照）。そして，これらの特徴が健康を示す信号であり，望ましい配偶者を見つける手がかり，すなわち魅力になっていると考察しています。いわば，「魅力＝健康説」です。

スキンケアやファンデーションの作用は，「魅力＝健康説」で説明することが十分可能です。一方，眉墨などの形態変更に関わるメーキャップやフレグランスには，人格印象の操作という異なる背景が想定されます。歴史的に振り返ったとき，魅力や美しさは，健康を犠牲にしても手にすべきものだった時代が長く，今でも，ピアスや睫毛のエクステンションなど，健康という観点からは疑問を感じるオシャレは残っています[9]。化粧による魅力の向上は，少なくとも健康のみによるものではなく，人格印象の操作という異なる作用と連動してもたらされていると考えられます（図Ⅱ-4）。

(阿部恒之)

顔・身体：化粧③

Ⅱ-5

錯視で引き出す顔の魅力

　人間が「目に見えている現実」だと思っているものはすべて脳が視覚入力を解釈し推測した結果ですので，主観的現実と客観的事実との間にはある程度のズレがあります。それが錯視なのです。人間の文化の中には錯視を積極的に活用している分野もあります。その代表格は服装（ファッション）と化粧です。[(1)]化粧によって目が大きく見えたり，小顔に見えたりすることは錯視を上手に活用しているのです。

　たとえばアイメイクにより目の大きさが変わって見えます。図Ⅱ-5上段において右の目と比べると左の目は大きく見えますが，実は目は同じ大きさです。これはまつ毛メイク（マスカラ，つけまつ毛）と二重まぶたと涙袋メイクが目の周囲に大きな円形を形成し，デルブーフ錯視を生じさせているためであると考えられます。[(2)] デルブーフ錯視とは図Ⅱ-5中段右の単独円よりも中段左の二重円の内円のほうが大きく見える現象であり（実際は同じ大きさです），外円と内円の大きさ同化に起因する錯視です。[(3)] 筆者らの錯視量測定実験ではマスカラによって目が縦・横それぞれ約6％大きく見える（面積比で約12％）過大視が得られました。[(4)] また同じ大きさの目でも図Ⅱ-5下段左のように目にアイラインを施すと，ノーメイクの下段右よりも目が大きく見える現象もデルブーフ錯視に基づいていると考えられます。[(4)] ただし，アイラインで目を完全に囲ってしまうと目の大きさ錯視が弱まることも実証されています。[(5)] さらに，二重まぶただけでも約4％（面積比で約8％）の過大視が得られました。[(6)] 涙袋メイクも併用すればさらに大きな錯視効果が得られるでしょう。別の実験ではアイシャドウにより目が約5％（面積比で約10％）大きく見えることも判明しました。[(4)]

　目の大きさ以外にも，化粧で様々な錯視効果を活用することができます。たとえば，眉メイクとノーズハイライト・ノーズシャドウ（鼻筋をやや明るく，鼻の側面をやや暗くする化粧）を用いることで小顔に見える錯視効果が生じます。同様にシェーディング（頬・顎の外側にやや暗めのファンデーションを施す）という化粧技術を

用いて小顔に見せることもできます。また，口紅の色で顔の肌を明るく見せる錯視効果もあります[(8)]。これらは女性の顔の魅力を高めるために役立っているのです。

化粧による錯視がなぜ顔の魅力を高めるのか考えてみましょう。顔の形態の魅力に関する実験研究によると，女性顔では小さい顎・大きい目・高い頬骨・ふっくらした唇・明るくなめらかな肌などが魅力を高める特徴であることがわかっています。これらは生物学で性的二型性と呼ばれるオス・メスの形態差に相当して

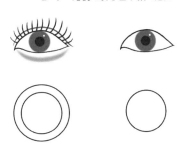

図Ⅱ-5　目の大きさ錯視とデルブーフ錯視
注：いずれも左側が右側より大きく見えるが，実は同じ大きさ。

いて，女性らしさを体現する相貌特徴になっています。実際，これらの特徴を強調することは化粧の主要な目的でもあり，女性らしさを強調する効果を生じます。

他方，多くの顔を平均することで作成される平均顔は決して平凡な顔ではなく，実は魅力度の高い顔であることが実証されています（Ⅱ-1参照）。男性の平均顔はイケメン，女性の平均顔は美人なのですが，平均顔がベストであるとは限りません。そこで筆者らは，平均顔をベースにしてコンピュータグラフィクスで目（ノーメイク）の大きさを様々に変化させて，最も魅力度の高い目の大きさを測定する実験を行いました。その結果，最も魅力的に見える目は女性顔では平均サイズより縦横が7.4％（面積比で15％）大きいのですが，男性顔では2.5％（面積比で5％）大きいだけでした[(9)]。大きな目は女性顔の魅力を高めるための重要な要因であるが，男性顔では重要でないことが実証されました。この実験結果は，女性の目を大きく見せる化粧の錯視効果が理にかなっていることを示しています。しかも，7.4％という数値はマスカラ，アイライン，アイシャドウ，二重まぶたメイク，涙袋メイクにより十分実現可能なのです。

顔の識別は社会生活において重要なため，人間の脳は顔に対して極めて敏感であり，顔特徴のわずかな変化でもはっきり知覚できます。それゆえ，化粧の錯視効果の活用で顔の印象を大きく変えることができるのです。　　　（森川和則）

顔・身体：表情

Ⅱ-6

魅力的な表情とは？

　「美しい人」の定義は様々ですが，私たちが特に気にするのは顔や身体の造形かもしれません。綺麗な顔の人，モデルのような体型，など主に生まれもったつくりが美しさを決定しているかのような話はよく聞かれます。しかし，体型にしても顔立ちにしても，好みは時代とともに変化することがわかっています（Ⅰ-18参照）。身近にいる「魅力的な人」を思い浮かべてみましょう。その人が美しく魅力的だと感じるのは，所作や笑顔，いわゆる雰囲気からきている気がしませんか？　あるいは，言葉遣いや立ち居振る舞いからも「品」を感じている，ということもあるでしょう。

　心理学では，特に「顔」の研究は昔から盛んに行われています。その理由は，顔は人間にとって最も重要な形（心理学では「パターン」）だからだと考えています。おそらく犬にとっての「匂い」，鳥にとっての「さえずり」など，動物には同じ種である相手がどのような状態にあるかを知るための重要な情報発信源があり，人間は，相手の「顔」からの情報をしっかり読み解く能力に特化した機能を，遺伝的にもって生まれてくるといわれています。

　しかし，顔の研究のなかでも魅力の分野はなかなか複雑な研究領域です。人種や性の多様性を認め合おう，という社会的風潮も高まり，単純に「男性は料理の上手な女性が好き」「女性は男らしく筋肉質な人を魅力的だと感じる」などと，プロトタイプ的な考え方から人の魅力を語ることは少なくなってきました。しかしながら，人が人として生まれた以上，性別や人種にかかわらず，普遍的な「顔の美」のもつ魅力は脳内に組み込まれているともいえるでしょう。

　有名な研究の一つに，「平均顔は魅力的である」とする研究があります（Ⅱ-1参照）。平均顔を作成すると，一般的にシミやしわの特徴が消え，わずかな顔のゆがみなども補正されたように打ち消し合い，左右ほぼ対象な顔ができます。この「左右対称であること」は，見る人にとっての重要な魅力の要素の一つといわれています。お化粧をする場合，肌を滑らかに見せ，左右が対称にな

II-6 魅力的な表情とは？

図II-6 開始と終了の表情は同じでも，途中の運動が非対称（下）だと，対称な動き（上）より少し老けて見られる(1)

るように眉を描くことなどは，無意識のうちに人がそれを意識しているからにほかならないでしょう（II-3，II-4参照）。

一方，顔の造りだけ左右対称であれば良いのかというとそうではなく，動きが非対称であれば老けて見える，という研究を著者らは行いました(1)。この実験では，顔の造りは完全対称とし，一方で，真顔からある表情へと変化するときの「運動情報」を左右非対称にしてみました（図II-6）。すると，左右が完全に同期して動くときよりも，左側が右側より速く，あるいはその逆というように動きが左右でずれてしまうと，「老けて見られてしまう！」という結果が得られています。

魅力の要素と若々しさの印象は切り離せないところであり，少しでも魅力的に若々しい印象を得たいのであれば，お化粧とともに，自分の表情の動き方もよく見てみるとよいでしょう。かくいう私は，自分の顔をまじまじと見ながら鏡で練習するというのはとても不得意なのですが，この研究結果をみてからは，少し考えを改めようかなとも思いはじめました……。

（蒲池みゆき）

顔・身体：顔認知の文脈

Ⅱ-7

顔を文脈で読む

　私たちは他人の感情を判断するとき，顔から得られる情報をよく使います。たとえば，「Ａさんは今にも泣きだしそうな悲しげな顔をしている」「Ｂくんは自信に満ちあふれた表情をしている」など日常でもしばしば顔や表情の変化にもとづいて他人の感情を推測しています。しかし実生活を振り返ると，私たちが他人と交流をする際に，相手の顔“だけ”を見て接することは非常に稀なことです。顔から得られる情報のほか，どのような情報が他人の感情を判断する際の手がかりとなるのでしょうか？

　他人の感情を判断する際に，その場の文脈情報もまた重要な手がかりとなります。ヘブライ大学の心理学者アビエゼルらは，文脈が表情の判断に及ぼす影響を調べるために，次のような実験を行いました[(1)]。彼らは，画像加工ソフトを使って「表情」と「文脈」が一致する画像・一致しない画像を作成しました。表情は嫌悪表情の１種類，文脈は嫌悪文脈・怒り文脈・悲しみ文脈・恐れ文脈の４種類です。嫌悪文脈は汚物を指先で嫌々つまむ顔なし画像，怒り文脈は怒りの拳を振りあげる顔なし画像，悲しみ文脈は墓の前で胸を痛める顔なし画像，恐れ文脈は両手を前に突き出し恐れおののく顔なし画像です（文脈画像は観光地にある顔ハメ看板を想像してもらえばわかりやすいかもしれません）。嫌悪表情をこれら４つの文脈に埋めこみ「嫌悪表情＋嫌悪文脈（図Ⅱ-7(a)）」「嫌悪表情＋怒り文脈（図Ⅱ-7(b)）」「嫌悪表情＋悲しみ文脈（図Ⅱ-7(c)）」「嫌悪表情＋恐れ文脈（図Ⅱ-7(d)）」の４種の画像を作成し，実験参加者に呈示しました。参加者の課題は，それぞれの画像をよく観察し，画像内の人物が「悲しみ・怒り・恐れ・嫌悪・喜び・驚き」のうち，どの表情を浮かべているかを判断することでした。

　実験の結果，文脈情報が表情判断の正確さ（正しく嫌悪表情と判断できるかどうか）に影響することがわかりました（図Ⅱ-7(e)）。表情と文脈が一致するときには，文脈は呈示せず嫌悪表情だけを呈示した場合より，表情判断が正確に

II-7 顔を文脈で読む

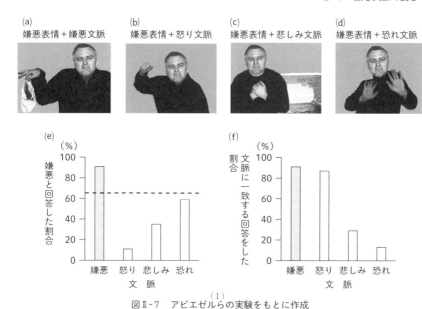

図II-7 アビエゼルらの実験をもとに作成(1)

注：(a)嫌悪表情＋嫌悪文脈，(b)嫌悪表情＋怒り文脈，(c)嫌悪表情＋悲しみ文脈，(d)嫌悪表情＋恐れ文脈の画像，(e)表情判断の際に「嫌悪」と回答した場合．(f)表情判断の際に文脈に一致する表情の回答をした割合．「嫌悪表情＋怒り文脈（(b)）」では，画像内の人物が怒りの表情を浮かべていると判断される．(e)(f)の灰色の棒グラフは表情と文脈が一致する画像（「嫌悪表情＋嫌悪文脈（(a)）」）を呈示したときの結果．その他の白色の棒グラフは表情と文脈が一致しない画像を呈示したときの結果．

なりました（図II-7(e)中の破線は，文脈は呈示せずに嫌悪表情のみを呈示した際に「嫌悪」と判断された割合（65.6％）を示します）。一方で，表情と文脈が異なるときには表情判断が不正確になりました。特に，「嫌悪表情＋怒り文脈（図II-7(b)）」では，文脈情報につられるように怒りの表情を浮かべていると参加者は誤回答をすることが明らかになりました（図II-7(f)）。これは，嫌悪表情と怒り表情の見た目が似ていること(2)が関係しています。

このように，私たちは単純に顔（表情）だけで相手の感情を判断しているわけではありません。他人と接するとき，私たちは頭のなかで，表情に加えて，ボディランゲージやその場の状況など，様々な情報を統合して判断を行っているのです。

（宮崎由樹）

87

顔・身体：ベビースキーマ

II-8

かわいさの構成要素

　第2次世界大戦中，オーストリア出身の動物行動学者ローレンツは，「ベビースキーマ（幼児図式）」という概念を提唱しました[1]。ローレンツやオランダのティンバーゲンといった動物行動学者は，ハイイロガンの刷り込みなど動物の行動を観察するなかで，生物にはそれぞれ特定の行動を引き起こす「鍵刺激」（I-31参照）があると考えました。たとえば，トゲウオ（イトヨ）のオスは繁殖期になると腹が赤く発色し，縄張りからライバルのオスを追い出す行動がみられます。この攻撃行動は相手を自分と同じ魚だと認識するからではなく，「腹が赤い物体」という鍵刺激を認識することで引き起こされるのです。人間におけるそのような鍵刺激の例として記述されたのが，ベビースキーマです。図II-8に示すように，左側の頭部の図は右側の図に比べて，より「愛くるしい」「かわいい」と感じられます。

　ベビースキーマとして，①身体に比べて大きな頭，②前に張り出た広い額，③顔の中央よりやや下に位置する大きな眼，④短くてふとい四肢，⑤全体に丸みのある体型，⑥やわらかい体表面，⑦丸みをもつ豊頬，といった要素が上げられています[1]。その後，不器用な（ぎこちない）動きという要素も付け加えられました[2]。ローレンツによれば，対象が生き物かどうかにはかかわりなく，このような要素をもつものを，人間は無条件でかわいいと感じる仕組みを持っているというのです。これらの特徴を，自らの直感にもとづいて分析し列挙したローレンツの洞察力には驚かされます。

　なお，本来「スキーマ」とは人間のもつ仕組みのことを指します。図II-8に示すのは，その仕組みを作動させる鍵刺激です。しかし，現在では，特徴そのものを「ベビースキーマ」と呼ぶことがあります。

　「ベビー」スキーマという名前から誤解されることが多いのですが，ベビースキーマとは様々な動物に共通する赤ちゃんの特徴を表現したものではありません。実際，図II-8でも最上段のヒトを除けば，左右のイラストは異なる種

88

Ⅱ-8 かわいさの構成要素

の動物です。これらの特徴は，人間という種に養育や保護の反応を引き起こさせる鍵刺激であり，他の動物種にも当てはまるかどうかは明らかではありません。

その後の実証的な研究によって，ベビースキーマを多く含む顔は，かわいく魅力的と評価されたり，世話したいという気持ちにさせたり，長い時間見つめられたりすることがわかりました。顔写真に含まれるベビースキーマを増強させるには，顔の横幅を広くする（丸くする），額を広くする，目の横幅を広くする，鼻の縦の長さを短くし横幅を狭くする，口の横幅を狭くするといった変形を施します(3)。脳画像研究からは，ベビースキーマを増強させた幼児顔を見ると，報酬に関わる脳領域である側坐核の活動が高まるという知見も得られています(4)。

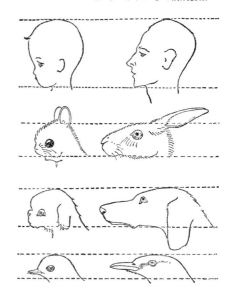

図Ⅱ-8 人間の養育反応を引き起こすと考えられてきた特徴（ベビースキーマ）(1)
注：左はかわいいと感じられる頭部形状（上から，幼児，トビネズミ，ペキニーズ，コマドリ）。右はかわいいとは感じられない近縁種の頭部形状（上から，成人男性，ノウサギ，猟犬，コウライウグイス）。

ベビースキーマは生き物以外にも適用することができます。車のフロントデザインに対して，ヘッドライト（目）を大きくする，フロントグリル（鼻）を小さくするといった変形を行った研究があります。魅力の程度は変わりませんでしたが，よりかわいいと評定されました(5)。マスコットやキャラクターにも，ベビースキーマは豊富に含まれています。ちびキャラやミニキャラ，スーパーデフォルメ（SD）と呼ばれるように，身体に比べて頭部を大きく描く，額を広くして目を顔の下側に描くといった工夫をすることで，より幼くかわいい印象を与えることができます。

（入戸野　宏）

89

顔・身体：ペット

Ⅱ-9

なぜヒトは伴侶動物の虜になるのか

　人間とともに長く暮らしてきた家畜動物のうち，人間の伴侶や家族の一員のような存在として位置づけられる動物を伴侶動物といいます。その代表例にはイヌやネコ・ウマがあげられます。なぜ私たち人間は彼らに魅了されるのでしょうか？

　伴侶動物を含む家畜動物には，近縁の野生種には見られないある共通の変化（家畜化症候群）が見られます[1]（図Ⅱ-9）。見た目には，白斑ができ，耳がピンと立たずに垂れ，尾がくるりと丸まり，頭が短くなって顔が丸みを帯びるようになり，毛色や毛並みの多様性が増し，犬歯は小さくなりました。こうした変化のうち，特に丸みのある顔は人間がもつベビースキーマ（Ⅱ-8参照）の構成要素にも含まれ，人間の世話欲求を高めます。行動面では，攻撃性の低下とともに，寛容性が高まりました。また，家畜動物の近縁の野生種では子どもの頃だけに見られる遊び行動がおとなになっても変わらず見られるようになりました。このように，おとなになっても可愛らしい見た目・行動が変わらず見られることで，伴侶動物は人間を長期にわたって魅了し続け，心理的な絆を形成し続けられると考えられます[2]。

　伴侶動物はまた人間が示すシグナルの読みとりにも長けています。たとえば，イヌは，人間の指さしを手がかりとして利用して餌を探せるかを調べる課題において，人間と最も系統発生的に近縁のチンパンジーやイヌと同じような環境で育てられた祖先種のオオカミよりも高い成績を示します[3]。また，近年の研究から，イヌやウマにもヒトの表情や声から感情を読み取る能力が備わっているという報告も次々にあがってきています[4]。そうした対ヒト社会的認知能力は家畜化の過程で独自に発達し，人間とのコミュニケーションを深め，絆を形成するのに役立ったと考えられます。

　伴侶動物は見つめることでも人間を魅了してきました。イヌが飼い主を見つめることがイヌと飼い主の絆形成を促すのに重要な役割を果たしているのです[5]。イヌが飼い主を長く見つめると，その飼い主のオキシトシン（絆の形成に重要

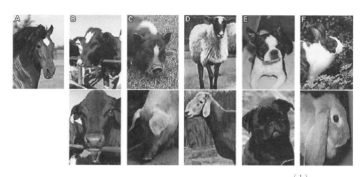

図Ⅱ-9 家畜化によって最も顕著に変化した形態的特徴の例[1]
注：様々な家畜動物における斑点（上）と垂れた耳（下）を示している。

な役割を果たすホルモン）濃度が上昇します。それが飼い主のイヌに対する関わりかけの動機づけを高めます。その関わりかけがイヌのオキシトシン濃度を高め，イヌは飼い主をさらに見つめるのです。こうして，イヌが飼い主を見つめることで愛着を示すことに端を発したイヌと飼い主との絆形成のポジティブ・ループが形成されます。しかし，このような視線を介したポジティブ・ループは，オオカミでは確認されませんでした。たとえ，イヌと飼い主の間と同様の関係性を築いているオオカミであっても，です。[5]なお，遺伝的にオオカミに近い古代犬よりも，他の犬種（牧羊犬・猟犬・使役犬）の方が，解決不可能な課題に直面したときに，人間に助けを求めて見つめるまでの時間が短く，見つめている時間が長い，つまり人間により素早く・長く助けを求めるという研究もあります。[6]したがって，イヌは，遠い昔オオカミと分岐して以降，人間を見つめて要求するという行為を独自に発達させ，人間との愛着・養育のポジティブ・ループを獲得したといえるでしょう。ただし，イヌに限らずウマもまた，人間に餌を要求する場面において，人間と餌を交互に見つめて要求するという行為を繰り返し示します。[7]見つめるという行為はイヌ以外の伴侶動物においても人間とのコミュニケーションに利用されているのです。

　伴侶動物は，その見た目の可愛いらしさや遊び好きな性格・人間が示すシグナルへの高い感受性・見つめるという行為によって，私たちを魅了し，養育行動を引き出してきたと考えられます。そうして，彼らは人間に家族のようにして寄り添い，人間と慈しみ合う唯一無二な存在になってきたのです。（瀧本彩加）

顔・身体：かわいい

Ⅱ-10

「かわいい」を感情としてとらえる

　「かわいい」という言葉が日本でよく使われるようになったのは，1970年代以降だといわれています。最初は，女子中学生・高校生が仲間内で楽しむサブカルチャーの言葉として流行しましたが，その世代が社会の中核を占めるようになると，日本のポップカルチャーの代表として扱われ，海外でも知られるようになりました。[1][2]

　一方，心理学の世界では，かわいさに関する研究はベビースキーマ（Ⅱ-8参照）の考えにもとづいて行われてきました。[3]しかし，最近では，ベビースキーマ以外にもかわいいと呼ばれるものがあることがわかってきました。図Ⅱ-10は，幼さの評価とかわいさの評価の関係を示したものです。[4]ネットや雑誌で「かわいい」と表現されていた対象（単語や句）を93項目あつめました。赤ちゃん，ハムスター，花，リボン，マカロンなどです。日本の大学生を2つの群に分け，一方の群にはそれぞれの項目をどのくらいかわいいと思うか，他方の群にはどのくらい幼いと思うかを5段階で評価してもらいました。全体としては，幼さが高い項目ほど，かわいいと評価される傾向がありました。しかし，「笑顔」のように，幼さは低くてもかわいいと評価される項目もありました。実際，笑顔の赤ちゃんは無表情の赤ちゃんよりもかわいいと評価されます。[5]また，幼児の合成顔を用いた研究でも，幼さの評定とかわいさの評定が食い違うことがあり，最も幼い顔が最もかわいいと評価されるわけではないことが示されています。[6]さらに，「人体模型」のように，平均値は低いですが，特定の人にはかわいいと感じられるものがあることもわかりました。

　日本では「キモかわいい（気持ち悪い＋かわいい）」「ブサかわいい（不細工＋かわいい）」のような複合語が使われることがあります。このような多様性は，かわいいと感じるのはベビースキーマに対する自動的な反応ではない可能性を示しています。入戸野は，「かわいい」は対象の属性ではなく，対象と自分との関係性を評価することによって生じる感情であると提案しました。[7][8]自分にと

って脅威とならず，近づきたい・見守りたいという気持ちになる対象を「かわいい」と呼ぶというのです。このように考えると，先ほどの「○○かわいい」という複合語の意味が理解できます。「キモかわいい」というのは，気持ち悪いという人もいるけれど，私は興味があるし，近寄ってみたい気もするという個人の思いを表しているのです。美しいとか格好よいといった判断には優劣の評

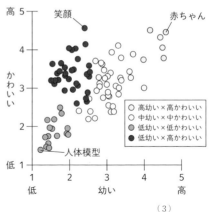

図Ⅱ-10　幼さとかわいさの関係 (3)

価が含まれます。しかし，「かわいい」は個人の感情を表すがゆえに正解がなく，そのため「無難な言葉」としても重宝されるのでしょう。

　ベビースキーマ以外にも，笑顔や丸み，色といった様々な手がかりが「かわいい」と感じさせるきっかけとなります。シャーマンとハイトは，かわいいものに接すると，その対象を自分たちの仲間とみなして交流するので，相手にも心があると考えたり，やさしく振舞うようになると提案しました。(9)

　また，「かわいい」にはいくつかの種類があり，人間に及ぼす効果が異なると主張する研究者もいます。ネンコフとスコットは，従来のベビースキーマに関連したかわいさ以外に，奇抜なキャラクターやポップなデザインなどの面白いかわいさがあると提案しました。(10)ベビースキーマに関連したかわいさは，慎重で自制的な行動（注意深く丁寧に作業するなど）を引き起こしますが，面白いかわいさは，楽しさの感情を伴い，自分に甘い行動（面白いかわいさが感じられるスプーンを使うと試食のアイスクリームをより多く食べるなど）を引き起こすといいます。

　今から70年以上前に始まった「かわいい」の研究は，その範囲を広げながら，世界中で再び注目されるようになりました。「かわいい」に相当する英語はcuteですが，adorable，lovelyもよく使われます。また，「Aww」という感嘆詞をこのような感情を表す用語として使おうと提唱する人もいます。(11)　（入戸野　宏）

顔・身体：摂食障害・醜形恐怖

Ⅱ-11

ボディイメージと心の健康

　私たちが自身の体に対してもつ認知やイメージをボディイメージといい，心の健康に様々な影響を及ぼします。ボディイメージが関連する代表的な精神疾患に摂食障害があります。摂食障害は，一般的に拒食症といわれる神経性やせ症，過食症とよばれる神経性過食症，代償的なダイエット行動の伴わない過食性障害とに大別されます。患者の90％が女性であり，わが国の16～23歳の女性の有病率は12.74％となっています[1]。摂食障害の診断基準には，身体的問題だけでなく，「自分の体重または体型の体験の仕方における障害，自己評価に対する体重や体型の不相応な影響，または現在の低体重の深刻さに対する認識の持続的欠如（神経性やせ症）」「自己評価が体型および体重の影響を過度に受けている（神経性過食症・過食性障害）」といった認知の問題が含まれています。また，摂食障害の患者は自己評価が低く[2]，食行動や体重を不適切なかたちでコントロールすることにより一時的に自己効力感を得ることで自己評価の低さを補っているとされています。フェアバーンは，体重や体型のコントロールに対する過大評価という認知の問題を摂食障害の中核的な問題とし，これらの認知とストレスフルな出来事によって生じた気分の変化の影響を受け，嘔吐や過食が維持するというモデルを提唱しています[3]（図Ⅱ-11(a)）。

　醜形恐怖症もボディイメージと関連した精神疾患です。「肌がもっときれいだったら」「鼻がもっと高かったら」といった願望は誰にでもありますが，醜形恐怖症の患者は，他人には特に気にならないような自分の外見や容姿の欠点にひどくとらわれ，1日に何時間も鏡を見ることや肌を隠すための化粧に費やしたり，外出が困難になるといった生活上の支障や精神的苦痛を伴います。醜形恐怖症の有病率は0.7～2.4％であり[4]，多くが思春期に発症し，患者が精神的問題ではなく身体的な欠陥と考え，病識がない場合も多くあります[5]。近年，醜形恐怖症の患者には，注意や記憶に関する認知機能の問題があることや[6]，「完璧に美しい肌でないと私は誰にも愛されない」といった自身の欠点を過大視し

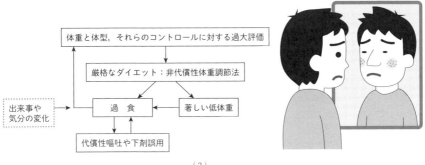

図Ⅱ-11(a) 摂食障害の維持モデル[3]　　図Ⅱ-11(b) 醜形恐怖のイメージ

誤った解釈をするといった認知的問題があること[7]が明らかになっています（図Ⅱ-11(b)）。

また，ボディイメージの変化を伴う身体疾患への罹患も心理状態に影響を与えます。たとえば，乳がん患者は，女性性の象徴ともいえる乳房の喪失や治療による脱毛によってQOLの低下が生じます[8]。乳房喪失に対しては形成外科的な乳房再建による自尊心の向上が示されており[9]，治療に伴う外見の変化に対するケアが注目されています。ボディイメージはその個人の過去から現在にいたるすべての身体感覚の体験と心理社会的経験との相互作用により形成されること[10]から，患者は，身体疾患や中途障害による身体の外観や構造，機能の変化によって，これまで有していた自身の身体や容姿に対する価値的基準の変容が必要となり，これは自己概念を大きく脅かす体験といえます。

摂食障害や醜形恐怖症といったボディイメージに関連した心理的問題には認知行動療法が効果的です。認知行動療法とは，その人の行動や認知（ものごとのとらえ方）にアプローチする心理療法です。摂食障害では，心理教育，食べたものや排出行動を記録するセルフモニタリング，適切な食行動の形成，体重や体型のコントロールに対する過大評価や歪んだボディイメージといった認知の変容がなされます[3]。ボディイメージへのとらわれから脱却するためには，ボディイメージと心理状態の関連に気づき，自身の身体や容姿以外に自分の生活や人生で重要な価値をもつ領域を見つけることで，新たな自己評価や自己概念を形成することが重要とされています。

（尾形明子）

顔・身体：身体的魅力

Ⅱ-12

美しいとトクをする？

　美しい人やかっこいい人に出会ったときに，多くの人がその人に魅力を感じるのはなぜなのでしょうか。容貌（顔立ち）やスタイルなどの外見的な特徴は，相手についての十分な情報がない場面において，その人の印象を決める重要な手がかりになります。たとえば，大学生に写真を見せて，その容貌を判断材料に写真の人物の様々な性格特性について評価してもらったところ，身体的魅力の高い人は社会的に望ましい特性をもつと予測されることが明らかになりました。こうした傾向について，この実験を行ったディオンら[1]は，「美しいことはよいこと」というステレオタイプの影響を指摘しています。

　身体的魅力と評価の関連を調べた研究としては，ウォルスターら[2]が行ったコンピュータ・ダンスの実験が有名です。この実験は，男女752人の大学生が参加した大規模なダンスパーティーがその舞台となりました。ダンスパーティーは，「参加者が事前に提供した情報（性格や考え方など）をもとに，コンピュータが“最も相性のよいパートナー”を選び出し，パーティーではその相手をダンスパートナーにできる」というふれこみで開催されました。参加者は，それが実験であることも，実際のパートナーが事前情報とは関係のない相手であることも知らず，また，パーティー券を購入するときなどに実験者側の人間にひそかに身体的魅力を評価されていることも知りませんでした。パーティー当日，後半の時間に全員にアンケート用紙が配られ，参加者はパートナーについて「どの程度の好意を感じるか」「もう一度デートしたいか」などの質問に回答するよう求められました。結果は，男女とも自身の魅力レベルに関係なく，魅力レベルが高い相手に好意をもち，デートを希望するというものでした。身体的魅力の高い人は，誰からも好かれ，デートに誘われる可能性が高いことがわかったのです。

　ところで，身体的魅力が高いことは，好意だけでなく，能力の評価にも影響することがランディとシガール[3]の研究によって明らかになっています。男子学生に，女子学生が書いたとされるレポートを採点してもらう実験で，採点の対

96

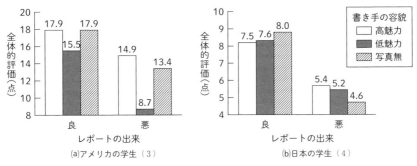

図Ⅱ-12　身体的魅力とレポートの評価

象となるレポートには，あらかじめ出来のよいものと悪いものが用意されていました。また，レポートの書き手の情報として，容貌がわかる写真が添えられました。レポートの出来（良・悪）×レポートの書き手の容貌（高魅力・低魅力・写真なし）の組み合わせによる6つの条件を設け，それぞれの条件における採点結果を比較することで，レポートを書いた人物の身体的魅力がレポートの評価にどのような影響を及ぼすのかが検討されました。その結果，出来のよいレポートは書き手の容貌に関係なく評価が高かったのですが，出来の悪いレポートは，書き手の魅力が低い場合に，他の条件よりも否定的に評価されることがわかりました（図Ⅱ-12(a)）。

この結果をみると，「結局のところ，美しいとトクをして，美しくないとソンをするのか……」と思えてきます。しかし，大坊が同様の実験を日本人の大学生を対象に行ったところ，ランディとシガールの実験とは異なる結果が得られました。出来のよいレポートは出来の悪いレポートよりも顕著に高く評価され，出来の悪いレポートにおいて，書き手の魅力レベルによる評価の違いはみられませんでした（図Ⅱ-12(b)）。この結果について，大坊は，日本人は与えられた課題（知的判断）への集中度が高いことや，日本においては外見の美醜へのあらわな評価を抑制する文化があることが影響したのではないかと考察しています。

身体的魅力の効力は，状況や文化によって変化するようです。私たちには，日常的に，情報が十分にないなかで他者を評価したり，自身が評価されたりする機会があります。そうした場面で，その評価にどのようなバイアスがかかり得るかを知っておくことが，実は大切なことなのかもしれません。　（三浦彩美）

顔・身体：ファッション

Ⅱ-13

ブランドロゴつき服は魅力的に見えるか？

　新しい服を買うとき，"自分に似合うかどうか"が真っ先に頭に浮かぶでしょうが，"この服を着た自分は，他者から魅力的に見えるだろうか"，と考えながら服を選んだことはないでしょうか。特に，初めてのデートとなると，自分が選んだ服が相手にどう見えるか気になるのはなおさらです。なぜなら，他者と会うとき，まず目に入ってくるのは相手の容貌や服装です。知り合いであれば，相手の容貌や服装をそれほど気にすることはないですが，初対面やまだ親しくない間柄の相手となるとこれらの外見をもとにして相手を理解するでしょう。「人は見た目が9割[(1)]」といわれて久しいですが，服装は第一印象を形成する役割の一つを担っています。[(2)]

　では，着ている服がブランドのものかどうか，つまり明らかにブランドの服であるとわかるようにそのブランドのロゴがついている服と，ロゴがついてない服を比べたときに，他者から見える印象は異なるのでしょうか？

　リー[(3)]たちは，ブランドロゴなし，高級ブランド（ルイヴィトン），あるいはファストファッションブランド（H&M）のロゴつきの白のポロシャツを着た女性の写真を，韓国の大学生に1枚ずつ見せました。そして，地位の高さ（この人物の地位は高いです），裕福さ（この人物はお金持ちです），魅力（この人物は魅力的です），親切さ（この人物はやさしいです），信頼性（この人物は誠実です），ネガティブな側面（この人物は危険です）といった12項目の質問を示した質問紙を配り，1（まったくそう思わない）〜7（かなりそう思う）の7段階のうちいずれかで回答を求めました。その結果，地位の高さと裕福さの項目だけ，高級ブランドのロゴつき服を着た女性の得点が高くなり，魅力に関してはいずれの服でも違いは見られませんでした。さらに，高級ブランドのロゴつき服を着て大学内で募金活動をすると，ファストファッションブランドのロゴやロゴなしの服よりも，募金活動で多くの募金を集めることができました。高級ブランドのロゴでは，その人物の魅力が促進されるとはいかないまでも，現実場面で

98

Ⅱ-13 ブランドロゴつき服は魅力的に見えるか？

図Ⅱ-13 マクダーモットとペティジョンが研究で使用した刺激（改変し，イラスト化）[4]

の他者とのやりとりのなかでは，他者に安心を与えるため，優先的に要請を受け入れてもらえる可能性が高くなると考えられます。

同様の研究がアメリカでも大学生を対象にして行われています[4]。ここでは，黒人と白人の女性それぞれのブランドロゴなし，庶民クラスのブランド（Kmart），あるいは上級クラスのブランド（Abercrombie & Fitch）のロゴつきの写真が使用されました（図Ⅱ-13参照）。結果は予想通りに，上級クラスのブランドのロゴつきの服を着ていれば，ブランドロゴなしや庶民クラスのブランドのロゴと比べ，いずれの人種でも地位や経済状況が高いと評価されました。しかしながら，「この人物と友達になりたいですか」という質問に対しては，白人女性が庶民クラスのロゴの服を着ていた場合，一方で黒人女性が上級クラスのロゴの服を着ていた場合に，それぞれ最も低くなることが示されました。回答者の8割が白人だったのですが，ブランドロゴが庶民クラスか，上級クラスによって，その人物への親しみやすさが人種間で異なる効果を示しました。つまり，「この人種だから，このクラスのブランドがふさわしい」といった，特定の人種に対する思いこみや偏見が影響を及ぼしたといえるでしょう。

結論からいえば，ブランドロゴつき服を着ると，その人物が魅力的に見える，という判断には直結しないようです。つまり，人物の特性には直接影響を及ぼしません。しかしながら，ブランドの服を着ると，他者から見た印象はいわゆる"セレブ"に見えるといった具合に，経済的な豊かさやステイタスを示す水準は高くなる傾向にあります。このようにブランドロゴによって見た目が上昇し，社会的に得をするのであれば，自分の外見を目立たせるための視覚的な情報伝達手段の一つとして，ブランドロゴの服が活用できるのかもしれません。（仲渡江美）

顔・身体：マスク

Ⅱ-14

衛生マスクは魅力を上げるか？

　顔の魅力は左右が対称であることや平均らしさ，肌のきめなどに影響されます（Ⅱ-1，Ⅱ-2参照）。これに加えて髪型や化粧だけでなく，イヤリングなどの装飾品も魅力を高める効果があります。その一方で，衛生マスク（以下，マスクと略します）も顔につけるものとして最近わが国では利用者が増えています。マスクの機能は粉塵の吸入，咳などによる唾液の飛散を防ぐことです。メーカーの調査によれば，国内の成人の70％には使用経験があるといわれています。花粉の時期を過ぎても５％程度の人はマスクをつけて過ごしているという報告もあります。

　マスクは顔の下半分を隠してしまいます。そうすることで，顔の見た目の魅力にどのような影響があるでしょうか。筆者らが調べたところ，マスクをすることで見た目の魅力が上がると思っている人は半数近くおり，変化がないと予測した人を含めると，約70％の人は少なくともネガティブな効果はないと思っていることがわかりました。しかし，別の質問では，約半数の人はマスクをすることで不健康な印象をもつとも答えていました。

　実際にマスクをつけた顔を見たときの印象を調べるために，筆者らは膨大な画像データベースであらかじめ魅力を評定した顔画像のなかから，魅力の高い・平均的・低い顔のグループを作りました。そしてこれらの顔にデジタル画像処理をしてマスクをつけたものを用意しました。調査では，コンピュータ画面に１枚ずつ，マスクをつけた顔かそうでない顔を呈示し，評定者が画像１枚ごとに，見た目の魅力を１-100の範囲で評定しました。その結果，マスクをつけた顔画像は，マスクをつけていない顔に比べて見た目の魅力が低く評価されることがわかりました。画像の人物の性別，評価した人の性別にかかわらずこのマスクの効果は起こりました（図Ⅱ-14）。

　このマスクの効果がおこる原因は，次の２つの要因が関わっていると考えられます。上述のように，１つはマスクをつけることで不健康な印象を与えるということです。もう１つはマスクをつけることで隠される部分の違いによる影

II-14 衛生マスクは魅力を上げるか？

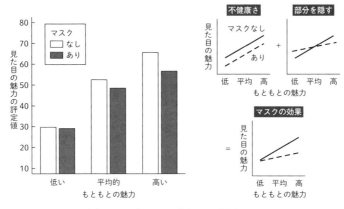

図II-14 衛生マスクが見た目の魅力に及ぼす効果とそのしくみ

響です。肌の状態がよかったり左右対称な顔はもともと魅力を上げる特徴なのですが，これがマスクで隠されてしまうと，その人はマスクをつけたせいで魅力が低く見えます。逆に，肌に傷やニキビなどがある場合は，マスクでそれらが隠され，魅力が上がって見える可能性があります。不健康さの影響と部分的に隠す影響が合わさって，マスクをつけたことが見た目の魅力に及ぼす効果が生じているのでしょう。

上で述べた研究は，一般的な白いマスクをつけたときの効果を調べたものでしたが，マスクは常に見た目の魅力を下げてしまうわけではありません。マスクの色を薄いピンクに変えて同様の実験を行ったところ，女性の顔画像では白色マスクに比べてピンク色のマスクは魅力を上昇させるはたらきがありました。おそらく，白いマスクのせいでみられた不健康さがピンク色のマスクでは減ったのでしょう。類似した研究で，服装や写真の背景の色が見た目の印象に影響することは知られています。女性が赤い服を着て写っていると，白色に比べて血色のよさや健康さを連想させるため，よい印象をもたらすといわれています。[2] ピンク色のマスクでも同様の効果が生じたのかもしれません。

マスクが普段から使われるようになったのはごく最近のことです。そのため，マスクをつけることが見た目だけでなく，心理的にどのような影響を生むのかについてはまだわかっていないことばかりです。見た目だけでなく，気分や行動にも影響が考えられ，研究の展開が楽しみです。　　　　　　（河原純一郎）

顔・身体：漫画顔

Ⅱ-15

漫画顔はなぜリアリティがなくても好まれるのか？

　漫画に登場する特定のキャラクターを好きになってしまった！という経験は，多かれ少なかれ，誰にでもあることでしょう。それは，努力や友情を重んじるヒーローだったかもしれませんし，普段はつれない態度をとるけれどもいざというときは味方になってくれる憎まれ役，あるいは，いつも一生懸命で明るいヒロインだったかもしれません。こうしたキャラクターの顔というのは，ヒトの顔の構造という観点から見ると，著しくリアリティに欠けているにもかかわらず，非常に魅力的です（たとえば，漫画では，鼻の穴やその下の溝である「人中」などの顔特徴の細部はしばしば省略されますし，キラキラした瞳は，典型的なキャラクターの表現技法です）。最近では，リアルなヒトの顔よりも，アニメや漫画のキャラクターの顔のほうに，より強い魅力を感じやすい人もいるという話を聞きます。

　なぜ，私たちは漫画のキャラクターの顔にこれほどまでに惹きつけられるのでしょうか？　漫画に描かれるキャラクターの顔が，ベビースキーマ（Ⅱ-8参照）と呼ばれる，他者から本能的にポジティブな反応を引き出す「鍵刺激」の形態特徴をもっていることは，しばしば指摘されています。代表的な特徴として，丸みを帯びた顔立ちや，大きな瞳，小さな鼻や口，広い額とそれによって下方に集まった顔パーツのバランスなどがあげられます。多くの漫画のキャラクターの顔は，まさにこうした特徴のいくつかを強調したものとなっているといえます。とはいえ，こうした強調された特徴を備えた漫画顔は，実際のヒトの顔では，構造的に成立し得ません。それにもかかわらず，私たちはそれらを目にしたとき，場合によっては，リアルな顔よりも強い反応が引き出されてしまうのです。オランダの動物行動学者ティンバーゲンは，こうしたより強い反応を引き出すような視覚対象を「超正常刺激」と呼び（Ⅰ-31参照），セグロカモメのヒナの，「鍵刺激」である親のくちばしを見たときに引き起こされる餌つつき行動が，くちばしを実際にはありえないレベルにまで強調させた場合

II-15 漫画顔はなぜリアリティがなくても好まれるのか？

に，より強くなることを報告しています[2]（I-31参照）。漫画のキャラクターの顔も，ある種の超正常刺激といえるかもしれません。

しかし，実際のところ，漫画のなかで，キャラクターの魅力的に見える顔（キメ顔と呼んだりします）だけを描くようなシチュエーションというのはありません。

図II-15 漫画表現の例

理由は簡単で，セリフと顔だけで描かれているような漫画は，情報量が少なく，ストーリーがわかりにくいからです（図II-15の(a)は(b)に比べて状況がわかりにくい）。一般的に，漫画を描く際によく注意せよといわれることとして，「人物（主に顔）とセリフのみで話を進めようとしないこと」「できるだけ絵ですべてを説明し，たとえセリフがなくともわかるようにすること」などがあげられます。漫画は，文字と絵という複数種類の情報で構成された，ユニークな芸術表現です。加えて，小説や動画と異なり，一度に提示できる情報量が極めて少ないという特徴をもっています。そのため，限られた表現空間でできるだけ多くの情報を伝えるための技法が編み出されています。代表的なものとして，コマの大きさを変えて情報の重要さの違いを演出したり，カメラアングルを効果的に切り替えて状況を説明したり，間で空間的・時間的な距離感を演出したり，顔特徴の極端な変化（怒りで虹彩の色が変わる，など）でキャラクターの内面変化に強弱をつけたりすることなどがあげられます。このとき，漫画のなかで描かれるべき顔は，キャラクターの心の状態を象徴するようなものでなければならないのです。したがって，漫画のキャラクターの顔の魅力というのは，単純な顔の形態情報などによるものではなく，「どれだけキャラクターの内面の魅力を顔で表現できているか」というところにかかっていると考えています。　　（上田彩子）

動 作：お辞儀・頷き・首振り

Ⅱ-16

何気ない動作で印象が変わる

　私たちは人物の魅力をどこで判断するのでしょうか？　もちろん，顔の見た目の美しさは魅力を感じさせるでしょう（身体的魅力；Ⅱ-12参照）。それに加えて，目，顔，身体の動きも魅力判断に影響すると考えられます。相手にどのように関わろうとしているかを知らせるサインであるからです。ここでは，「お辞儀」「頷き」といった動作が人物の印象に及ぼす影響について見ていきます。

　日本では，学校教育や入社後の新人研修セミナーでお辞儀の作法を学ぶ講習が組まれるなど，お辞儀が第一印象に影響すると信じられています。西洋文化圏の挨拶である「握手」については研究が進んでおり，握手の仕方が人物の印象（性格特性など）の判断に影響することが示されています。最近，お辞儀にも同様の効果があることが報告されました。たとえば，大杉らは，顔写真の上辺を前方に傾かせ，お辞儀に見えるように呈示したところ，写真の人物の魅力が大きく上昇しました。同様の結果は，コンピューターグラフィック（CG）の人物モデルにお辞儀動作をさせた実験でも示されました。他にもお辞儀の屈体角度や静止時間を変えた研究が進められています（図Ⅱ-16左）。

　お辞儀が人物の印象に影響する理由として，以下の3つが考えられます。1つ目は「礼儀」と密接に関係しているためです。相手や場所によってお辞儀を使い分ける必要があるなど，礼儀の枠組みのなかでお辞儀の適切さが評価されています。このような習慣がお辞儀による魅力の上昇につながったと考えられます。2つ目は，「従順さ」と密接に関係しているためです。顔の向きと従順さの印象との関係を検討した研究では，下向きの顔が正面や上向きの顔に比べて従順に見えることが示されました。従順な態度は，日本においては支配的な態度よりも好まれる傾向があり，ポジティブな評価につながったと考えられます。3つ目は，女性に関しては下向きの顔のほうが見た目の魅力が高くなるためです。下向きの顔は目が大きく，顎が小さく見えるため，「女性らしい」，「かわいい」印象（ベビースキーマ；Ⅱ-8参照）につながることが指摘されてい

Ⅱ-16 何気ない動作で印象が変わる

　　　静止　　　　　　お辞儀　　　　　　静止　　　　　　お辞儀
図Ⅱ-16　写真と3DCGを用いた実験例

ます（図Ⅱ-16右）。

　つぎに,「頷き」と「首振り」について見ていきます。頷きは相手の意見の「受容」や「同意」,首振りは「拒絶」や「否定」を意味しています。この2つの意味は世界の多くの地域で一致しています。また,頷きは会話の流れを調整する機能もあり,聞き手の頷きにより話し手の発話時間が変わることが示されています。[9] 頷きと首振りが人物の印象評価に影響することは,CGの人物モデルの印象を評価する実験で確認されました。実験の結果,頷き動作をするモデルの好ましさ,近づきやすさ評定値が,静止した条件や首振り条件に比べて上昇しました。[10] 頷きが人物の印象評価に影響する理由として,動作と態度が密接に関連していることがあげられます。たとえば,頷きながらメッセージを聞くとその内容に肯定的になり,首を振りながら聞くと否定的になることが報告されています。[11] このような動作と態度とのつながりは頷きや首振り動作をした場合だけではなく,その動作をする人物を見た場合にも影響すると考えられます。

　以上のように,動作が人物印象に影響することを見てきましたが,この効果の背後には共通のメカニズムが関与する可能性があります。視線や表情は接近と回避動機にもとづいて整理可能であり,視線を向けることや喜びの表情は相手への接近動機,視線を逸らすことや悲しみの表情は回避動機が背後にあることが指摘されています。[12] ここで紹介したお辞儀や頷きといった動作は,相手に礼儀正しさ,従順さ,許容的であることを示すことで,相手に接近する（または接近を受け入れる）動機があることを示すものであると考えられます。こうした社会的手がかりは,自分にポジティブな関心をもっている他者との相互作用を促し,その他者との関係を重点的に構築することに役に立つと考えられます。（大杉尚之）

動　作：受け渡し

Ⅱ-17 受け渡し動作の適切さや美しさ

　パーティー会場でウェイターからワイングラスを手渡される，買い物をしたときに店員からおつりを受け取る，これらの例のように二者間で物体を受け渡す行動は日常的に頻繁に行われています。試しに近くにあるもの（たとえばペットボトルなど）を持って，近くにいる人に手渡してみてください。このとき，物体を持つ位置や軌道など手渡し方をいろいろと変えてみるとそれにあわせて受け取り方も変化すると思います。

　他者から手渡された物体を適切に受け取る動作の選択は，①安定して受け取る，②手渡し側の手に触れない，③手渡し側の動きに合わせるという3つの制約で比較的うまく説明できます。図Ⅱ-17(a)を見てください。たとえば物体に接触できるスペースが広ければ「握る」のような安定して受け取ることができる動作が選択されやすくなりますが，スペースが狭ければ相手の手に触れないように「摘む」動作が選択されやすくなります。また手渡し側がゆっくりと曲線を描いて手渡すと，「のせる－そえる」動作が選択されやすくなります。制約を破る動作は制約に従う動作に比べて不適切な動作だと判断されやすくなります。またこのような動作の適切さ判断に応じた脳活動の変化もみられます。

　相手に合わせて適切な受け取り動作を選択するとき，手渡す動作と受け取る

握る

摘む

のせる－そえる

受け取り動作の種類

受け渡し場面

図Ⅱ-17(a)　受け取り動作の種類と受け渡し場面

動作が同じ動作になるとは限りません。たとえばペットボトルのキャップの部分を「摘んで」手渡すと，相手は容器の部分を「握って」受け取るかもしれません。人間の認知処理には観察した動作と同じ種類の動作の処理が促進される側面もありますが，二者間で物体を受け渡す際には相手とは異なる適切な動作を選択する処理も想定する必要があります。[5]

図Ⅱ-17(b) 優美な印象を与える手渡し動作[7]

受け取る側だけでなく，物体を手渡す側の動作の特徴や印象についても研究が行われています。池田らはプロの美容コンサルタントが木製円柱を「丁寧」に手渡したときと「普通」に手渡したときとの印象の違いを分析しています。[6]動作解析は行われていませんが，丁寧に手渡したときに丁寧さの評価が高くなること，さらに丁寧に手渡したときにはぎこちなさ，速度の遅さ，受け取りやすさ，美しさ，礼儀正しさ，魅力の評価が高くなることなどを報告しています。

上田の研究グループ[7][8][9]は，美学や運動学などに関する文献にもとづきS字の軌道（蛇状の線）を描く動作や丸みのある動作に「優美さ」がみられると仮定して，手渡し動作の優美さを実験的に解明しようとする研究を行っています。たとえばホテルマンとしてサービス業務教育を受けた者によるワイングラスの手渡し動作の分析から，優美な印象を与える動作にS字の軌道がみられることを報告しています。また手渡し動作のS字軌道の曲率を操作した印象評価実験も実施しています。図Ⅱ-17(b)は実験の結果，優美さが高く評価されたS字軌道の一つです。

受け渡し動作は人にポジティブな印象を与えるロボットハンドの動きを解明する観点からも研究が行われています。受け渡し動作の魅力や美しさそれ自体を解明しようとする研究はまだ少ないものの，受け渡し動作の表出過程や動作に対して抱く印象を解明しようとする研究は心理学，脳科学，ロボット工学など様々な領域で行われてきています。

（柴田　寛）

動　作：動作の美と文化

Ⅱ-18

踊りの魅力と舞いの美しさ

　日本の祭りには，他国の場合と基本において違いはないのでしょうが，神に対する敬虔な祈りと先祖の霊を鎮める鎮魂の意味がこめられています。皆で集まって祈りをささげ，平穏無事を願って互いに豊穣なることを喜び合う大切な民俗行事として行われてきました。(1)祭りで催される踊りには，祭りの気分を高揚させてその高まりを皆で共有し合うように働く大事な役割があります。祭りが宗教的意義をもつようになってからは，その規模と内容が豊かになり「盆踊り」として著しい発展を遂げました（図Ⅱ-18）。(2)盆踊りは，足と手を上下に動かし体幹をひねりながらつぎつぎと位置を変えて進む身体運動です。われわれの身体は骨格で構成されているので，動作を行うには身体各部位の動きに協応過程が必要になります。一歩前に身体を進めるには，片足を持ち上げ，反対脚を曲げ，体幹をねじり，肩を引くなどの身体各部位の動きに調和が求められるのです。また，これら身体の協応活動全体が示す"かたち（動作形態）"は，活発な，荒々しい，しとやかな，落ち着いた，優雅な，滑稽な，といった様々な動作表現を生み出すのです。(3)盆踊りは，振り付けが工夫されているので大勢で踊っても隣に触れ合うこともなく自由に手足を動かすことができるし，踊り手たちの気分を互いに高め合うように働く動作表現が含まれています。さらに踊りの調子に合わせて演奏されるお囃子は，踊り手たちの気分の高まりを他の参加者へと伝播し共感を促す働きがあります。これらのすべてが祭りに参加する人たちに一体感をもたらし，人々を魅了させ大きな魅力となってつながりの輪を広げていくのです。

　踊りに芸術性と芝居性の要素が加えられて，より深化した「舞い」の動作表現が生み出されました。踊りも舞いも与えられた空間的な枠組みのなかで行われる身体運動ですが，枠組み構造には違いがみられます。踊りは寺社，学校，公園，さらに海辺や山間などその土地に根ざした風土に深く関わった場所で行われますが，舞いはその舞台が置かれる場所がその土地の風土と直接関わりを

もちません。また踊りは上下の飛び跳ねの動作が主ですが，舞いは身体を回す動作が主だといわれています。この違いは，踊りが開かれた空間内で人数を制限することなく行われるのに対し，舞いは舞台という閉じられた空間内で行われることと無関係ではありません。われわれの動作は視覚的空間構造と密接に関係して行われるからです。部屋のなかの畳の上では縁から外れないようになんとか歩くことはできますが，体操競技場の平均台の上では，体操選手でないかぎり立つことはできたとしても自由に歩き回ることは不可能です。

わが国での舞いは雅楽，能と狂言，歌舞伎，日本舞踊，琉球舞踊などに代表されます。これら伝統芸能に加えて3名の人形遣いが操る文楽人形の舞いは他に類をみないわが国独特の文化です。これら日本

図Ⅱ-18　盆踊り

の芸能を受け継いでその発展に努力されている芸術家たちは「舞い」について次のように語っています。「露骨を避け，たんたんと舞うこと，簡略化した動きのなかに人間そのものを表すこと，豊かな身体表現は骨格の動きにもとづいて行われること，わかりやすさだけを求めるのでは人の共感は得られない，表情も動きも抑制しながらそこに美しさを求めるこころを大切にしなければならない」。このようにして語られる「舞うこと」への舞い人たちの心構えの内には，動態のなかに静を求め静態のなかに動を求めんとする心，できるだけ過剰な表現を避けて簡素さを求めんとする心，こういったわが国古来の伝統的な美意識が底流となって働き，舞い人たちのすべての動作表現を支えていることが読み取れるのです。同時にまた忘れてならないのは，そのような芸能文化の本質を見極め評価し得るすぐれた慧眼の持ち主である観客が多く存在することです。歌舞音曲の伝統芸能にたずさわる舞い人たちは，きびしい修業を通して評価にたえ得る洗練された動作表現の技を身につけていくのです。その優れた伎藝から生みだされる舞いの美しさに観る者すべてが心を奪われるのです。（鷲見成正）

動 作：踊ることの生得性

Ⅱ-19

音楽にともなう身体（からだ）の動き

　ジョン・ケージはステージ上でピアノの椅子に座ったままじっと動かず，聞こえてくる聴衆の息づかいや洋服の擦れる音，咳払いやざわめきを使って，その場限りの音楽「4分33秒」を作り上げました。このように，彼は身体（からだ）を全く動かさずに独特な音楽を表現しましたが，これはあくまでも例外であって，普通は指揮棒を振ったり楽器を演奏したりするなど，演奏には身体の動きが不可欠です。そして，その動きは単に「楽譜どおりに演奏する」ためだけではなく，(1)演奏者が楽譜から読み取った「曲のニュアンスを表現する」ためでもあります。(2)たとえば，ピアニストの上体の動きは「表情の豊かさ」を聴衆に感じさせ，その動きと演奏音の相乗効果によって，ピアニストが意図した曲のニュアンスが聴衆に伝わりやすいことがわかっています。(3)ヘビメタのコンサートで，ギタリストが長髪をなびかせながら頭を振るのを聴衆が真似したり，アイドルの歌の振り付けにファンが興奮したりするのも，演奏者の身体の動きが聴衆とのコミュニケーションを促すことの一例といえるでしょう。

　一方，演奏者が目の前にいなくても，また曲そのものに注意を向けていなくても，音楽が聞こえさえすれば人は無意識的に身体をリズミカルに（すなわち身体の特定の部分を反復的に）動かします。(4)その傾向は大学生だけではなく，生後5カ月以上の赤ちゃんにも見られます。(5)5カ月未満の赤ちゃんはというと，音楽が聞こえてくると逆に身体の動きが止まり，音源のほうをじっと見ます。(6)この音源注視は5カ月以上の赤ちゃんにも見られるため，音楽が聞こえてくると5カ月未満の赤ちゃんの身体の動きが止まるのは，まだ聴覚情報と運動情報を同時に処理できないからだと考えられます。

　無音時よりも音楽が流れているときのほうが反復運動をするという傾向は，親が赤ちゃんに歌いかけたり音楽に合わせて赤ちゃんの身体を動かしてあげたりしなくても，自発的に見られるようになります（図Ⅱ-19(a)）。(7)しかし，このような赤ちゃんへの音楽的な働きかけを家族が積極的に行うことによって，1

Ⅱ-19 音楽にともなう身体の動き

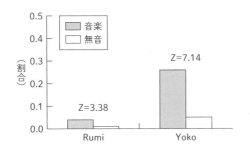

図Ⅱ-19(a) 二人の1歳女児がひとり遊びの最中に反復的な動きを見せた割合を、音楽が流れたときと無音のときとで比較したグラフ(7)

注：親から直接音楽的な働きかけを受けたことのないRumiも、日常的に親から直接音楽的な働きかけを受けているYokoも、音楽にともなって反復運動する傾向が見られた。図中のZ値は、音楽と反復運動との間の「随伴性の強さ」を反映している。

図Ⅱ-19(b) 家族から豊富な音楽的働きかけを受けている1歳児が音源を向いて両腕の上下運動を繰り返しているところ

注：他にも両腕を左右に振りながら上体をひねったり、手拍子をしたりしていた。

歳頃には音楽と戯れるかのように、音源のほうを向いて多種多様の反復運動を繰り返すようになります（図Ⅱ-19(b)）。その様子は大人がクラブやディスコで踊る姿と重なります。

また、音楽が流れているときに意識的に身体を動かすことは、拍子感の獲得につながります(8)。さらに、誰かの身体の動きと同期するように自分の身体を動かすことで、その二人の間に協調性が生まれることも実証されています(9)。小学生時代、運動会の前に飽きるほどやらされた音楽に合わせての行進の練習にも、実は社会性を養う効果があったのかと今になって驚いている次第です。

ところで、無音の状態から音楽が聞こえてくるというのは、環境が変化するということでもあります。自分の周りの環境の変化は胎児にもわかります。胎齢10週になると、触覚や運動感覚が発達し、外界からの刺激に対して身体を動かすようになります。そして、聴覚が未完成の胎齢32週未満であっても、母親には聞こえていないチェロの曲が2メートル離れたスピーカーからごく日常的な音量で流れてくると、2割程度の胎児は無音時よりも腕または脚をより動かします(10)。このように、音楽と身体の動きの密接な関係性は、すでに胎児期から始まっているといえるのかもしれません。

（安達真由美）

感　覚：音楽

Ⅱ-20

音楽の魅力とは？

　音楽には人を惹きつける不思議な魅力が満載です。まず，ある曲を聴いているとき，人は知らないうちに「その曲のつづき」を期待しています。初めて聴くはずの曲なのに，なぜかメロディを一緒に口ずさめるのは，その一つの表れです。この期待が曲のどこかで裏切られると，「おっ？」というような緊張が走りますが，大抵の場合，次の瞬間に期待が満たされることでその緊張はほぐれます。この，聴き手の期待と実際に進んでいく曲との間に生じる緊張感と安心感のバランスがよければ満足感や感動を呼び起こしますが，緊張感がありすぎれば嫌気を，緊張感がなさすぎれば飽きを生じさせます。ここでいう「緊張感」とは「覚醒度」（どのくらい意識的に特定の刺激を受け入れているかを示す指標の一つ）と言い換えることもできます。この覚醒度と課題に対するパフォーマンスの間には逆U字型の関係が成立し，これを「ヤーキーズ・ドットソンの法則」といいます。実験美学という分野を開拓したバーラインは，鑑賞者の覚醒度と感情価（芸術作品をどの程度心地よく感じるか）との間にも同様の関係が成立することを見出しました（Ⅰ-13参照）。クラシックでもポップスでも長年愛されてきた「名曲」というのは，聴き手に適度な緊張感と安心感を与えるような構造になっているため，何度聴いても飽きないし嫌気もささないということです。

　次に指摘したいのは，音楽が感情や行動を制御したり操作したりできることです。たとえば，落ち込んでいる人は明るい曲よりも暗い曲を聴いたほうが落ち込みの度合いが和らぐとする同質性原理は，音楽療法などで長く用いられています。だからといって，暗い曲を好んで聴いている人が暗い気分でいるわけではありません。たとえば，「悲しい曲」は暗さだけではなく心地よさも含み，人はその心地よさに惹かれて悲しい曲を聴くともいわれています。一方，本人が知らないうちに行動が操作されるBGMの効果もあります。たとえば，ゆったりとしたBGMが流れているところで食事をすると，1分間で食事のスピー

ドが0.6口分速まり，軽快なBGMだとさらに0.6口分速まるという報告もあります。[5]

BGMは，大学のカフェテリアの雰囲気や，利用者の財布の口の緩み具合をも操作します。クラシックは「知的で高級」，ポップスは「楽しくてわくわくする」，イージー・リスニング(軽音楽)はBGMがないときと同様に「安っぽい」と感じさせ，これらの雰囲気がそのまま同じメニューの商品価値に

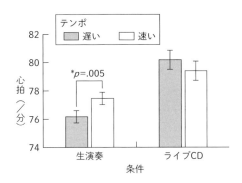

図Ⅱ-20 同一ピアニストによる生演奏とライブCDを鑑賞中の聴取者37人の心拍(Shoda & Adachi[9]を改変)

注：*p = .005とは2つの棒グラフの間の差が偶然ではないことを示す。

も反映されます。[6] さらに，ワイン専門店でのBGMがドイツ民謡のときにはドイツ産ワインが，フランス民謡のときにはフランス産ワインがよく売れるのですが，興味深いのは，お客さんたちがBGMについて何も覚えていないことです。[7] BGMが私たちの消費行動に与える影響は怖いくらいですね。

最後に指摘したいのは，生演奏の魅力です。コンサートを録音したライブCDよりもコンサートを会場で聴いたほうが，演奏者の表現したいニュアンスがより伝わります。[8] ライブCDになくて生演奏にあるものといえば，演奏者の生の姿です。演奏者が無意識的に行う演奏中の身体の動きは，演奏者の表情の豊かさを聴き手に伝えますが，このことが聴き手に生演奏のほうが「より芸術的で感動的だった」と感じさせるのかもしれません。[8] さらに，生演奏では聴き手の心拍は曲のテンポを反映し，テンポの速い曲では心拍も速く，遅いものでは遅くなりますが，ライブCDでは曲のテンポが聴き手の心拍に影響を与えることはないというデータもあります(図Ⅱ-20)。[9] いかに音楽のストリーミング配信が進んでも，生演奏に勝るものはないといえるでしょう。

(安達真由美)

感 覚：リズムとグルーヴ感

Ⅱ-21

リズムとグルーヴ感の格好良さはどこからくる？

あの音楽のリズムが格好良い等々，私たちは普段から何気なく「リズム」という言葉を使っています。ところがよくよく考えてみると「ワルツ」や「ボサノヴァ」のように音楽の様式の差を表すのに使われたり，「ノリ」や「グルーヴ」といった演奏や歌唱表現でのニュアンスのことを指すのに使われたりと，「リズム」はかなりの広がりをもって使われています。その共通点を辿ると，音楽における「時間」的な特徴のことを指しているということになるでしょうか。「メロディ」「ハーモニー」とあわせて音楽の三要素と説明されることもあります。この「リズム」は，もともとは，古代ギリシャにおいて，物や形のことを示すのに使われた概念で，その並びの構造化を示す用語として発達したという歴史があります。たとえば，図形の黒丸と白丸の並びでいえば，●○○ ●○○ ●○○ ●○○の並びで，いわゆる3拍子が生まれたり，●○○○ ●○○○ ●○○○で4拍子となります。音楽に限らず，建築物，あるいは，デザインに対して，「リズム」という言葉を使うことは実はきわめて自然ということになります。

「グルーヴ」は音楽のなかでも，「ポップス」や「ソウル」，あるいは，「ジャズ」などのジャンルでよく耳にするリズム系の「ノリ」を表す言葉と説明されます。「グルーヴ」感のある演奏や歌唱にはおしゃれで洗練された格好良さがありますが，「その格好良さがどこからくるの？」と聞かれても簡単に答えることはできないので，そのことを明らかにしようとする研究が行われてきました。

「グルーヴ」も，リズムと同じくなかなか定義が定めにくい用語ですが，ドラムスや各楽器の拍打の微妙なズレ（マイクロタイミング）がその知覚に影響することが知られ，その観点から主にドラムスを対象としてさまざまな実験が行われました。それらの結果をいくつかピックアップすると，①ドラムスのマイクロタイミングがグルーヴ感に影響を与え，特に，8ビートのリズムで3，7拍目に叩かれるスネアドラムの「タメ」が影響する(1)(2)，②一方で，マイクロタイミングやそのばらつきが小さいほどグルーヴ感があがる(3)という報告もあり，

いずれも，20ミリ秒以内というきわめて短い時間での音の出し入れが印象の違いを与えることが確認されています。もう一点，③ベースやドラムス

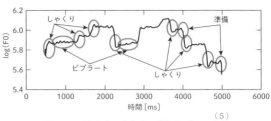

図Ⅱ-21　歌唱時に発生する微細なピッチ変動[5]

（スネア等）で演奏される小さな音量の装飾音「ゴーストノート」がグルーヴ感に影響を与えることが知られています。他のメロディ楽器が入ってきたときに，「ゴーストノート」自体はほとんど聞こえなくなってしまいますが，あるなしで大きく印象が異なってきます。逆にいえば，「ノリ」が格好良いなと感じられる音楽にはほぼ「ゴーストノート」が入っているといえるでしょう。

　「ボーカル」で「グルーヴ」といえば，マービンゲイやゴスペルコーラスを思い浮かべられる方も多いと思います。筆者らは，名うてのボーカルトレーナーに協力してもらい「グルーヴ」歌唱と「非グルーヴ」歌唱を収録，その比較を行いました。この結果，歌唱，少なくとも日本語歌唱においては，「m」や「n」などの有声子音（ピッチを持った子音）の表現が「グルーヴ感」に大きな影響を与えていることがわかりました。まず，音の立ち上がりのマイクロタイミングについては，「グルーヴ」歌唱「非グルーヴ」歌唱の双方において極めて正確なビート上にあることが確認されました。このことは文献[3]を支持する結果となっています。その一方で，有声子音については，「グルーヴ」歌唱においてのみ，ビートに先立って長めに開始されること，跳躍進行（3度以上離れた音へ跳ぶ進行）においては有声子音の分でのピッチ変動の部分でいわゆる「しゃくり」が挿入されることがわかりました。さらに，そのような有声子音の表現により直後の母音アタック音が実際より大きく聞こえることが比較聴取実験により確認されました（図Ⅱ-21）。しっかりとリズムを刻みつつも，子音の表現による一種の錯覚を利用して音楽の抑揚を際立たせるということが行われているのかもしれません。「ゴーストノート」の効果を含め，「正確なリズム表現」＋「錯覚の利用」が「グルーヴ」感の本質なのかもしれません。

（片寄晴弘・橋田光代）

感覚：声

Ⅱ-22

魅力的な声とはどんな声？

「魅力的な声」とはどんな声なのでしょうか。日常的な意味で考えれば，話し手の抑揚の付け方や，タイミング，話の内容まで「魅力」のなかに含まれている可能性もありますが，ここでは，「声の質」の魅力について考えてみましょう。たとえていえば，同種の楽器で同じ曲を演奏したものを聴き比べて，「よい音がする」楽器とそうでないものとを区別することができるように，「声の質」の良し悪しについても，同じ内容を話した声を聴き比べることにより判断できるはずです。しかし，楽器なら，たとえば管楽器のリードの部分だけを取り替えたり，弦楽器の弦の材質を変えたりするように，一部だけを取り替えることが容易にできますが，ヒトの声ではそういうわけにはいきません。そこで，声の質について調べる場合には，同じ内容を多数の個人に別々に発話してもらって録音し，録音された音をもとに研究を進めることになります。

その一方で，日本の研究者が開発した音声分析合成技術[(1)(2)]を用いることにより，録音された声を素材として，現実に存在する声の中間的な性質をもつ音声を合成して聴いてみることも可能となり，そのような方法を用いた実験結果が報告されています。この方法は自然に聞こえる音声を常に合成できる画期的なものです。これは画像の「モーフィング」と呼ばれる技術に相当し，ちょうど，多数のヒトの顔画像における特徴を平均して「平均顔」を計算機上で計算し，画像合成できるように，「平均の音声」を合成して実験参加者に聴かせ，「声の魅力」について判断を求めることが可能になりました。

さて，それでは，「声の（質の）魅力」について，どのようなことが明らかになったのでしょうか。何か，驚くような特徴が見つかったのかというと，どうも主たる要因は，そうではないようです。簡単にいってしまうと，「平均的な声に近い声ほど，魅力的な声に聞こえる」ということになります。

ブラッカートら[(3)]は，"had" と発話した音声を女性と男性の話者それぞれ32名分ずつ集め，話者の性別ごとにランダムな対（16対）を作って 2 名の声を平均

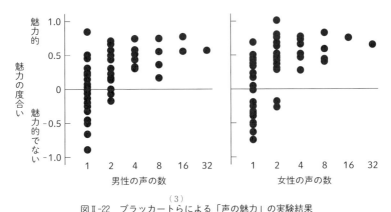

図Ⅱ-22　ブラッカートらによる「声の魅力」の実験結果
注：横軸は平均する対象となった声の数を示す。各点は一つの（合成）音声を表す。平均する声の数が増えるほど、声の魅力が概ね増していくように見える。

した声を合成し、そこからさらに対を作り、というふうに平均していき、32名までの平均声を合成しました。これらについて「声の魅力」を実験参加者に判断してもらった結果が図Ⅱ-22に示されています。横軸は声の数を表していて「1」とあるところは、一人ひとりの話者の音声そのままを対象として声の魅力を判断した結果です。話者ごとに評定された結果がばらついていることがわかります。しかし、これらをどんどん平均していくと、全体として、平均する声の数が増えるほど、魅力的であると判断されるようになっているのがわかります。

　では、声を平均することによって、何が良くなるのでしょうか。一つには、平均することによって、雑音成分がならされてスペクトルが滑らかになり、そのことで声の魅力を増すことが示されました。もう一つの要因としては、声の特徴を表す重要な変数である基本周波数（波形の繰り返し速度を表し、声の高さと関係する）と、第一フォルマント周波数（スペクトル上で母音の特徴を表す最初のピークの周波数）のそれぞれの対数をとった平面上の距離が、性別ごとの全体の平均に近づくほど、声の魅力が増すと判断されるということがあげられます。顔の魅力について、「平均に近いほど好まれる」（Ⅱ-1参照）ということが示されていますが（たとえばラングロワとログマン）、声についても似たような結果が得られたといえそうです。

（上田和夫）

感　覚：言葉（役割語）

II-23

品格は言葉から

　小説には，作家固有の文体があります。こうした文体から，「この表現，あの作家みたい」など，特定の作家名をあげることもできます。話し言葉にも，独特な言い方があり，会話からどのような人が話しているかをイメージすることができます。書き言葉を文体というなら，話し言葉は話体ということができるでしょう。ある特定の言葉づかいを聞いて，特定の人物像を社会的属性から想起できるとき，こうした言葉づかいを「役割語」と呼んでいます。たとえば，以下のような5つの表現があります（（1）を参照し，表現を改変）。下の3人の絵は，左のどの表現に当たるでしょうか。5つのなかから選んでみてください。

1．うん，あたいが知ってる
2．そうだよ，ぼくが知っているのさ
3．そうよ，わたしが知っているわよ
4．んだ，おらが知っとるだ
5．そうじゃ，拙者が存じておる

若い女性　　少　年　　田舎者
（　）　　（　）　　（　）

　若い女性に当たるのは，3の「そうよ，わたしが知っているわよ」です。「そうよ」のように文の終わりにつく「よ」は終助詞と呼ばれます。「よ」や「わ」などの終助詞は女性がよく使います。一人称の「わたし」も，「ぼく」や「おれ」を男性が使うのと対照的に，女性が使うことの多い表現です。「知っているわよ」の終助詞の「わ」と「よ」の組み合わせの「わよ」も，女性が使うことがほとんどで，軽い主張を表します。

　少年の表現は，2の「そうだよ，ぼくが知っているのさ」です。若い女性の「そうよ」と比較すると，この「だ」を入れるだけで，若い男性，おそらく少年が使う表現だと推測できます。男女を区別しているのは，主に「ぼく」「おれ」「わたし」「あなた」「おまえ」などの人称表現と「わ」「よ」「ぜ」などの終助詞です。最近は，「看護師」など男女の区別をなくすような語彙を使うことが多くなりました。世界の言語のなかでも，日本語ほど男女の表現が顕著に

異なっているのは珍しい例です。

　田舎者の表現は，日本語母語話者であれば4の「んだ，おらが知っとるだ」と判断するでしょう。ただし，田舎の人たちがこのように話しているというわけではありません。小説，漫画，アニメ，ドラマなどで，なんとなく田舎者のヴァーチャルなイメージをもっているだけです。木下順二の『夕鶴』は，田舎の百姓が鶴を助けて，恩返しをするという話ですが，役割語をうまく活かした戯曲です。田舎者の与ひょうは「おらつうがいとしゅうてならん」と言います。この表現は，特にどの方言というわけではなく，架空の田舎者の表現を作っているだけです。一方，鶴のつうは，「何だかわからないけれど，あたしとは別の世界の人になって行ってしまう」と標準的な女性語で話します。作者の木下順二は，田舎者の与ひょうと鶴のつうの二つの世界の断絶を，田舎者と女性の標準語のコントラストで描こうとしたと解説しています⁽¹⁾。

　こうした言葉づかいからすぐに想起されるのは，年齢と社会的な属性です。男女それぞれについて，小学生，中学生，高校生，大学生，おにいさん・おねえさん，おばさん・おじさん，おばあさん・おじいさんで，言葉づかいが異なっています。これは世代差ともいえるでしょう。同じように，警察官，教師，医者などの職業によっても言葉づかいが異なるでしょう。この場合にも男女の違いがそれぞれの職業に付随してみられます。

　また，言葉づかいには，性格も表現されます。たとえば，誰かを助ける場面で，「わたしがお手伝いしましょう」と聞くと，上品な人物を想像しませんか。「おれに任せろ」と聞くと，頼りがいのある強い男性のイメージともいえますが，やや強引な印象も受けます。また，「あの子，キモい」「それ，ヤバい」「あいつ，うざい」などの表現は親しい友達同士ならともかく，好意を寄せる異性に使うと，やや雑なイメージを与えてしまい，幻滅されてしまうかもしれません。もちろん，上司に使うような言葉づかいではありませんね。

　私たちは，日常の話し言葉のなかで，無意識のうちに自分のイメージを表現しているのです。何を表現するかも大切ですが，個々の表現に，自分の社会的・性格的なイメージが含まれていることも忘れてはならないでしょう。自分を美しく見せる言葉づかいは，努力によって達成することができます。　（玉岡賀津雄）

感　覚：触

Ⅱ-24

心臓ピクニック：「生命」を交感する快楽

　人間の身体には心臓がひとつあり，その絶え間ない活動によって生命が維持
されています。このことは誰もが知識として知っていることでしょう。また，
心臓の鼓動は「生命」の象徴であり，動物や赤ちゃんをはじめその鼓動を感じ
たときには，抗うことのできない愛しさが生まれることも多々あります。しか
し，よく考えてみると，私たちはこのような大切な身体器官である心臓に対し
て，具体的な感覚イメージをもたないことに気がつきます。何となく，「1秒
に1，2回ドキドキと拍動する自分の拳くらいの大きさの臓器」という印象は
ありますが，当然ながら，ほとんどの人は自分の心臓を直接目にしたことはあ
りませんし，直接触れたこともないでしょう。もちろん，胸に手を当てれば，
間接的に心臓の鼓動を触感として感じることはできますが，300グラムという
質量感や，1日でおよそ9000リットルもの血液を身体へ送り出すというエネル
ギッシュな活動やそのダイナミズムを，胸の上から間接的に触れただけで感じ
とることは難しいでしょう。

　私は，2010年から共同研究者とともに，心臓の鼓動に擬似的に触れることで，
生命の存在を実感するワークショップ「心臓ピクニック[(1)]」を行ってきました。
参加者は，図Ⅱ-24（上左）のような聴診器，振動スピーカの入った小型の箱
（「心臓ボックス」），制御回路からなる装置を使用します。片手に聴診器を持ち，
図Ⅱ-24（上右）のように自身の胸に当てると，そこから鼓動音が計測され，
それがもう片手の心臓ボックスから振動として出力されます。そうすることで，
参加者は自身の鼓動を手の上の振動として感じることが可能になります。さら
に，このワークショップでは，多くの人が同時に体験を行い，心臓ボックスを
交換する時間をもちます。

　心臓ボックスを交換することは，普段の生活で行う，名前や名刺を交換する
ことと違って，その身体的な結びつきから共感的に他者を理解しようとするこ
とへつながります。たとえば家族など，自分の身近な人々と一緒に体験するこ

Ⅱ-24 心臓ピクニック：「生命」を交感する快楽

とは，あらためて家族関係を考え直し，お互いの生命の尊厳を確かめ合うことになりますし，さらに，子どもからお年寄りまで，多様な年齢，価値観の人が集まることで，様々な人の存在に対しても，生命の結びつきを実感をもって感じることになるでしょう。このように心臓ピクニックは，触覚的な共同体験を通じて人と人の距離をより身近なものにします。

ただし一方で，自分にとってかけがえのないものを誰かに委ねたり，今までどれほど親

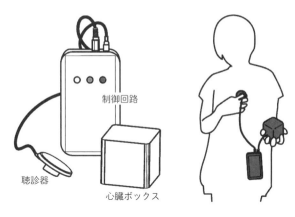

図Ⅱ-24 心臓ピクニックセット（上左），胸に聴診器を当てる使い方（上右），ワークショップの様子（下）

しくても直接触れることができなかったものがいきなり手の上に現れることは，ちょっとした戸惑いをもたらすかもしれません。心臓を交換しながら相手の目を見つめることは，つながってはいけない回路がつながってしまった，そんな気にすらなります。

　生命の象徴を交換し，交感すること。それは，触覚を通じてそれぞれの存在を認め合う高揚感がある一方，その直接性からなんだか気恥ずかしくもある，複雑な快楽をもたらす体験だといえます。

（渡邊淳司）

感 覚：味

Ⅱ-25

おいしい・まずいの決め手って何？

　味覚は，甘味，苦味，うま味，塩味，酸味の五つの基本味に代表されます。味覚は学術用語としては舌の味蕾に存在する受容体（センサーのようなもの）で受容されて感じられるものを意味しています。しかし，普段何気なく使っている「あじ」の意味する範囲はもっと広いのではないでしょうか（図Ⅱ-25）。たとえば「刺激的なあじ」という表現には味覚だけでなく辛味も含んでいそうです。辛味の受容体と同じものは皮膚の様々なところに存在し，温冷覚や痛みの感覚を生じさせます。このことから，辛味は味覚ではなく体性感覚・痛覚として分類されることが多いです。「四季のあじ」という表現には旬の食材や調理法，香りや食感も含めたイメージが込められています。「あじ」には味覚だけではない五感の情報や知識が含まれているのです。「あじ」に感じる美や魅力というと「おいしさ」でしょうか。同じ食べ物でも，人によっておいしいと感じたり，まずいと感じたりします。こう考えるとおいしい・まずいは，食品の特性ではなく，それを感じる個々人の状態や経験などにより左右される個人的な感情ととらえる方がしっくりします。ここでは人が感じるおいしさの生まれつきの(先天的)特性と，生活しながら獲得する(後天的)特性について紹介します。

　味覚は栄養や毒を検出するために重要な役割を果たします。新生児に様々な味質を提示すると，甘味に対して受容的な表情を示し，酸味や苦味に対して拒否的な表情を示します。甘味，うま味，塩味はそれぞれエネルギー，たんぱく質，ミネラルという栄養物のシグナルとして先天的に選好される（多く摂取される）一方で，酸味，苦味は腐敗物，毒物のシグナルとして選好されない味質なのです。選好の程度は，生体の生理状態で変化します。身体にはそれぞれの物質の最適量があり，この最適量が満たされるとホメオスタシス（恒常性維持）のために食行動がおきにくいように調整されるのでしょう。この調整メカニズムは，食料が手に入りにくい環境では十分に機能するのかもしれませんが，食料が簡単に手に入る現代社会には適応しきれていないのかもしれません。カロ

リー制限をしたサルに比べて好きなだけ食物を摂取しつづけたサルは老化が早いです。これは現在の先進国で起こっている生活習慣病の問題を示しているかのようです。

味覚以外にも食品の摂取を左右する要因があります。たとえば，人間を含む多くの動物には，知らない食物を警戒する傾向が備わっており，

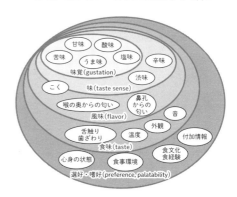

図Ⅱ-25 「あじ」の構成要素

これは新奇性恐怖と呼ばれています。また，「もうお腹がいっぱい」と思っていても，最後のデザートはぺろっとおいしく食べられてしまうことがあります。この背景には，感性満腹感があります。これは特定の食品を食べ続けるとそのおいしさが低下し，それ以上食べられなくなるのですが，異なる食品に対してはおいしさを感じ，さらに食べることができる現象です。おいしそうなものを見るとオレキシンの分泌によって消化活動が，促進されることが原因であるともいわれています。満腹感は単なる生理現象ではなく，生体の嗜好に依存した認知が影響するのです。

食物を摂取した後で，気持ち悪くなったり，嘔吐したりするとその食物のにおいや味に対して不快感が生じて食べられなくなります。これは食物嫌悪学習と呼ばれています。食物を摂取した後に不具合がなければ，摂取経験が増えると，それへの嗜好が上昇します。これは「対象に対する嗜好は，その対象に出会った回数に依存する」という単純接触効果（Ⅰ-2参照）で説明できます。親近性の学習は胎児期からはじまります。妊娠の後期に母親がニンジンジュースを毎日飲み，羊水を通じて胎児にニンジンの香りを経験させると月齢6カ月程度の乳児はニンジンの香りに受容的な反応が比較的多く見られます。また，食品の匂いが人の感じる味の強さや質に大きな影響を与えるという，多くの報告があります。チョコレートやチーズを，鼻をつまみながら食べると匂いがせず，本来の風味が感じられないことからも匂いと味は「あじ」の形成に重要な役割を果たしています。このような味嗅覚の統合も食経験を通して獲得されるのでしょう。（和田有史）

感　覚：香り・匂い

Ⅱ-26

誰しもを魅了する香り？

　日本独自の文化のひとつに香道があります。香木の香りを聞いて（嗅ぐとは表現しません）愉しむ「聞香」や，香りの聞き分けを楽しむ「組香」（何種類かの香木を嗅ぎ分けて同じものかを当てる）があります。私自身は初心者向けの組香を２度ほど体験したことがあります。侘び寂びの雰囲気で，香りを次々に聞き分けていく，優雅にマインドフルネス状態のひととき…のはずだったのですが，つい正解を目指してしまい，自然に育まれた香りを無心に嗅がずに，命名（どんなにおいで，何のにおいにどの程度似ているのか……）に夢中になり，疲弊しました。

　においは私たちをとりまく環境に存在する化学物質で，私たちはその存在を検出するために嗅覚という感覚器を有しています。ある実験では，実際には無害なにおい物質を連続提示し，この物質に長期接触すると健康被害があるかもしれないというネガティブな教示をした群と，健康によいというポジティブな教示をした群でこのにおいの強度が20分間計測されました。後者では徐々ににおいの強度が低下したにもかかわらず，前者では提示直後には強度低下の傾向が見られるものの，20分後には提示開始直後と同程度の強度の評価がされることが報告されています。[(1)]この現象はいくつかの研究からも支持されていて，自分の周囲にあるにおい物質が絶えず存在していても，「危険ではない」とわかるとその物質に対して注意を向けなくなり，そのにおいを知覚しなくなります。

　人込み（たとえば，閉鎖的な電車内）には，様々なにおい物質があふれています。不清潔なことによる体臭や口臭，潔癖ゆえの洗剤や柔軟仕上げ剤のアロマ，身嗜みのためのコロンやヘアケア用品の香りが混在し，頭がくらくらします。悪臭は論外ですが，香りも魅力的に感じられないことがあるのはどうしてなのでしょうか。見た目の美しさについては「美しい」という判断はほぼ共通でしょう。ただ好みに関しては様々な要因が絡むので，皆が「美しい」と感じる顔でも自分の好みかどうかは意見が分かれるかもしれません。しかし，香りの場合，そもそも誰しもが「快い」と感じることがあり得るのかが疑問です。「不

124

「快」と感じるにおいは、自分を取り巻く環境からリスク（食べ物の腐敗臭も危険を知らせてくれます）を検出するために普遍的にあるのかもしれません。

心理学の研究では、「単純接触効果」（Ⅰ-2参照）

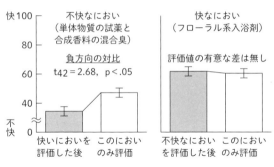

図Ⅱ-26　においの対比効果

「対比効果」などと呼ばれる現象で、「快でも不快でもない」刺激が、状況によっては「快」になることが示されています。私たちの研究室で様々な方法で、においを単純接触させましたが、そのにおいに対する快感情や好きという気持ちが増すことはありませんでした。しかし、「単純に」ではなく、「胃腸の働きに効く」と教示したうえで、1カ月間、毎日飲んでもらったアニスシードのお茶の香りは、実験前には快でも不快でもありませんでしたが、実験後には、「良い香りで、好き」と多くの実験協力者が評価しました。香りを放している対象の「価値（上記実験では、胃腸に良いお茶）」の認識によって、香りの快不快も決まります。香木も、においだけを嗅げば、「不快」と思う人もいるかもしれません。

「対比効果」は快な対象物を見た後に、やや不快な対象物を見ると、最初にこのやや不快な対象物を見たとき以上に不快に感じるという現象です（負の対比）。反対の場合、つまり不快な対象物を見た後に、やや快程度の対象物を見ると、それ単独で見た以上に快に感じます（正の対比）。嗅覚刺激を使って実験すると、負の対比は生じるのですが、正の対比は何度実験を繰り返しても生じませんでした。つまり、においは、不快方向に感じ方がシフトすることはあっても、快方向にシフトすることはありませんでした（図Ⅱ-26）。

誰しもを魅了する香りはおそらく存在せず、各自の経験によって幸せな出来事の経験や楽しい思い出に付随している香りは様々でしょう。将来、その香りはそのときの幸せや充実感を思い出させてくれることで、あなたを魅了する香りになることでしょう。（あなた自身が誰かを魅了する香りになっているかもしれません。）

（綾部早穂）

デザイン：配色調和

Ⅱ-27

色の美しさは組合せ次第

　複数の色を並べて同時に見せた場合には，同じ色であっても単一で見た場合とは印象が異なる場合も多く，色の組合せ次第で色が一層美しく感じられたり，逆に美しさが損なわれてしまうこともあります。このように複数の色を並べた場合の配色全体としての快さや美しさを色彩調和といいます(1)。ファッションやインテリアなど個人のカラーコーディネートから街の景観の色彩計画，デザインや芸術の諸分野など，個々の色だけでなく配色全体としての美しさが求められる機会は多く，色彩調和の法則については古代から現在に至るまで多数の研究がなされてきました。

　色彩調和の研究史をたどると，すでに古代ローマ時代には大プリニウスが『博物誌』のなかで対照調和（反対色同士による調和）に関する記述を残しています(2)。またわが国でも，平安時代には「かさねの色目」と呼ばれる女房装束の配色技法が確立していました(3)。西洋ではルネサンス期以降，レオナルド・ダ・ヴィンチやニュートン，ゲーテなどがそれぞれ著作のなかで色彩調和について論じています。また，1839年にはフランスのゴブラン織研究者であったシュブルールが，世界初の科学的な色彩調和研究書となる『色彩の同時対比の法則とその応用』を著し，織物の配色に関する観察を通じて「類似の調和」と「対照の調和」からなる色彩調和論を提唱しました(4)。その後，系統的に選択された色の組合せについて多数の観察者に調和感を評価してもらい，その結果から色相（色み），明度（明るさ），彩度（鮮やかさ）といった色の知覚属性と調和感の関係を統計的にモデル化する研究が現在まで続いています(1)。

　このように色彩調和の研究や論説はたくさんありますが，色彩工学者ジャッドはそれまでの色彩調和論を4つの原理に要約しました(5)。4つの原理とは，「秩序」「なじみ」「共通性」「明瞭性」です。秩序は「調和は秩序に等しい」（Ⅰ-23参照）という西洋に古来からある美の基本的な原理を色彩調和にも適用したもので，色相環（赤─橙─黄─緑─青─菫─紫─赤のように，色相を環状につ

Ⅱ-27 色の美しさは組合せ次第

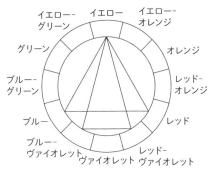

図Ⅱ-27(a) 色相環上から規則的に選択された3色調和の例(12)

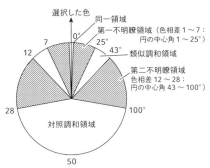

図Ⅱ-27(b) ムーンとスペンサーによる色彩調和モデル(7)

注：2色間の色相差にみる類似調和，対称調和および不明瞭領域の概念図。円環はマンセル色相環を基に色相を100分割した色相環に対応している。

なげたもの）や色立体（色相，明度，彩度などの各色属性を軸として，色を三次元空間のなかに系統的に並べたもの）のなかで幾何学的な配置をなす色同士（たとえば色相環上で正三角形の位置にあたる3色）など，秩序ある配置から選択された色同士は調和するという理論です（図Ⅱ-27(a)）。なじみは自然界によくみられる配色に調和を求める考え方で，たとえば同じ物体でも陽光が当たる部分は黄みを帯びて見え，日陰の部分は青みを帯びて見えることから，黄系の色相を明るく青系の色相を暗くした場合に調和するとするルードの調和論などが含まれます。共通性は文字通り共通の要素をもつ色同士が調和するという考え方であり，前述のシュブルールの類似調和などが相当します。明瞭性は正確には「非不明瞭性」と呼ばれる原理で，配色意図が不明瞭な場合に不調和となるという理論です。色差が類似とも対照ともならない中間的な差異の色同士を組み合わせた場合に配色が不明瞭となるとしたムーンとスペンサーの調和論などが含まれます（図Ⅱ-27(b)）。

その他にも構成色の感性評価から配色の感性評価を論じた研究[8][9]，造形経験など観察者側の個人差要因の影響を調べた研究[10]，感性情報処理の観点から調和感と不調和感の差異に着目した研究[1][11]などがあります。

（木村　敦）

デザイン：パターンのよさ

Ⅱ-28

よさの概念は多義的

　実際の生活環境には様々な形の物体があり，"単純な（複雑な）形"や"規則的な（不規則的な）形"など多くの基準で私たちは物体を知覚していることがわかります。この過程では，知覚的体制化（物体をまとめて知覚する）が働いていると言われています。19世紀初めにゲシュタルト心理学では，プレグナンツの法則を用いて，これが説明されました。この法則の一つに，「よさ」の要因（Ⅰ-19参照）があります。つまり，"よいパターンは知覚しやすい"とされました。では，よいパターンとはどのように定義できるのでしょうか。このことは，情報理論の影響もあって（冗長性；Ⅰ-26参照），様々なパターンを用いて実証研究が行われてきました。

　冗長度（情報量）の概念が取り入れられたことで，一般的に"よいパターンとは冗長度が高い（情報量が少ない）パターンである"と定義できることがわかりました（図Ⅱ-28参照）。しかし，よさ評定では個人差が大きく，同じ情報量のパターンでも評定値に差のあることが指摘されています。つまり，物理的に定義できるよさだけでなく，評定者が知覚したよさの基準も存在するのです。児玉の実験では，同じ構造をもつパターンであっても，まとまりの数が少なくなる体制化を行った場合の方が，よさ評定値が高くなりました。図Ⅱ-28②のパターンを見てください。3種類のパターンがありますが，左側（十字のように5つのドットが配置されているパターン）を例にして説明します。このパターンを見たとき，みなさんは，どのようにドットどうしのまとまりを知覚するでしょうか。5つのドットをまとめて1つのまとまりとして知覚しますか（まとまりの数は1つ）。あるいは，十字の縦方向に3つのドットを1つのまとまりとして知覚して，左右の残りの2つのドットをそれぞれのまとまりと知覚するでしょうか（まとまりの数は3つ）。また，5つのドットをそれぞれのまとまりとして知覚する人もいるかもしれません（まとまりの数は5つ）。このように，観察者の体制化の仕方には個人差があるということです。物理的には差異がない

128

図Ⅱ-28　よさ評定課題に用いられた様々なパターンの例
（それぞれの課題は，①アトニーブ(2)，②ガーナー(3)，③ハウ(8)）

わけですから，評定者の体制化の基準でよさ評定値が変容し得るといえます。また，個人がもつ内的基準を探ろうとした研究もあります。意味微分法(6)といって，複数の形容詞対(7)（たとえば，"規則的な—不規則的な"や"好き—嫌い"）を用いてパターンに対する段階評定を行いました。実験の結果，幾何学的性質に関する因子（"規則的な—不規則的な"など）が得られ，これは物理的に定義できる基準と一致します。一方で，物理的には定義できない因子（"おもしろい—つまらない"など）も得られました。特に興味深い結果は，幾何学的に"不規則"と評定されたパターンに対して"おもしろい"などの評定が得られたことです。つまり，パターンのよさは物理特性のみで定義できるわけではなく，評定者の感性次元も影響を及ぼすといえます。このことは，図Ⅱ-28③のようなパターンの要素数（ドット数）(8)を増やした場合でも報告されています(9)。要素数が多いと"不規則"と評定されやすいのですが，一方で"おもしろい"という評価も得られます。デザイン分野の研究から，単純な物体は予測可能であるため飽きやすいといわれています(10)。パターンの評定についても同様のことがいえそうです。

　評定者の感性次元は，記憶にも影響を及ぼすことがわかっています(11)。この実験では，冗長度を統制して，「好みの評定（好き～嫌い）」と「記憶課題」を行いました。物理的な冗長度が統制されているので，覚えやすさは一定のはずです。しかし，好みの観点から，"嫌い"と評定されたパターンの方が覚えやすいことがわかりました。これは，自分にとって嫌なものを覚えやすいネガティブ・バイアス(12)との関連が考察されています。このことから，冗長度が統制された場合は，感性次元（好み）の影響が見られると結論できます。パターンのよさを考える際は，物理特性だけでなく感性次元の影響も考慮する必要があるといえます。

（髙橋純一）

デザイン：トライポフォビア

Ⅱ-29

パターンの気持ち悪さ

　虫がうじゃうじゃひしめきあっているのを見るととても気持ち悪く感じます。これは，単体であっても好まれない虫が，たくさん集まることで不快度が加算されて増大した結果であると考えれば納得しやすいことです。ですが虫以外でも，たとえば蓮の花托にタネがびっしり詰まっている様子も非常に気持ち悪く感じます（図Ⅱ-29）。タネが1個置いてあるだけではまったく気持ち悪くないので，上記の説明は使えません。ではいったいなぜ気持ち悪いのでしょうか？このような，多数の物体が集まっている様子が喚起する気持ち悪さを，集合体恐怖症またはトライポフォビア（trypophobia）と呼びます。

　トライポフォビア的な画像が有名になったのは，2000年頃にインターネットで蓮コラというものが流行ったときでした。それは蓮の花托の画像を人間の皮膚上に合成したもので，強い気持ち悪さや鳥肌などの生理的反応を生じさせることで話題になりました。ちなみにこの頃はまだトライポフォビアという名前はありません。それから10年以上の年月が経ち，2013年になって初めて心理学者によって本格的に研究対象として扱われることとなります。[1]この研究では，トライポフォビアを喚起する画像のもつきめ細かさの特徴が有害生物（たとえばヒョウモンダコなど）の画像のきめ細かさの特徴と類似しているために不快感を感じるという説明が提案されました。彼らが特に注目したのは，中くらいのきめ細かさの特徴の強さで，トライポフォビア刺激において顕著でした。そこで，有害生物からの危険回避のために，この初期視覚的情報を手がかりに強く早い感情反応が生じるのではないかと考えられたのです。このことは後の研究でも確かめられました。[2]

　さらに，同じトライポフォビア画像であっても人によって気持ち悪さの感じ方が大きく違うので，その個人差を測る尺度が開発されました。[3]この尺度には日本語版もあります。[4][5]この尺度を用い，トライポフォビアは感染源に対して抱く嫌悪感の個人差と関連していることが明らかになりました。[6][7]つまり，何らか

130

の感染を回避するための適応的なメカニズムが根底にあるかもしれないということです。それではトライポフォビアによってどのような感染を回避しようとしているのでしょうか？　ある研究は，その答えとして皮膚病をあげています[7][8]。実際に皮膚病既往者の方がトライポフォビアを強く感じる傾向があったことから，皮膚病への感染を避けようとするメカニズムの関与が提案されています（不随意的皮膚病予防仮説）[8]。皮膚科学者もこの点に注目し，心理学者との共同研究が行われはじめています[9]。

図Ⅱ-29　蓮の花托

　トライポフォビアは自己報告式の評定だけで調べられているわけではありません。皮膚電位[10]や縮瞳[11]などの生理指標も用いられます。これにより，気持ち悪さが意識に上る前に検出することが可能になるかもしれません。これは応用的利点にもつながります。トライポフォビアは重度の人にとっては，お風呂の壁の模様が発作を引き起こす，日常生活を阻害されるほどの問題です。そうした人々が安心して生活するためには，日常に潜む刺激を高速で検知し，見せなくする（あるいは気持ち悪さを喚起しないように視覚情報を編集する）必要があります。そのためには，生体のトライポフォビア反応をモニタすることは重要なのです。

　トライポフォビアという割にはこれまでその治療に向けた研究は多くありませんでした。しかし抗てんかん薬の処方や抗うつ薬の処方と認知行動療法の組み合わせ[12]によって重度のトライポフォビアが改善したことが報告されています[13]。徐々にトライポフォビアの重大性が認識されはじめており，生活に困難をきたしている人々への臨床的介入が進みつつあります。

　インターネットでのいたずら画像から始まったトライポフォビアは，非常に学際的な研究対象になってきました。ここであげたことの他にも，世界中のどの国や地域の人でも，あるいは動物でも共通して感じられるのか，インターネットが生まれる前の人々はどうだったのか，など疑問は尽きません。こうした問いに答えるため，さらなる学際的な取り組みが進展して行くことは間違いないでしょう。

（山田祐樹）

デザイン：黄金比

Ⅱ-30

美しさが約束された比率？

　誰もが美しいと感じるものは存在し得るのでしょうか。美しさの普遍的な法則について，とりわけよく語られるテーマがあります。それは１：1.6180339887……という「黄金比」と呼ばれる比率で，エジプトで考案されました。ピラミッド，ギリシャのパルテノン神殿（図Ⅱ-30(a)），レオナルド・ダ・ヴィンチの絵画，ミロのビーナスなど枚挙にいとまがないほどです。誰しも一度は目にしたことがあるであろう有名な建築物や芸術作品にも，この比率が取り入れられていることが知られています。なんとも微妙な比率ですが，古くより"神から授かった比率"として大切に伝承されてきたのですから関心をそそられます。

　図Ⅱ-30(b)の長方形は，黄金比になっています。この大きな長方形は黄金比の近似値１：1.618の比率をもっており，左の１：１の正方形を除くと小さな長方形の比率は１：0.618となり，こちらも黄金比になります。余談ですが，黄金比1.618を表すΦ（フィー）という名称は，ギリシャのパルテノン神殿の設計者の一人である彫刻家フィディアスの名前の頭文字からきています。[1]また，Φから１を引いた数値0.618の表記は小文字のφです。

　この黄金比について，精神物理学の父であり実験美学の父でもあるフェヒナーは，本当に人々にとって最も美しい比率なのかを実験的手法によって検証しました。[2]彼は黄金比を科学的手法で調べた最初の人物でした。黒い背景の上に様々な比率をもった長方形を呈示し，そのなかから最も美しいと思う長方形を参加者に選んでもらいました。実験の結果，これまで信じられてきたように，最も美しいと回答された割合が最も多かった長方形は黄金比でした。ただ，ここで注意したいのは，黄金比が最も美しいと回答したのは実験参加者の３割程度だったという点です。それは言い換えれば，その他７割は別の比率をもつ長方形に対して最も美しいと回答したということになります。７割という数字は，無視するにはやや大きい誤差のように思われます。

　フェヒナーの実験から150年以上経ちましたが，黄金比は美しいのか否かと

Ⅱ-30 美しさが約束された比率？

図Ⅱ-30(a) ギリシャのパルテノン神殿

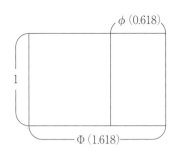

図Ⅱ-30(b) 黄金比をもつ長方形

いう議論は今なお続いています。その神話を疑問視する研究者のなかには，「黄金比（黄金分割）仮説のお葬式」という鮮烈なタイトルをもって論文を発表した研究者もいます[3]。また，フェヒナーが実験参加者に黄金比の美しさを明示的に質問したのに対し，近年の研究では，黄金比の選好性を潜在的に測定しているものもあります。そしてその結果として，黄金比は美しいという仮説は支持されなかったのです[4]。

名だたる芸術家たちが作品のなかに黄金比を取り入れているケースも多い反面，黄金比が隠されていると報告された作品のなかには，その答えに至るまでの計算法について疑問を抱くケースも少なくありません。作品のどこを切り取るかによって答えが変わるため，都合良く比率を算出することも可能であるためです。

数年前，ウクライナの最高議会の様子を収めた一枚の写真が話題になりました。取っ組み合いをして乱闘している議員たちの構図が，見事な黄金比になっていたからです。確かに，構図に限ってはルネサンスの有名な絵画に見えなくもないですが，黄金比がすべてを美しくするかというと，そう単純な話ではないのかもしれません。

（長潔容江）

デザイン：景観美

Ⅱ-31

景観美に「らしさ」は必要ない!?

　デザインの全体的な構想や中心となる考えのことをコンセプトといいます。ここでは，建物色彩を決めるときに用いられるコンセプト「建物や街に相応しい色を選択する」について，2つの実験を通して考えていきます。

　最初に紹介するのは，住宅地，商店街，森の中の道という3種類の街並みに住宅，病院，オフィスという3種類の建物をカラーシミュレーションしてはめ込み，印象評価してもらった実験です(1)（図Ⅱ-31(a)）。実験に先立って実施したアンケートでは，典型的な色もふさわしい色も，住宅はベージュや茶，病院は白，オフィスはグレーが大半を占めました。では，それらのふさわしい色は建物や街並みの評価を上げたでしょうか。実は，評価を上げる効果はほとんど抽出されませんでした。9種類の街それぞれでカラーシミュレーションした12色の評価の順番を比較したところ，それはほとんど同じようなものだったのです。つまり，「好まれる街並みにしたいのであれば街並みとして好まれる色を選べばよく，建物の用途を考慮する必要性は薄い」ということになります。

　続いて紹介するのは，68枚の街並みの画像を印象評価してもらった実験です(2)。皆さんは，「オフィス街はまとまりや落ち着きが重要だが，商店街は多少落ち着きがなくとも，明るさや面白みがあった方がいい」と言われたら頷かないでしょうか。これが正しいかどうかは，落ち着きの評価や面白みの評価が1段階上がったときに，街並みの好ましさ（≒美しさ）がどの程度変化するかを見ることで検討できます。好ましさの変化が大きい方が影響力が強い，重要視されている項目ということになります。街並みを撮影したスライド評定実験の結果を確認したところ，オフィス街でも商店街でも住宅街でも，1階が商業施設で2階以上がオフィスであっても，つまりどんな用途の街でも落ち着きや面白みが好ましさに及ぼす影響の度合いは変化しませんでした（図Ⅱ-31(b)）。実は人が作った街並みだけでなく，自然景観でさえも，落ち着きと面白みで好ましさや美しさを表現できることがわかっています(3)。

II-31 景観美に「らしさ」は必要ない!?

① 住宅街+住宅

② 商店街+オフィス

③ 森のなかの道+病院

図II-31(a) 実験で用いた街並みの例(1)

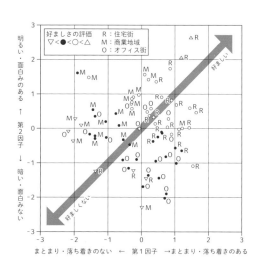

図II-31(b) 街並みの好ましさと2つの印象の関連(2)

　これら2つの研究結果からわかるのは、「人は対象物のカテゴリーにふさわしいデザインを求めているのではなく、単にデザインの特徴が好みかどうか判断しているだけだ」ということです。西洋のオールドタウンを思い浮かべてください。町の中心部ではオフィスやお店が並んでいる。それが郊外に向かうに従って住宅街に変わっても、街並みは同様に魅力的です。このように建物の特徴は街の用途に応じて変更しなくてもよいのです。面白みを感じるオフィス街が少なく、好ましいオフィス街では落ち着きを、好ましくないオフィス街は落ち着きのなさを感じることが多い為、落ち着きが重要だととらえられがちなのだと推測されます。

　さて、こういった心理的な判断に関する知見は、実際に景観を変えるときに役立つものです。たとえば、落ち着きのあるオフィス街をもっと良くしようと思ったら、さらに落ち着きを増すことを考えても限界があります。それより、その街並みに欠けている面白みを増す工夫をした方がいい。その工夫として、(街の用途を考慮しなくてもいいのですから) 商店街の商品が道に溢れている楽しさをヒントに、オフィスの1階に商品を展示するスペースを作ってみてもいいでしょう。きっと、街並みの好ましさをアップさせるはずです。　　　　(槙　究)

デザイン：庭園美

Ⅱ-32

庭園美は数学的に解明できるか？

　英語の garden は，「囲まれた楽園」を意味し，日本語の庭は，「何かを行う平らなところ」を意味していたようです。庭は目的をもって整えられた空間ということになるでしょう。

　庭にはまた，人々の思い描く自然のあり方や美意識が反映されています。たとえば，17世紀後半にフランスで誕生した幾何学式庭園（図Ⅱ-32(a)）では，高い所から一望した際に左右対称に見えるように木を植え，枝も幾何学的に刈り込んで，人が制御した自然，もしくは自然の本質を表わそうとしました。一方，同時代の日本の池泉回遊式庭園（図Ⅱ-32(b)）では，庭を歩いて廻ることを念頭に，曲線や非連続な直線を配し，ときには植栽や垣で視界を防いで，自然の移り変わりや多様性を体感できるようにしています。庭には文化が反映されるのです。(1)

　ただし，同じ地域でも，時代によって異なった庭が誕生しています。日本では平安時代の浄土式庭園（図Ⅱ-32(c)），鎌倉時代以降の枯山水（図Ⅱ-32(d)），室町時代の露地（図Ⅱ-32(e)）と，見た目も意図も異なる庭がつくられました。ヨーロッパでも，18世紀のイギリスでは幾何学式庭園に抗して，自然の起伏を活かした庭造りが行われました。しかし，その庭も19世紀後半になると批判され，同じ頃，フランスには日本の浮世絵の影響を受けた「モネの庭」が誕生しています。時代や社会は，庭の姿に影響を与えるのです。

　次に，京都にあって世界的に有名な龍安寺の石庭（図Ⅱ-32(d)）を例にとり，工学者による分析を紹介しましょう。作庭時の資料が残っていないため，庭師の実際の意図はわかりませんが，結果的にそうなっているようです。

　龍安寺の庭に関する指摘の1つ目は，この庭が「透視図法」を考慮して作られたというものです。地面の高さに勾配をつけ，庭石の高さにも勾配をつけて，遠近感を強調しているというのです。2つ目の指摘は，「黄金比」（Ⅱ-30参照）が隠されているというものです。庭の西側から黄金比矩形を当てはめると，残(2)

136

Ⅱ-32 庭園美は数学的に解明できるか？

(a) フランス式庭園
（ヴォー＝ル＝ヴィコント城庭園）

(b) 池泉回遊式庭園（兼六園）

(c) 浄土式庭園（平等院）

(d) 枯山水（龍安寺石庭）

(e) 露地（建仁寺）

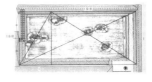
(f) 龍安寺石庭と黄金比[2]

図Ⅱ-32 様々な庭

った部分も黄金比矩形になるうえ，これらの矩形と庭全体の対角線上に，すべての石組が配置されているというのです（図Ⅱ-32(f)）。3つ目の指摘は，任意の3つの石組をつなぐと，異なる大きさの鈍角不等辺三角形が得られますが，それらを大きさの順に並べると，順番と大きさが比例し，石の配置が「フラクタル構造」（Ⅰ-25参照）になっているというものです。また，中心軸変換という手法で石組の配置を分析すると，石組間の「地」に当たる部分に，樹木に似た二股構造（二分枝構造）が現れ，その構造の幹に当たる部分が方丈（建物）内の，庭の鑑賞所を通るという指摘もあります[4]。いずれの説もこうした「隠れた秩序」がこの庭をすばらしいものにしていると考えています。ただ，実際に物理的秩序と心理的印象との関係を調べた実証的研究は多くありません[5]。

ところで，龍安寺の方丈は，庭の完成後に火災にあって焼失し，現在の方丈は塔頭（境内の脇寺）から移築してきたものだそうです。このとき，庭の東側が縮小され，東にあった石組が西南に移されたといわれます[6]。かつては男山を借景にしていたという説もあります[7]。そうした変化にもかかわらず，理想の姿を保ち続けることはできるでしょうか。それとも，結果的に理想の姿に近づいたのでしょうか。謎も庭の魅力に寄与していそうです。

（三浦佳世）

デザイン：インテリア

Ⅱ-33

インテリアの色の効果は変化する

　色を決めて，素材を決めて，形を決める。要素の効果が一定なら，最も良いものをそれぞれ選んで組み合わせればいいのですから，デザインは簡単です。しかし，その組み合わせによって効果は変化するようなのです。

　たとえば，抽象的な色彩嗜好とインテリアの色彩嗜好は異なるようです。「白（W）」と「青（B）」は日本人が好む純色の代表，「橙（YR）」は嫌われる純色の代表ですが，その橙に灰色や黒を混ぜたときにできる「茶色」も同じくYR系の好まれない色です。しかし，茶系のインテリアになると，印象評価実験で好まれるという結果が出ますし[1]，実際，世の中に多く存在し愛されています。どうしてそうなるのか。確実なことはいえませんが，インテリアの好みと関連する言葉として「落ち着き」があがる頻度が大変高いことから[2]，茶色が与える落ち着きが関連しているという説は有力なものです。実際，Ⅱ-31で紹介した景観では「好ましさ（美しさ）≒落ち着き＋面白み」でしたが，インテリア画像の評定実験では，「好ましさ（美しさ）≒落ち着き」という結果になります[3]。

　さて，インテリアデザインの世界には，プレゼンテーション・ボードというものがあります。図面やイメージ画にタイルや壁紙などを貼って作ったボードです。単に彩色するのではなく，実際に使用する素材を貼るのですが，それにはどんな意味があるでしょうか。壁面の素材と色，天井面の照明を変化させた室内模型を評定させた実験の結果から考えてみます[4]。数量化Ⅰ類という手法を使い，①照明，②壁面の素材，③壁面の色の効果で印象評価結果を表現してみると，基本的には①の効果＋②の効果＋③の効果で印象を表現できることがわかりました。ただし，「美しさ」ではいくつかの素材で，「落ち着き」では多くの素材で，素材によって色の効果が変化すると解釈できる結果が出たのです。こういうことがあるのだとすると，素材と色を別々に考えたのでは良いデザインになりません。プレゼンテーション・ボードを考案したデザイナー達は，素

Ⅱ-33　インテリアの色の効果は変化する

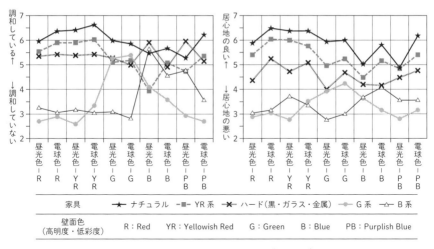

図Ⅱ-33　インテリアの照明と壁面・家具の印象

材と色を同時に見せる必要を経験から理解していたのだろうと思います。

　続いて，照明の色の効果を見てみましょう。暖色系のインテリアには暖色系の光が，寒色系のインテリアには寒色系の光がマッチするというようなことがあるでしょうか。それを光色の異なる2種類の蛍光ランプで照らしたインテリア模型の印象評価実験の結果から考えてみます（図Ⅱ-33）。

　「調和」では，YR系の家具セットや生成りのソファと木の家具を組み合わせた家具セット（ナチュラル）の場合，壁面の色や照明の色に拠らず，高い評価を受けました。一方，B（青）系やG（緑）系の家具セットでは，壁面の色がG系やB系・PB（青紫）系のときに評価がアップしています。ところが，「居心地」になるとアップの度合いが小さくなるだけでなく，G系・B系の家具セットで見られた昼光色の方が評価が高めという傾向が消えて，照明の色による違いはほとんどなくなり，電球色の方が高めのことさえあります。つまり，調和を重視するなら寒色系の部屋には青白い昼光色がいいが，居心地を考えるならば暖かめの電球色も選択肢に入ってくるということになります。

　このように効果が変化するからこそ，色などのデザイン要素の評価メカニズムを明らかにすることは，心理学的にもデザイン的にも興味深いテーマなのです。

（槙　究）

デザイン：照明

Ⅱ-34

照明の光と美しさ

　視覚的な美の代表として，色彩があげられます。色はすべての視知覚のもとになっているといってもよい視覚情報で，私たちは網膜にある視細胞によって眼に入った光の強さと波長を感じ，それを脳へ伝えて色や明るさだけでなく，形や奥行き，動きといった様々な視知覚を感じているのです。この眼に入る光は，一般的に照明光が物体に当たって反射してきた光です。照明光に含まれる光のうちの一部が反射してきて，色として感じられるのです。このことを発見したのが英国の物理学者ニュートン（Newton, I.）で，彼は太陽光を細く絞ってプリズムに通すことでスペクトルと呼ばれる虹状の光の帯を導き出すことに成功しました（図Ⅱ-34）。白く見える太陽の光には，実は赤から菫までの色が含まれているということを発見したのです。そしてその一部が眼に入って感じられ私たちの脳に達することにより，色が存在するということを見出しました[1]。

　このことは照明する光によって，見える色が変わることを意味しています。明るいところでは人間の眼は一般的にL，M，Sの３種類の錐体細胞によって光の波長の違いを感じているため，この三錐体細胞の反応量が同じであれば，たとえ異なる光であっても同じ色に見えます。これを「条件等色」または「メタメリズム」といいます。照明光が変わっても条件等色が成立していれば同じ色に見え，成立しなければ異なる色に見えます。店頭で美味しそうな刺身が，自宅ではパッとしないのは条件等色が成立しなくなっている場合が多いのです。

　人類は18世紀ごろまでは太陽と炎しか照明光をもちませんでした。ところが19世紀になるとガスや電気など新たな光が登場してきて，色の見え方が変わってしまう予期せぬ事態が生じるようになってきました。そこで光に関する国際的研究機関である国際照明委員会（CIE）では世界各地で測定した昼光（日の出後３時間と日没前３時間を除いた太陽光）を基準に，色を見る際の標準的な照明光である「標準イルミナント」を定めました。標準イルミナントに準拠した

140

照明であれば，世界中どこでも同じ色を見ることができます。標準イルミナントには標準的な昼光を表すD65と白熱灯の基準となるAの2種類があります。

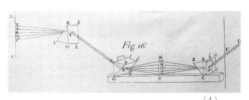

図Ⅱ-34　ニュートンによるスペクトルの発見(4)

照明ランプの性能を表す概念に演色性というものがありますが，これは当該の照明ランプが標準イルミナントとどの程度同じ色の見え方になるかを0〜100の数値で表すもので，一般に色を見る場合には最低でも80以上は必要であるといわれています。

現在では様々な光が自由に作れるようになったため，太陽光だけでなく目的に応じた様々な光が作り出されています。たとえば生鮮食品用や食肉用といった照明光下では，野菜や肉が美味しそうに見えます。またイチゴなどの農産物の出来を見分けるための照明や，肌を美しく見せる照明も開発されています。人間にはほとんど見えませんが虫には見える光を出すことで，捕虫するための照明もあります。虫にはとても美しい光に見えているのかも知れません。

しかし実際には赤い夕陽の下で白い紙が真っ赤に見えるわけではなく，夕陽でもロウソクの灯りでも白い紙は白に見えます。これは私たちの視覚系に照明光に慣れるという機能が備わっているためで，これを順応といいます。順応には明るさに対する順応と色みに対する順応がありますが，いずれの場合にも照明光環境が変化しても色の見えを一定に保とうとする恒常性と呼ばれる心理的機能が働きます。夕陽に順応することによって太陽光の下で白く見えていた紙は，夕陽の下でも恒常的に白く見え続けるわけです。

では様々な照明を発明し続ける私たち人類は，様々な照明光に順応してどんな光の下でも色を見続けることが可能なのでしょうか？　最近の研究では，色光に順応させて暗闇で一定時間を過ごしたのちに色の見えを測定すると，色光順応の影響は弱まっていて太陽光下での見えに戻りつつあることや，色を弁別できる感度は太陽光の様々な変化軌跡であるcaerulean lineに近いと高くなるといったことが報告されています。どうやら私たちの脳の中には，ものを美しく見る基準の照明として太陽の光が深く埋め込まれているようです。（坂田勝亮）

デザイン：VR 空間

II-35

人工現実空間における臨場感と迫真性

　コンピュータや情報通信技術の進展にともなって，私たちの身の回りも様々なVR（virtual reality；人工現実）空間が創り出されるようになりました。みなさんもテーマパークや，ヘッドマウントディスプレイなどで楽しんだ経験があることと思います。VR空間を体験するときに大切なのは臨場感で，「現在，自分がいる場所とは異なる場所にいるような感覚」や「創作された世界にすっかり入り込んでいる没入感がある状態」のことをさすといわれています。ですが実際のところ，臨場感とはなんであるか研究者の間でもまちまちなので，私達の研究グループでは，一般の大学生を対象にして，どんな状況で臨場感を感じるかアンケート調査を行いました。[(1)] その結果，非現実場面でも現実場面でも，好ましい感じや迫力感，動感やメカニック感（人工的金属構造物から受ける感じ）を引き起こす事象であることも大切で，それらのコンテンツが視覚や聴覚だけでなく，平衡感覚，身体運動感覚などの自己受容感覚も介して感受される心身を揺さぶるような強い体験が重要であることがわかりました（図II-35）。

　しかし空間やシーンに対する私たちの感性は，臨場感だけを中心に考えてよいのでしょうか？　たとえば，落語家は「カゼ」とよばれる扇子と，「マンダラ」とよばれる手ぬぐいといった実に単純な道具で，蕎麦をすする場面や煙草をふかす情景などを，実世界よりも真実味をおびて，つまり迫真性をともなって見事に表現します。そこでは，できるだけ余分な情報は剥ぎ取り，核心的な情報に絞って表現し，あとは鑑賞者自らのイメージに任せ，研ぎ澄まされた感性を引き出す工夫がなされています。

　そこで私たちの研究グループでは，臨場感と迫真性は本質的に異なった特性をもつ空間感性であることを示す感性心理学的実験を行ってきました。素材にしたのは，日本庭園内の鹿威し，オーケストラのシンバル演奏，ゴルフスイング，接近して遠ざかる列車，バスケットボールの試合の風景などを収録したもので，画面の大きさや音量，地面や床の振動，再生スピードなどを変化させて，

II-35 人工現実空間における臨場感と迫真性

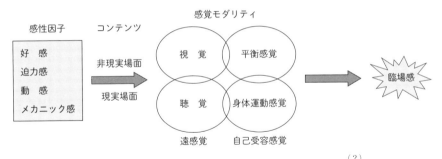

図II-35 臨場感にとって重要な感性因子と関与する様々な感覚体験[(2)]

参加者に鑑賞してもらいました。そして，臨場感については「自分があたかもその場にいる感じがする」，迫真性については「本物らしい趣きがする」といった教示のいずれか一方を与えて，それらの感性の強弱を判断をしてもらいました。その結果，臨場感の強さは感覚情報量（特に画面の大きさや音量，振動の大きさ）の増大ともに直線的に上昇するのに対し，迫真性はそれらが中程度の刺激量で提示されたときに最大となることがわかりました。つまり，臨場感は刺激が実際レベルをオーバーしているときに強く感じる超恒常性の原理に従うのに対し，迫真性は実験美学の分野で古くから提唱されている最適覚醒水準の理論（I-13参照）に整合するといえます。再生モードをスローにしたときには臨場感は減少するのに，迫真性はより高まることもわかりました。この傾向は，映画でもスピード感を増して臨場感を高め，一方，核心的場面はスローで見せたりする手法と一致しています。[(2)]

したがって，臨場感は，空間内の背景も含めた情報量により大きく依存し，感覚経験（クオリア）が普段より増強することによって感じられると考えることができます。一方，迫真性は，むしろ情報量が少なめのときに，前景の情報が適度にクローズアップされ，それに対する気づき（アウェアネス）が高まったときにより強く喚起されると推測されます。別の言い方をすると，臨場感はボトムアップ型（データ駆動型）の感性であり，迫真性は鑑賞者が各々の心のなかにもっている事象に対する典型的なイメージ（プロトタイプ）が活性化されたときに生じるトップダウン型（概念駆動型）の感性と考えられるでしょう。

(行場次朗)

デザイン：音響空間

II-36

ホールも楽器のうち？

　音楽ホールで楽器の音や歌声を聴くと，音にとても心地よい広がりと柔らかさ，深さが加わります。また，身近なところでは，お風呂につかりながら歌をうたうととてもよい響きで聞こえるので，なんだか歌が少しうまくなったような気がしますね。

　これはもともとの楽器の音や歌声に残響という新たな成分が加わったためです。音は，音源となる物体の振動が周囲の媒質（空気など）を震わせ，それが波として広がって最終的に私達の耳の鼓膜を震わせることで聞こえます。その時，音の波は音源から全方向に広がるために，音源から直接耳に到達する成分だけではなく，部屋の中では床や壁などに反射して時間的にほんの少し後から耳に届く音の成分が生じます（図II-36）。反射は一度だけで終わるとは限らず，音量や壁の材質等によっては何度も跳ね返ることもありますし，またそれぞれの音波は部屋の各々の場所では一つの波として重なりあうので，単に時間差で聞こえるだけでなく音そのものの聞こえ方も変わってしまうような複雑な変化を引き起こします。そのような音の反射による変化の総体を残響と呼んでいます。

　音楽ホールの音響設計ではどんな残響をどの程度生じさせるか，ということが，そこで奏でられる音楽をより好ましいものにするためのとても大切なポイントになっています。20世紀初頭にホールの音響設計において残響が重要なパラメータであることを見出し，それをもとに初めて科学的に音楽ホールの設計をおこなったのがハーバード大学の物理学者だったセイビンです[1]。彼が設計したボストンシンフォニーホールは現在も名ホールとしての高い評価を保っています。

　しかし，残響が含まれればいつでも「良い音」になるわけではありません。例えば会議室のようなシリアスな会話をしなければならない場所では残響成分は邪魔になります。音がぼんやりして話の内容が聞き取りにくくなるからです。

　実際，私たちの聴覚系は，両耳からの入力を比較することで残響成分を除去して聴くべき音をクリアにする機能を持っています（先行音効果）[2]。この効果を

確かめるために，駅構内やショッピングモールのような屋内の雑踏で片耳を指などで軽く塞いでみてください。ガヤガヤした感じがとても大きくなるはずです。

実は，私たちが音楽プレーヤーで楽しんでいる楽曲の制作現場でも，素材としての楽器の音や歌声は残響がほとんど生じ

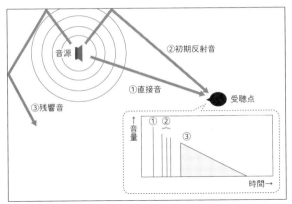

図Ⅱ-36　ある部屋を上から眺めたときの残響が生じる様子
注：点線の枠内は耳に届く波形の模式図。耳に届く音は直接音（図中①）と，短い遅れ時間で耳に到達する初期反射音（同②）とそれらよりさらに遅れて到達する残響音（同③）に分けられる。

ない録音スタジオで収録されています。音楽制作においても，初期の編集段階では残響成分はやはり邪魔なものととらえられているのです。

とはいえ，編集された音がそのまま楽曲としてリリースされることはなく，仕上げの段階で電気的な音響加工装置（このような装置のことをエフェクターと総称します）の一つであるリバーブレーター（あるいはリバーブ）によって残響成分がわざわざ人工的に付加されることが多いのです。まれに特別な意図をもってあえてリバーブをかけない楽曲も制作されますが，ちょっと特殊な趣味や目的を持たない限り残響成分を付加しない音はあまり好まれないようです。カラオケのエコー（実はリバーブ）も全くかけないと少し物足りない人が多いのではないでしょうか。

このように，意味内容の伝達や信号処理における音の価値観と，私たちが音楽を聴く際の音の価値観とが必ずしも一致しないのは興味深いことです。そして，つきつめればなぜ残響成分を含む楽曲を好ましいと感じるのかはまだ分かっていないものの，電気的に残響をつけることでその音がなっている空間の印象を明瞭に生じさせることはできます。そのことからも，「ホールも楽器のうち」とよく言われるのは，音楽を聴くこと全般にわたってやはり真実なのでしょう。

（茅原拓朗）

デザイン：錯視の美

II-37

「錯視は美しい」理由を考える

　錯視図形は，錯視量が多い最適図形であるほど美しい。錯視（さくし）とは，いわゆる目の錯覚のことであり，錯視量とは，その強さのことです。筆者にとっては自明の経験則です。といっても，筆者が世界で初めて気づいた法則ではなく，故野口薫先生の主張の受け売りです。筆者は野口先生の弟子筋ではないですが，この点に関しては，野口先生の忠実な後継者です。

　近年，視覚研究においても，美や魅力についての注目度が高まっています。たとえば，ヨーロッパ視覚学会（European Conference on Visual Perception: ECVP）においては，サテライト学会として実験美学の集会（Visual Science of Art Conference：VSAC）が毎年開催されています。

　こうなりますと，筆者は水を得た魚の状態のはずなのですが，そうは問屋が卸してくれません。この法則は，筆者にとっては自明でも，他者にとっては自明ではないのです。データを取ってみても，筆者が思うような結果はなかなか得られません。筆者が弁別できる錯視の美しさを，被験者は弁別しないか，あるいは弁別する気など起きないかのようです。

　結局のところは，錯視の美しさに対する鋭敏な感受性は，少数の人だけが何らかの理由で習得する特殊な技能なのかもしれません。しかし，それが存在することは，たとえば筆者が新しい錯視をいくつも発見してきたという事実が証明しています。何しろ，筆者は，錯視を見つけ，刺激の精度を上げるために，錯視の美しさや魅力をプローブとして，最大限利用しているからです。要するにカンニングです。知的能力だけで錯視の研究開発ができるものなら，筆者より「頭の良い人」は大勢いるので（これは謙遜ではない），筆者の出番はなかったはずです。

　ここで，少しアプローチを変えてみたいと思います。この命題，いや仮説をデータで証明するのではなく，理詰めで考えるのです。

　たとえば，渦巻き錯視を考えます。渦巻き錯視とは，同心円が渦巻きに見え

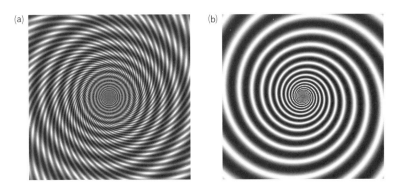

図Ⅱ-37　渦巻き錯視（同心円パターンが渦巻きに見える錯視）図形(a)と，その錯視的に知覚された渦巻きに近いベルヌーイの渦巻きパターン(b)

る錯視のことです。図Ⅱ-37(a)は，ツェルナー錯視を用いた渦巻き錯視です。高周波の誘導斜線は，時計回りに回転して中心に向かう急角度のベルヌーイの渦巻きですが，低周波の被誘導パターンすなわち同心円は，反時計回りに回転して中心に向かう緩い角度のベルヌーイの渦巻きに見えます。渦巻き錯視は，不思議で美しくて魅力的とされていると思いますが，「美しくて魅力的」の部分は，渦巻きパターンを見たときの評価そのものでしょう。

図Ⅱ-37(b)は，図Ⅱ-37(a)を観察したときの渦巻き知覚にマッチさせた渦巻きパターンです。筆者の見えに合わせたものなので，読者の皆さんとは異なるかもしれません。図Ⅱ-37(b)の渦巻きパターンは，中心と接線の成す角度は82度で，4本の渦巻き線でできています。筆者には美しく見えます。どぎつくも見えますが。

このような説明のやり方なら，「錯視は美しい」という仮説の説得力が増すかもしれません。もっとも，このアプローチは，美しさの由来を第三者に求めることによって，「錯視自体に美しさの萌芽があるかもしれない」という検証の難しい考え方を回避しています。いわば話のすり替えですので，留意が必要です。

(北岡明佳)

デザイン：活字の美しさ

Ⅱ-38

書体のデザイン

　書体とは「字形に一定の様式・デザインを施したもの」であり，字形とは「手書き，印字，画面表示などによって実際に図形として表現したもの」で，字体（図形文字の図形表現としての形状についての抽象的概念）を目に見える形にしたものです。似たような概念であるフォント（font）は，金属活字（活字を印刷する際に利用していた金属に刻まれた活字）が使われていた頃に誕生した言葉で，「同じサイズで，デザインの同じ活字の一揃い（大文字・小文字・イタリック・数字等）」を指していました。本来，書体は文字の形のスタイル（特徴）を表現する概念であり，フォントは字形のセットを表す概念だったのですが，現在は，デジタル化した書体をフォントと呼ぶようになったため，書体もフォントも同じ意味で使われるようになってきています。

　書体は，形状やウエイト（太さ）等によって分類できます。形状を大別すると，欧文の場合にはセリフ（文字のストロークの端にある小さな飾りあり；例 **DESIGN**）とサンセリフ（飾りなし；例 **DESIGN**）に，和文の場合は明朝体とゴシック体に分けることができ，字形の細部の特徴によって，丸ゴシック体，筆書体，デザイン書体等に細分化されます。また，字形が同じでも，太さ（ウエイト）の異なる書体が用意されている場合があります。字形が同じでウエイトの異なる書体をまとめて「ファミリー」と呼びます。和文の場合，文字高と文字幅が等しい正方形の領域（仮想ボディ）内に文字が収まるようにデザインするのが一般的ですが，狭い文字幅内にデザインするコンデンスという書体も存在しています(2)（図Ⅱ-38参照）。

　書体には大別すると2つの用途があります。教科書，本，新聞等のボディ（本文）を読むことを目的としたボディタイプ（本文書体）と，看板，ポスター，雑誌の見出し等の自由な表現やインパクトを演出するディスプレイタイプ（ディスプレイ書体）です。

　本文書体に要求される機能は，視認性（legibility）や可読性（readability）で，

148

Ⅱ-38　書体のデザイン

ヒラギノ角ゴシック W3	DNP 秀英明朝 M
読みやすいフォント	読みやすいフォント
游ゴシック体 M	平成明朝 Std W3
読みやすいフォント	読みやすいフォント
UD 新丸ゴ M （UD フォント）	TBUD 明朝 Std M （UD フォント）
読みやすいフォント	読みやすいフォント
ゴシック体	明朝体

コンデンス書体および異なるウエイトの書体

UD 新ゴL	UD 新ゴL	UD 新ゴL
美しい書体	美しい書体	美しい書体
UD 新ゴR	UD 新ゴR	UD 新ゴR
美しい書体	美しい書体	美しい書体
UD 新ゴM	UD 新ゴM	UD 新ゴM
美しい書体	美しい書体	美しい書体
UD 新ゴB	UD 新ゴB	UD 新ゴB
美しい書体	美しい書体	美しい書体
＜オリジナル＞	＜コンデンス 90＞	＜コンデンス 70＞
（正体：幅と高さが同じ）	（90％の文字幅にデザイン）	（70％の文字幅にデザイン）

図Ⅱ-38　様々な書体の例

注：M，L，R などは太さ（ウエイト）を示している。

誤認せずに，長時間の読書にも耐えられる必要があります。一方，ディスプレイ書体に要求される機能は，誘目性（attention）や印象性（impressiveness）で，目立って印象に残る必要があります。

　書体をデザインする際，書体デザイナーは用途や対象によって様々な工夫を行っています。(3) トメ・ハネ・ハライが筆で書いたように表現されているかどうか，画数の異なる漢字が同じ大きさや濃さに見えるようにデザインされているかどうか等の工夫があります。また，様々な文字種を組み合わせてレイアウトする際にも様々な工夫がなされています。(4) たとえば，特定の文字が組み合わせたときに「空間」が不自然に見えないようにカーニングという文字間隔の調整が行われたり，スペースが入っていない日本語の文章を読みやすくするために，漢字，平仮名，片仮名等の大きさのバランス（漢字，平仮名，片仮名の順番）を考えてデザインが行われています。文字種によって大きさが異なっていることは，文章の構造を理解するうえで役立っていると考えられます。

　書体のデザインは，用途だけでなく，どのようなユーザーを想定するかによって異なります。近年，視機能が低下している障害者や高齢者を含め，多様なユーザーを想定してデザインされた UD（ユニバーサルデザイン）フォントも注目を集めています。(5) 書体のデザインは，従来から，ユーザーによる評価を繰り返して作成されていましたが，UD フォントが登場してからは，様々な用途を想定し，多様なユーザーを対象に実験を実施しつつ改良を繰り返す取り組みが増えてきています。(6) また，日本語の UD フォントのノウハウを他の言語（中国語簡字，中国語繁体字，韓国語）に適応する取り組みも出てきています。（中野泰志）

149

デザイン：質感・高級感

Ⅱ-39

真珠の美

　宝石は好きですか？　特段好きではないという人でも数ある宝石のなかから一番美しいものを選ぶことができるかもしれません。美しさだけでなく，海底に棲む貝から採れるという真珠の神秘性は昔から人々を魅了してきました。奈良時代に成立した古事記や万葉集にも真珠に関する記述，歌があるそうです。[(1)]現在，私達が目にする真珠の多くは球形の養殖真珠ですが，真珠養殖の技術が確立されたのはおよそ百年前のことです。養殖真珠は貝殻を丸く削った核とピースと呼ばれる貝の外套膜（ひらひらした部分，いわゆる「貝ひも」）の切片を母貝に挿入することで作られます。母貝のなかでピースは細胞分裂を繰り返し，核を包み込む真珠袋を形成し，分泌物で核を何層にもコーティングします。この分泌物からなる層を真珠層といい，真珠層の一枚一枚の厚さが均一でたくさんあるほど上質な美しい真珠になります。その理由は，真珠特有の虹のような輝き（真珠の鑑定士はこれを「テリ」と呼び，光学的には「干渉色」や「構造色」といいます）の強さと色味が真珠層の状態によって決まるからです[(2)(3)]（図Ⅱ-39(a)）。

　真珠の価格は売り手である鑑定士や加工業者が形，大きさ，テリなどに関する基準にもとづいて決めています。希少性や生産コストも影響しますが，価格の大部分には真珠の美しさが反映されているはずです。もし，もっと美しい真珠が他にあるのにと思いながら高額というだけで高いお金を払っているなら残念なことです。果たして，専門家の見立てと一般人の見立ては同じなのでしょうか。

　私たちは，大きさ，色（干渉色ではなく地の色），形がほぼ同じ10個の真珠を専門家（養殖業者と加工販売業者，すべて男性）と一般人男性に，良いと思った順番に順位をつけてもらう実験を行いました。[(4)]真珠を観察する環境を統一するため，すべての参加者に同じ照明環境の実験室内で課題を行ってもらったところ，一般人の半数は専門家と同じように真珠を評価し，残りの半数は専門家とほぼ真逆の評価をしていました（図Ⅱ-39(b)）。この図の各点は，個々の真珠に対して一般人参加者のそれぞれがつけた順位（縦軸）と専門家がつけた順位

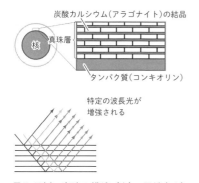
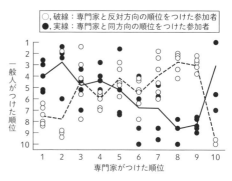

図Ⅱ-39(a) 真珠の構造（上），干渉色が生じる仕組み（下）

図Ⅱ-39(b) 専門家と同様の評価をした一般人と反対の評価をした一般人

（横軸）を示しています。専門家と一般人の順位が完全に一致した場合，点は右下がりの対角線になり，まったく逆の順位だった場合には右上がりの対角線になります。これはどういうことでしょうか，専門家と一般人は真珠の美しさの基準を共有していないのでしょうか。私たちは必ずしもそうとはいえないと考えています。

専門家と真逆の判断をする（できる）ということは，同じ情報を判断材料としている可能性が考えられるのです。実験に使用したすべての真珠について，専門家が真珠の価格を決める要素である光沢と干渉色を得点化し[3]，実験でつけられた順位がそれらから予測できるかを調べました。その結果，専門家と同様の評価をした一般人の結果も，反対の評価をした一般人の結果も全体の6割が予測できました。このことは，光沢と干渉色が真珠の価格に影響することを知らない一般人も，光沢と干渉色にもとづいて真珠の良し悪しを判断していた（しようとしていた）ことを示唆しています。最終的な判断は分かれましたが，真珠の美しさの根源となる情報は，専門家と一般人の間で共有されていると考えてよさそうです。

ここで紹介したような質感の知覚や認知に関する研究は，心理学だけでなく工学や医学など様々な分野で近年盛んに行われています。「ものづくり」の伝統があることもあり，日本は質感研究が最も盛んな地域の一つです。様々な分野の研究者が知識と技術をもち寄ることで質感研究が成果を挙げ，私たちの認知や感性について多くのことが明らかになっていくことが期待されています。（谿　雄祐）

デザイン：トレーのデザイン

Ⅱ-40

高級感のある水切りトレー

　高級感のあるデザインとはどのようなものでしょうか？ ここでは，シンプル機能の水切りトレーのデザイン決定経緯を通して高級感のある形状の決め方をみてみましょう。

　この商品は，水を切るスノコ状の部材とその水受けで構成されます。スノコ状の製品としては，ザルやグリルなど規則的で安っぽい印象の意匠が多いです。しかし今回，ターゲットはデザインが好きな主婦で，お洒落なキッチンに置くという設定として，ターゲットの特性から「高級感のある形状」が必要であると考えました。はじめに，高級感のある形状にするために，一番目につくスノコ穴のデザインを考えることにしました。多くの形が集まって集合体となっているもので，高級感を感じる模様を集めてみました。統一感がありながらも，一つひとつが微妙に異なる形の集合体で，並び方が不規則なものが多いことがわかりました。石畳，ヨーロッパの街路図，動物の柄や葉の葉脈などです。デザイン検討では，石畳，ヨーロッパの街路図は風流，伝統，高質感，ステイタスが感じられるとして，これらを元に不定形穴－不規則配列タイプとして図Ⅱ-40①「街路モデル」をデザインしました。また，他にも比較する案が必要と考え，定形穴－規則的配列タイプ（②，③）を追加し，3つについてアンケート評価をすることにしました。[(1)]

　アンケート回答者は，インテリアやデザインに関心のある30代から40代の女性16人です。アンケートは，形に関する複数のイメージワードで評価し，全員の平均を出しました。高級感，品があるというワードを最も感じるモデルは「街路モデル」でした。回答者の意見には「複雑な手の込んだ感じが高級に感じる」とあり，当初想定した通りとなりました。「円形モデル」はやさしい，親しみやすい，というワードで高い評価があり，かつ，安っぽい，平凡というワードも高い評価でした。一方「街路モデル」は高級感がある，のワードで評価が高かったことに加え，つめたい，親しみ難いという評価も高いことがわかり，高級感を出すには一見ネガティブに感じる親しみにくく，つめたい印象を加味するとよいという新たな見解を発見することができました。

II-40 高級感のある水切りトレー

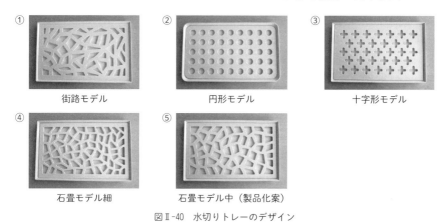

図II-40 水切りトレーのデザイン

　次の段階では評価結果を元にデザインをより良くしていきました。被験者の意見では「街路モデルはトゲトゲした印象が気になる，汚れが溜まりそう」という意見があったので，穴を4辺形状に統一して，密度の違いのある「石畳モデル細」(図II-40④)「石畳モデル中」(図II-40⑤) のモデルを作成し，アンケートを実施しました。「石畳モデル細」は，「複雑感が出て気持ち悪い」という意見が多く，「石畳モデル中」は「バランスがよい，安定感がある」との意見で評価が高い結果になりました。このようなプロセスを経て，高級感と美しさと安定感をもち合わせたスノコ形状が導き出されました。

　高級感のある形状は，様々ありますが，集合形状の場合は，定形穴よりも不定形，規則的配列よりも不規則的配列が高級感を感じるということがわかりました。高級感を感じる模様としてあげた石畳は，職人が伝統技術を活かし手間隙をかけたということで高質感を感じ，動物の柄や葉脈など自然物は，長い年月をかけて進化した偉大さを感じ，それらから高級感を感じます。また，高級感を感じる集合形状として不定形―不規則配列なら何でも良いわけではなく，まとまりや安定感も非常に重要な要素です。

　デザイン案を複数製作し，アンケートをすることでふさわしい案に絞り込む方法は，デザインの現場ではよく行われています。この場合，一番大切なことは，ターゲットに近い回答者を選抜することであり，これが信憑性のある結果を生むことになります。

(橋田規子)

デザイン：パッケージング

Ⅱ-41

視線からみえてくる食品パッケージのデザイン

　食品のパッケージはなかに入れられている食品を保護する目的のほかに，商品の魅力や正しい摂取方法を消費者に伝えるという重要な役割を担っています。このため，各メーカーはパッケージに魅力的なイラスト・写真を掲載したり，キャッチフレーズを書き込んだりするなど，様々な工夫をしています。さらに，それらの工夫が消費者にきちんと伝わっているかどうかを調べるため，商品化にあたってパッケージを見ている間の消費者の視線を調べています。

　実際のところ，視線計測はパッケージのデザインにどの程度役に立っているのでしょうか？　ある食品メーカーでは，視線計測の結果に基づいて食用油のパッケージデザインをリニューアルしたところ，食用油の売上が 3 割，オリーブオイルの売上が 1 割も増加したそうです。このメーカーでは複数のデザイン案を作成後，視線計測の実験を行いました。実験では PC 画面に従来デザインと新デザイン案 1 点を左右に並べて提示し，「体によさそうに感じられるのは？」「品質が良いと感じられるのは？」「おいしいそうに感じられるのは？」「キッチンや食卓に置きたいと思うのは？」などと被験者に質問しました。その際の被験者の視線を計測したところ，原料であるひまわりやオリーブに視線が集中していたことから最終的にひまわりとオリーブを大きく描いたデザインが採用されたそうです。イラストを大きく描きこむことによって消費者の視線を繰り返し引き付け，「単純接触効果（I–2 参照）」や「視線のカスケード効果」によって商品の魅力を増すことに成功したのかもしれません。

　一方で，視線計測を商品の安全性向上に役立てる試みも行われています。パッケージには食品の原材料や栄養成分，賞味期限などの情報が記載されており，消費者はこれらの記載情報をもとに食品の安全性を評価しています（図Ⅱ-41）。これらの情報の記載方法は法令によって定められていますのでメーカーが工夫できる余地は限られていますが，それでも文字を見やすくしたり，わかりやすい場所に表示するなどの改良を行い，その効果を視線計測で検証する試みが行

Ⅱ-41　視線からみえてくる食品パッケージのデザイン

　食品表示に消費者の視線を引き付けるためには，消費者の行動傾向を理解することも重要かもしれません。食品のパッケージには「特定保健用食品（からだの生理学的機能などに影響を与える保健機

図Ⅱ-41　食用油のパッケージデザインの一例

能成分を含む食品）（消費者庁ホームページ）」であることを表すトクホマークが表示されていることがあります。トクホマークは「おなかの調子を整える」などの機能を表示することを消費者庁が審査をしたうえで認めたことを表していますので，食品を購入する際にこのマークの有無を考慮する消費者も多いと思います。トクホマークのついている食品は割高でもよく売れる現状を考慮しますと，トクホマークは食品のもつ保健機能を一目でわかるように伝えているといえるかもしれません。しかし，筆者らの研究では，トクホマークを注視した消費者は食品の原材料や栄養成分，賞味期限などの情報を注視しなくなる傾向が見られました。[3]トクホマークのもつ「お墨付き」のような効果が消費者を安心させ，詳しい情報を調べようとする意欲を減らしてしまうようです。トクホマークがついている食品でも賞味期限を大幅に過ぎていたら安全とはいえませんので，消費者は両方よく見るべきだといえるでしょう。2015年には「安全性の確保を前提とし，科学的根拠にもとづいた機能性が，事業者の責任において表示（消費者庁ホームページ）」される「機能性表示食品」制度も始まりました。機能性表示食品には国の審査はありませんが，パッケージの目立つところに「機能性表示食品」と書かれていると，トクホマークと同様，消費者はそこだけを注視してしまい，賞味期限等は見なくなってしまうようです。[4]こうしたお墨付き的なシンボルと，原材料・栄養成分・賞味期限等の詳細情報の両方に消費者の視線を自然に誘導できるようにするためには，さらなるパッケージデザインの改良と，消費者の行動傾向の理解が必要だと思われます。　　　（小山慎一）

デザイン：車

Ⅱ-42

こころと身体を活性化させる車づくり

　車づくりにおいて，「人の身体構造にもとづいた車内デザイン」のような，
人間工学にもとづく人を中心とした車づくりが行われるようになってきました。
また，認知心理学や認知神経科学的な知見を人間工学に取り入れていく，「ニ
ューロエルゴノミクス」という新たな研究分野も始まっています。たとえば，
注意や複数の感覚の統合に関する心理学的知見を応用し，聴覚と触覚のように
複数感覚を組み合わせた警告システムの有効性が示されています。[(1)]日本でも，
人の感性についての知見を製品やサービスに生かす感性工学が創始され，[(2)]近年，
感性に関わる脳メカニズムに関する知見を車などのものづくりに取り入れてい
く取組みが，広島大学とマツダを中心としたグループで行われています。[(3)]

　では，そもそも感性とは何でしょうか？　その一定の定義は今のところ存在
しませんが，「鋭い感性」「豊かな感性」といった表現に象徴されるように，人
が受け取る情報に対する気づきとその評価が人の感性を作り出していると考え
られます。人の受け取る情報には「外からの情報（五感）」と「身体内部の情
報に基づく感情情報」がありますが，私たちは常にそれらを予測し，実際の情
報との比較を行っているといわれています。ここで予測との違いが生じたとき，
それに対する気付きがきっかけとなって情報に対する評価が行われ，「ワクワ
ク感」，「快適感」のような「感性語」がラベルづけされると考えられます。

　感性を車づくりに生かすためには，感性への入力に関わる知覚のメカニズム
を精緻にモデル化し，入力された情報が評価に至るまでのメカニズムを明らか
にする必要があります。たとえば，私たちは車の内装を見たとき，一見してあ
る程度それが上質そうか判断を下すことができます。ヒトの視覚系で処理され
ている情報と考えられているP-S統計量を利用すれば，[(4)]一般に高級といわれ
ている車が視覚野で処理される輝度や構造の変化といった2つの情報量にもと
づく平面のなかのある領域に分布します。つまり，上質感は知覚過程における
情報量によってある程度説明可能であり，これを利用すれば乗る人に上質感を

156

与えられる車づくりが可能になると考えられます。一方で、感性評価において不必要な入力情報はノイズとなります。たとえば、車の視界デザインにおいては視覚的注意を不必要に引く情報を少なく

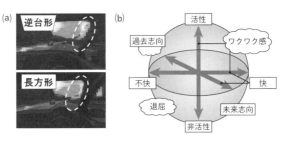

図Ⅱ-42 (a)逆台形と長方形の窓枠におけるサリエンシーマップ，(b)ワクワク感の三軸モデル

するべきでしょう。視覚的注意を数理的にモデル化したサリエンシー（顕著性）マップ[5]を用いると、目立つ、すなわち自動的に注意が引かれる場所を可視化できます。たとえば、車が移動すると、フロントガラス越しに視覚的な情報の流れ（オプティカルフロー）が生じます。フロントガラスの窓枠にオプティカルフローが当たると、窓枠の柱沿いにオプティカルフローが上昇する成分を生じさせます。この成分は逆台形の窓枠で多く発生し、サリエンシーマップを適用するとそのような箇所に注意が引かれることがわかりました（図Ⅱ-42(a)）。さらに、fMRI実験で逆台形の窓枠で長方形の窓枠より注意に関わる脳領域が活動することから、逆台形の窓枠で無用の負荷がかかっていることが示唆されました[6]。

では、車を運転する楽しさや、ワクワク感のような感性の状態はどのようにすれば可視化できるでしょうか？ ワクワク感とは未来に起こる事象に対するポジティブで活性の高い感情を伴った予期状態と定義できます。したがって、快、活性および期待の高い状態をワクワク感とすれば、快、活性と期待の度合いを反映する脳からの情報で、ワクワク感を可視化できるということになります。広島大学とマツダのグループではfMRI実験と脳波実験によって、快、活性、期待の三軸を反映する脳活動を調べ、脳波によるワクワク感の可視化に成功し、実車実装実験も行っています[7][8]（図Ⅱ-42(b)）。これにより、ドライバーの感性状態に応じて車の操縦性を変え、よりワクワクするような車も実現可能になります。このように、安心・安全はもちろん、車に乗ることにより人の心と体を活性化させる、魅力のある車づくりは、従来の人間工学・感性工学に脳の知見を取り入れた感性脳工学によって可能になると考えられます。（笹岡貴史）

デザイン：不気味の谷

Ⅱ-43

人間らしいが人間ではない不快

　私たちの社会は人間だけで成り立ってはいません。動物や植物やその他多くの構成員からなる共生社会です。そして近年ではそのメンバーにロボットが加わろうとしています。彼らは社会の機能の一部を人間に代わって行うものであり，非常に重要な役割を担っています。しかしながら，私たちはしばしば彼らに否定的な感情をもつことがあります。それは恐怖のような，嫌悪のような，あるいは言いしれない何かかもしれません。このことは工学者や科学者の間でも知られており，その感情は「不気味」であると考えられています。特に，ロボットの見た目やしぐさが人間にある程度似てきたときに急激に生じる不気味さが注目されており，その感情の悪化と回復の様子から「不気味の谷」という現象名で呼ばれています（図Ⅱ-43(a)）。

　人間に似た人間の創造物が不気味に感じられる現象は，何も近年になって突然起こりはじめたものではありません。ホフマンの『砂男』という作品では，美しき機械人形オリンピアについてその不気味さが様々に形容されます。新美南吉の『狐』は，はっきりと「ぶきみ」という言葉を使って，まばたきをする人形のことを描写しています。こうした文学作品における例は枚挙に暇がなく，その背景には実際に製作される人形がどんどん精巧になるにつれ，それらに対し人々がこのような印象を抱いていたことが示唆されます。

　それではなぜ不気味の谷が生じるのでしょうか。その心理学的メカニズムとはどのようなものなのでしょうか。現在のところ多くの学説が提案されていますが，ここでは分類困難仮説というものに注目してみたいと思います。この仮説では，対象を既知のカテゴリに分類できず，新たに分類するためのカテゴリを創設せざるを得なくなった場合に，その対象を回避しようとする反応が生じると考えられています。その方が，何か未知のものに無闇に接近していくよりも安全性が高いことは想像に難くないはずです。この仮説を支持する証拠として，未知のものを避けようとする人ほど分類困難なものに対して強い不気味さ

を感じやすいことが示されています。[5]

このように分類困難だと不気味であると感じることは，実験室の外でもしばしば語られます。たとえばダーウィンは『ビーグル号航海記』にて，南米のあるクサリヘビの一種に嫌悪感を覚えることについて，ヘビの頭部が人間の顔と類似した特徴をもっている一方，人間でないことも明らかであるためと説明しています。[6]イェンチュは『砂男』のオリンピアが不気味な理由として，ヒトかどうかが不確実であるという「定位の欠如」をあげています。[7]山田らは，呈示された果実がイチゴかトマトか分類できない際に，それを食べたくなくなることを示しています。[8]彼らはさらに，犬を写真・漫画・ぬいぐるみの各ペアのモーフィング画像をつくり，それらがいずれかに分類できない際にも不気味さが喚起されることを示しました。[3]これらの記述や事実が示すのは，対象がロボットでなくても，人間に関係していなくても，とにかく分類困難なものは回避されるということです（図Ⅱ-43(b)）。

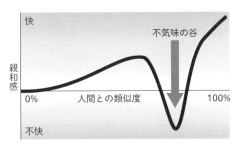

図Ⅱ-43(a)　不気味の谷の概念図

図Ⅱ-43(b)　分類できない「何か」は不気味である
注：顔はネズミだが，胴体は異なる生物にみえる。

このことは現代社会に大きな問題を投げかけます。今，世界は様々な差別を乗り越えようとしており，様々な困難を抱えた人々を包み込むインクルーシブな社会を目指そうとしています。単に分類が難しいというだけでどのような対象も回避されてしまうという感情反応（つまり不気味の谷）の存在は，明らかにこの世界の実現にブレーキをかけるものです。「不気味の谷」の理解とともに，それを乗り越える術を含めて様々に議論が必要なときです。

（山田祐樹）

デザイン：食べ物の見た目・鮮度

Ⅱ-44

食べ物がインスタ映えするメカニズム

　SNS，テレビ，書籍には食品の情報があふれていますが，文字媒体以上に目をひくのは画像や動画でしょう。日本で2011年から2013年に Twitter に投稿された約10億件のツイートを分析した結果，典型的な食品名を含む画像 URL 付のツイートでの出現頻度のトップ3は①ラーメン，②カレー，③お寿司でした。⁽¹⁾日本人が大好きな食品が並んでいます。私たちは好きな食品を見たいし，人に見せたいのでしょう。インスタ映えするかが食品の売上げの命運を握る要素として食品メーカーや飲食業から注目されています。それ以前から，生鮮食品売場では高級な牛肉は黒いトレイに盛られ，赤さや脂の美しさを強調することは定石でした。このように食品の魅力を感じるために視覚がおおきな役割を果たしています。ここでは食品の魅力に関係する視覚的な要因について解説します。

　お肉の赤さや果物の色を強調するとおいしそうに見えるようです。熟した赤い果実は，緑色の果実よりも葉のなかから簡単に見つけられますが，赤い実と緑の実の間に形やツヤには大きな差は感じません。霊長類の色覚は，熟した果実を検出するために発達したと考える人もいます。この考え方にもとづくと霊長類の色覚による食品の魅力の認識は進化の過程である程度は培われたともいえます。人間の食品の認識に色覚が強い影響を及ぼすのは，典型色によることが多いです。典型色は，既知の物体に紐づけられた色として記憶に保持される色です。⁽²⁾たとえばリンゴは赤い，バナナは黄色いというように，様々な食品に典型色が紐づいています。典型色による視覚的な物体の認知の発達は早く，生後6カ月には成立しているようです。⁽³⁾典型色は食品や飲料の味やにおいの感じ方にも影響を与えます。たとえば，ワイン醸造学科の学生にワインの味を評価させるときに，赤く着色された白ワインを紛れ込ませると，学生たちは赤ワインに使われる言葉で赤い白ワインを評価します。⁽⁴⁾色覚による食べ物や飲み物の感じ方への影響は，テイスティングの訓練を受けた者でも逃れられないのです。考えてみれば，かき氷のメロン味やレモン味のシロップの色は実際の果汁の色

II-44 食べ物がインスタ映えするメカニズム

を考えると,ありえないくらい鮮やかです。食品でのこのような色使いは,逆説的に私たちの食の認識に視覚的なイメージが重要であることを示しています。

色以外にも食品の魅力を左右する要因として鮮度があります。私たちは日常的に食品の鮮度を見た目で判断しています。その判断の手掛かりとして物体の画像の輝度ヒストグラムが関わるようです。輝度とは物体表面の明るさです。

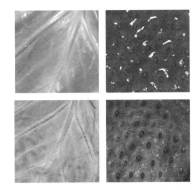

図II-44 鮮度が異なるキャベツとイチゴの画像

デジタル画像では,各ピクセルに固有の輝度が存在しています。グラフの横軸に輝度,縦軸にその輝度をもつピクセルの個数をとったものを輝度ヒストグラムといいます。これが光沢感の視知覚の手がかりになります。食品でも同様の傾向があり,キャベツやイチゴでは時間に伴う輝度ヒストグラムの変化と知覚される新鮮さをよく予測できます(6)(図II-44)。

私の知人にイチゴの種の粒々も気持ち悪いと感じる方がいます。このような一定のパターンへの不快感は近年話題になっているブツブツのパターンを見ると嫌悪感を感じるトライポフォビア(II-29参照)も関係していそうですが,それにもかかわらず,ほとんどの方にとってイチゴはおいしそうに見えます。これは「イチゴはおいしい」という経験や知識があるため,その外観もおいしそうに見えるのでしょう。著者らは,個人ごとに食経験が大きく分かれる昆虫食品の画像の印象を日本に在住の方1,479名を対象に行ってみました。この結果,摂食経験のある昆虫はイナゴが28.4%,ハチの子10.8%,蚕の蛹4.0%,セミ1.6%でした。さらにイナゴに対して"おいしそう"に見えた人の割合は10%程度でしたが,他の昆虫については摂食経験者数が減るのに伴ってその割合が減りました。逆に摂食割合が減るのに従って,"食品にみえない"などの,食品としてネガティブな評価をする人の割合が上昇しました。つまり食品を見て「おいしそう」と感じるためには,その食材への馴染みが必要なのです。多くの人が食品らしく感じるものを対象とした,素材感や色つやを強調するように工夫した画像がインスタ映えするのでしょう。

(和田有史)

デザイン：希少品の価値と選択

Ⅱ-45

レアな商品の魅力

　筆者が2000年に広島東洋カープの試合を観に行ったとき，試合開始直前であったにもかかわらず並ばずにチケットを購入することができました。しかし，2018年になった今では，チケットの発売日の数日前から夜を徹して並ぶ人たちがいます。実際，チケットを入手することは難しく，定価の数倍の価格でチケットが取り引きされることもあるようです。では，なぜ人々は身体的・金銭的コストを支払ってでもチケットを手に入れたいと思うようになったのでしょうか。そして，それまで魅力のなかった（あるいは低かった）モノが，なぜ人々を惹きつけるようになったのでしょうか。これらの現象には，カープが強くなって人気球団になったという事実に加えて，「希少性」が大きな影響を与えていると考えられます。

　対象の入手が困難であるために，その対象の魅力や価値が高まることは希少性の原理と呼ばれます。希少性の原理を生み出す心理メカニズムについては，これまでに様々な説明が提案されていますが，基本的にこの原理は古典的なミクロ経済学の理論では説明できません。なぜなら，自由経済において需要をコントロールするものは価格であり，供給ではないと考えられてきたからです。つまり，消費者の選好は供給とは独立であると仮定されてきました。しかし実際には，供給が少なく希少なモノに対して人々はより魅力を感じます。このように希少性の原理は，消費者の選好や意思決定が対象の真の価値や価格のみならず，その希少性にも依存することを如実に示しています。

　たとえば，スーパーマーケットで「一人あたり〇個まで」という制限を加えた広告を打ったときの方が，制限を加えない広告を打ったときよりもその商品の売り上げはアップしたという報告があります。また，レストランで「今年のサービス」よりも「本日限定のサービス」というより強い制限を加えた文言で商品を宣伝したときの方が，その商品の売り上げはアップしたことが報告されています。
　さらに，ファンハーペンらは希少性とそれが生まれた文脈を視覚的に操作し

162

て，それらが消費者の選好に与える影響を調べました。通常条件では9本のワインが棚に隙間なく並

図Ⅱ-45 ファンハーペンらが用いた刺激(4)

んでいました（図Ⅱ-45の真ん中）。需要ベースの希少条件では3本のワインが棚に並んでおり，棚にはスペースがありました（図Ⅱ-45の左）。このスペースによって，他の消費者がそのワインをすでに購入した（すなわち，需要の結果として希少性が生まれた）ことを暗に表しました。供給ベースの希少条件では3本のワインが棚に隙間なく並んでいました（図Ⅱ-45の右）。これによって，このワインの入荷がもともと少ない（すなわち，供給の結果として希少性が生まれた）ことを暗に表しました。その結果，消費者が日常的な消費としてワインを購入する場合，希少性は選好に一貫した影響を与えませんでした。しかし，非日常的な目的（特別な友人の歓迎など）でワインを購入する場合，希少性が生まれた文脈（需要ベースか供給ベースか）にかかわらず，消費者は通常条件よりも希少条件のワインをより多く選択することがわかりました。つまり，購買の目的に応じて消費者の選好は希少性の影響を受けること，そしてその影響は希少性が生まれた文脈とは無関係であることが示されました。このように希少性の原理は，広告などの言語情報がなくても，視覚情報のみによって（ワインに限らず）生じることが明らかにされています。(5)

　希少性の原理は消費者の選好に大きな影響を与えるため，マーケティング実務において応用可能です。一般的に，消費者は明示的な説得メッセージを含む広告を避ける傾向があるといわれています。(6)なぜなら，自身の意思決定や行動を他者に操作されることを嫌うからです。しかし，消費者に対して視覚情報によって希少性をアピールすることができれば，それは暗黙的な説得メッセージになり，商品に新たな魅力を付与することができます。広島東洋カープのチケットの場合は実際に入手困難になったケースですが，企業や小売店が「入手困難であること」をあえて消費者に認知（あるいは錯覚）させることが，ローコストで効果的な販売戦略になるかもしれません。

(有賀敦紀)

文 献 一 覧

Ⅰ-1　物の上手は好きの元

（1）Reber, R., & Schwarz, N. (1999). Effects of perceptual fluency on judgments of truth. *Consciousness and Cognition*, **8**, 338-342.

（2）Jacoby, L. L., Kelley, C., Brown, J., & Jasechko, J. (1989). Becoming famous overnight: Limits on the ability to avoid unconscious influences of the past. *Journal of Personality and Social Psychology*, **56**, 326-338.

（3）Oppenheimer, D. M. (2006). Consequences of erudite vernacular utilized irrespective of necessity: Problems with using long words needlessly. *Applied Cognitive Psychology*, **20**, 139-156.

（4）Zajonc, R. B. (1968). Attitudinal effects of mere exposure. *Journal of Personality and Social Psychology*, **9**, 1-27.

（5）Rhodes, G., Halberstadt, J., & Brajkovich, G. (2001). Generalization of mere exposure effects to averaged composite faces. *Social Cognition*, **19**, 57-70.

（6）Pliner, P. (1982). The effects of mere exposure on liking for edible substances. *Appetite*, **3**, 283-290.

（7）Tom, G., Nelson, C., Srzentic, T., & King, R. (2007). Mere exposure and the endowment effect on consumer decision making. *The Journal of Psychology*, **141**, 117-125.

（8）Cutting, J. E. (2003). Gustave Caillebotte, French impressionism, and mere exposure. *Psychonomic Bulletin & Review*, **10**, 319-343.

（9）Zajonc, R. B., Shaver, P., Tavris, C., & van Kreveld, D. (1972). Exposure, satiation, and stimulus discriminability. *Journal of Personality and Social Psychology*, **21**, 270-280.

（10）Szpunar, K. K., Schellenberg, E. G., & Pliner, P. (2004). Liking and memory for musical stimuli as a function of exposure. *Journal of Experimental Psychology: Learning, Memory, and Cognition*, **30**, 370-381.

（11）Berlyne, D. E. (1970). Novelty, complexity, and hedonic value. *Perception & Psychophysics*, **8**, 279-286.

（12）Kunst-Wilson, W. R., & Zajonc, R. B. (1980). Affective discrimination of stimuli that cannot be recognized. *Science*, **207**(4430), 557-558.

（13）Reber, R., Winkielman, P., & Schwarz, N. (1998). Effects of perceptual fluency on affective judgments. *Psychological Science*, **9**, 45-48.

（14）Bornstein, R. F., & D'Agostino, P. R. (1994). The attribution and discounting of perceptual fluency: Preliminary tests of a perceptual fluency/attributional model of the mere exposure effect. *Social Cognition*, **12**, 103-128.

I-2 見れば見るほど好きになる

（1） Zajonc, R. B. (1968). Attitudinal effects of mere exposure. *Journal of Personality and Social Psychology Monograph*, **9**, 1-27.

（2） Jacoby, L. L., & Kelley, C. M. (1987). Unconscious influences of memory for a prior events. *Personality and Social Psychology Bulletin*, **13**, 314-336.

（3） 綾部早穂・河野理恵・太田信夫（2002）. 甘味の単純接触効果. 日本味と匂学会第36回大会, 581-582.

（4） 庄司 健・田口澄恵・寺嶋有史（2005）. 香りの単純接触効果. 日本味と匂学会誌, **12**, 279-282.

（5） Suzuki, M., & Gyoba, J. (2008). Visual and tactile cross-modal mere exposure effects. *Cognition & Emotion*, **22**, 147-154.

（6） Mandler, G., Nakamura, Y., & Van Zandt, B. (1987). Nonspecific effects of exposure to stimuli that cannot be recognized. *Journal of Experimental Psychology: Learning, Memory and Cognition*, **13**, 646-648.

（7） Jacoby, L. L., Kelley, C. M., Brown, J., & Jasechko, J. (1989). Becoming famous overnight: Limits on the ability to avoid unconscious influences of the past. *Journal of Personality and Social Psychology*, **56**, 326-338.

（8） Arkes, H. R., Boehm, L. E., & Xu, G. (1991). Determinants of judged validity. *Journal of Experimental Social Psychology*, **27**, 576-605.

（9） 川上直秋・永井聖剛（2017）. 見慣れた文字だと納得しやすい：筆跡の反復接触による説得効果の促進. 心理学研究, **88**(6), 546-555.

（10） Matsuda, K., Mitsuishi, N., Miura, K., & Kusumi, T. (2017). The effects of mere exposure of the mirror image on implicit self-esteem. Poster presented at 58th Annual Meeting of the Psychonomic Society. Vancouver CAN.

（11） Kunst-Wilson, W. R., & Zajonc, R. B. (1980). Affective discrimination of stimuli that cannot be recognized. *Science*, **207**, 557-558.

（12） Gillebaart, M., Förster, J., & Rotteveel, M. (2012). Mere exposure revisited: The influence of growth versus security cues on evaluations of novel and familiar stimuli. *Journal of Experimental Psychology: General*, **141**, 699-714.

（13） 八木善彦・菊池 正（2007）. 閾下単純接触効果における接触回数の影響. 日本心理学会第71回大会発表論文集, 601.

（14） 松田 憲・楠見 孝・細見直宏・長 篤志・三池秀敏（2014）. 選好に及ぼす呈示回数と背景の影響：自動車と風景画像を用いた検討. 心理学研究, **85**(3), 240-247.

I-3 Right が Right であるわけ

（1） Casasanto, D. (2009). Embodiment of abstract concepts: good and bad in right-and left-handers. *Journal of Experimental Psychology: General*, **138**, 351-367.

文 献 一 覧

（2） Corballis, M., & Beale, I. (1976). *Psychology of left and right*. Hillsdale, NJ: Erlbaum.

（3） Casasanto, D., & Jasmin, K. (2010). Good and bad in the hands of politicians: Spontaneous gestures during positive and negative speech. *PLOS ONE*, **5**, e11805.

（4） Casasanto, D., & Chrysikou, E. G. (2011). When left is "right". Motor fluency shapes abstract concepts. *Psychological Science*, **22**, 419-422.

（5） Quaranta, A., Siniscalchi, M., & Vallortigara, G. (2007). Asymmetric tail-wagging responses by dogs to different emotive stimuli. *Current Biology*, **17**, 199-201.

（6） Rogers, L. J., Rigosi, E., Frasnelli, E., & Vallortigara, G. (2013). A right antenna for social behaviour in honeybees. *Scientific Reports*, **3**: 2045.

（7） Chawla, D. S. (2017). Great paper? Swipe right on the new 'Tinder for preprints' app. http://www.sciencemag.org/news/2017/06/great-paper-swipe-right-new-tinder-preprints-app（アクセス日：2019年 7 月 1 日）

I - 4　昇れば天国，落ちれば地獄

（1） Meier, B. P., & Robinson, M. D. (2004). Why the sunny side is up: association between affect and vertical position. *Psychological Science*, **15**, 243-247.

（2） Marmolejo-Ramos, F., Elosúa, M. R., Yamada, Y., Hamm, N. F., & Noguchi, K. (2013). Appraisal of space words and allocation of emotion words in bodily space. *PLOS ONE*, **8**, e81688.

（3） Sasaki, K., Yamada, Y., & Miura, K. (2016). Emotion biases voluntary vertical action only with visible cues. *Acta Psychologica*, **163**, 97-106.

（4） Marmolejo-ramos, F., Correa, J. C., Sakarkar, G., Ngo, G., Ruiz-Fernández, S., Butcher, N., & Yamada, Y. (2017). Placing joy, surprise and sadness in space: a cross-linguistic study. *Psychological Research*, **81**, 750-763.

（5） Sasaki, K., Seno, T., Yamada, Y., & Miura, K. (2012). Emotional sounds influence vertical vection. *Perception*, **41**, 875-877.

（6） Casasanto, D., & Dijkstra, K. (2010). Motor action and emotional memory. *Cognition*, **115**, 179-185.

（7） Seno, T., Kawabe, T., Ito, H., & Sunaga, S. (2013). Vection modulates emotional valence of autobiographical episodic memories. *Cognition*, **126**, 115-120.

（8） Sasaki, K., Yamada, Y., & Miura, K. (2015). Post-determined emotion: Motor action retrospectively modulates emotional valence of visual images. *Proceedings of the Royal Society B: Biological Sciences*, **282**: 201406.

（9） Casasanto, D. (2009). Embodiment of abstract concepts: good and bad in right- and left-handers. *Journal of Experimental Psychology: General*, **138**, 351-367.

（10）佐々木恭志郎（2016）．空間と感情．三浦佳世（編）感性認知：アイステーシスの心理学．北大路書房，pp. 155-168.

Ⅰ-5 センターがエース

（1） Raghubir, P., & Valenzuela, A. (2006). Center-of-inattention: Position biases in decision-making. *Organizational Behavior and Human Decision Processes*, **99**(1), 66-80.

（2） Taylor, S. E. & Fiske, S.T. (1975). Point of view and perceptions of causality. *Journal of Personality and Social Psychology*, **32**(3), 439-445.

（3） Valenzuela, A., & Raghubir, P. (2009). Position-based beliefs: The center-stage effect. *Journal of Consumer Psychology*, **19**(2), 185-196.

（4） Inman, J. J., McAlister, L., & Hoyer, W. D. (1990). Promotion signal: proxy for a price cut? *Journal of Consumer Research*, **17**, 74-81.

（5） Meier, B. P. & Robinson, M. D. (2004). Why the sunny side is up: associations between affect and vertical position. *Psychological Science*, **15**, 243-247.

（6） Valenzuela, A., Raghubir, P., & Mitakakis, C. (2013). Shelf space schemas: Myth or reality? *Journal of Business Research*, **66**(7), 881-888.

Ⅰ-6 美人は一瞬で目を惹く

（1） Willis, J., & Todorov, A. (2006). First impressions: Making up your mind after a 100-ms exposure to a face. *Psychological Science*, **17**(7), 592-598.

（2） Nakamura, K., & Kawabata, H. (2014). Attractive faces temporally modulate visual attention. *Frontiers in Psychology*, **5**, 620.

（3） Sui, J., & Liu, C. H. (2009). Can beauty be ignored? Effects of facial attractiveness on covert attention. *Psychonomic Bulletin & Review*, **16**(2), 276-281.

（4） Slater, A., Von der Schulenburg, C., Brown, E., Badenoch, M., Butterworth, G., Parsons, S., & Samuels, C. (1998). Newborn infants prefer attractive faces. *Infant Behavior and Development*, **21**(2), 345-354.

（5） Liu, C. H., & Chen, W. (2012). Beauty is better pursued: Effects of attractiveness in multiple-face tracking. *The Quarterly Journal of Experimental Psychology*, **65**(3), 553-564.

（6） Broadbent, D. E., & Broadbent, M. H. (1987). From detection to identification: Response to multiple targets in rapid serial visual presentation. *Perception & Psychophysics*, **42**(2), 105-113.

（7） Raymond, J. E., Shapiro, K. L., & Arnell, K. M. (1992). Temporary suppression of visual processing in an RSVP task: An attentional blink? *Journal of Experimental Psychology. Human Perception and Performance*, **18**(3), 849-860.

（8） Nakamura, K., Arai, S., & Kawabata, H. (2017). Prioritized identification of attractive and romantic partner faces in rapid serial visual presentation. *Archives of Sexual Behavior*, **46**(8), 2327-2338.

（9） Barelds, D. P., Dijkstra, P., Koudenburg, N., & Swami, V. (2011). An assessment of positive illusions of the physical attractiveness of romantic partners. *Journal of Social and*

Personal Relationships, **28**(5), 706-719.

Ⅰ-7　全体としてこちらのほうがよい

（1）Ariely, D. (2001). Seeing sets: Representation by statistical properties. *Psychological Science*, **12**(2), 157-162.

（2）Whitney, D., & Yamanashi-Leib, A. (2018). Ensemble perception. *Annual Review of Psychology*, **69**, 105-129.

（3）Haberman, J., & Whitney, D. (2007). Rapid extraction of mean emotion and gender from sets of faces. *Current Biology*, **17**, 751-753.

（4）鑓水秀和・河原純一郎（2014）．グループ全体としての顔魅力知覚．認知科学，**21**(3), 314-324.

（5）Walker, D., & Vul, E. (2014). Hierarchical encoding makes individuals in a group seem more attractive. *Psychological Science*, **25**(1), 230-235.

（6）Perrett, D. I., May, K. A., & Yoshikawa, S. (1994). Facial shape and judgements of female attractiveness. *Nature*, **368**(6468), 239-242.

（7）Zajonc, R. B. (1968). Attitudinal effects of mere exposure. *Journal of Personality and Social Psychology*, **9**(2), 1-27.

（8）Ueda, Y. (2016). Ensembles of objects are stored without attention. 基礎心理学研究，**35**(1), 95-96.

Ⅰ-8　面接で有利になる順番は

（1）Page, L. & Page, K. (2010). Last shall be first: A field study of biases in sequential performance evaluation on the Idol series. *Journal of Economic Behavior & Organization*, **73**, 186-198.

（2）Bruine de Bruin, W. (2006). Save the last dance II: unwanted serial position effects in figure skating judgments. *Acta Psychologica*, **123**, 299-311.

（3）Wilson, V. E. (1977). Objectivity and effect of order of appearance in judging of synchronized swimming meets. *Perceptual and Motor Skills*, **44**, 295-298.

（4）Kenrick, D. T. & Gutierres, S. E. (1980). Contrast effects and judgments of physical attractiveness: When beauty becomes a social problem. *Journal of Personality and Social Psychology*, **38**, 131-140.

（5）Kamenetzy, J. (1959). Contrast and convergence effects in ratings of foods. *Journal of Applied Psychology*, **43**, 47-52.

（6）Parker, S., Bascom, J., Rabinovitz, B. & Zellner, D. (2008). Positive and negative hedonic contrast with musical stimuli. *Psychology of Aesthetics, Creativity, and the Arts*, **2**, 171-174.

（7）Kondo, A., Takahashi, K., & Watanabe, K. (2012). Sequential effects in face-attractiveness judgment. *Perception*, **41**, 43-49.

（8） Damisch, L., Mussweiler, T., & Plessner, H. (2006). Olympic medals as fruits of comparison? Assimilation and contrast in sequential performance judgments. *Journal of Experimental Psychology: Applied*, **12**, 166-178.

（9） Attali, Y. (2011). Sequential effects in essay ratings. *Educational and Psychological Measurement*, **71**, 68-79.

（10） Mussweiler, T. (2003). Comparison processes in social judgment: mechanisms and consequences. *Psychological Review*, **110**, 472-489.

I-9　商品写真，前から撮るか，斜めから撮るか？

（1） Palmer, S., Rosch, E., & Chase, P. (1981). Canonical perspective and the perception of objects, In J. Long & A. Baddeley (Eds.) *Attention and Performance IX*, Hillsdale, NJ: Erlbaum, pp. 135-151.

（2） Niimi, R., & Watanabe, K. (2012). Consistency of likability of objects across views and time. *Perception*, **41**, 673-686.

（3） Niimi, R., & Yokosawa, K. (2009). Viewpoint dependence in the recognition of non-elongated familiar objects: Testing the effects of symmetry, front-back axis, and familiarity. *Perception*, **38**, 533-551.

（4） Humphrey, G. K., & Jolicoeur, P. (1993). An examination of the effects of axis foreshortening, monocular depth cues, and visual field on object identification. *Quarterly Journal of Experimental Psychology*, **46A**, 137-159.

（5） Bourke-White, M., & Callahan, S. (1998). *Margaret Bourke-White: Photographer*. Little, Brown.（バーク＝ホワイト，M. ＆キャラハン，S. 原信田 実（訳）（1999）マーガレット・バーク＝ホワイト写真集．岩波書店.）

I-10　よくある見え方は好まれる

（1） Palmer, S., Rosch, E., & Chase, P. (1981). Canonical perspective and the perception of objects, In J. Long & A. Baddeley (Eds.) *Attention and Performance IX*, Hillsdale, NJ: Erlbaum, pp. 135-151.

（2） Niimi, R. & Yokosawa, K. (2008). Determining the orientation of depth-rotated familiar objects. *Psychonomic Bulletin & Review*, **15**, 208-214.

（3） Niimi, R., & Yokosawa, K. (2009). Three-quarter view are subjectively good because object orientation is uncertain. *Psychonomic Bulletin & Review*, **16**, 289-294.

（4） Blanz, V., Tarr, M. J., & Bülthoff, H. H. (1999). What object attributes determine canonical views? *Perception*, **28**, 575-599.

（5） Niimi, R., & Watanabe, K. (2012). Consistency of likability of objects across views and time. *Perception*, **41**, 673-686.

文 献 一 覧

（ 6 ） McManus, I. C., & Humphrey, N. K. (1973). Turning the left cheek. *Nature*, **243**, 271-272.

（ 7 ） Nachson, I., Argaman, E., & Luria, A. (1999). Effects of directional habits and handedness on aesthetic preference for left and right profiles. *Journal of Cross-Cultural Psychology*, **30**, 106-114.

Ⅰ-11　好まれる構図とは

（ 1 ） Svobodova, K., Sklenicka, P., Molnarova, K., & Vojar, J. (2014). Does the composition of landscape photographs affect visual preferences? The rule of the Golden section and the position of horizon. *Journal of Environmental Psychology*, **38**, 143-152.

（ 2 ） Arnheim, R. (1974). *Art and visual perception (New version)*. Berkeley, CA: University of California Press.

（ 3 ） Palmer, S. E., & Guidi, S. (2011). Mapping the perceptual structure of rectangles through goodness-of-fit ratings. *Perception*, **40**, 1428-1446.

（ 4 ） McManus, I. C., & Weatherby, P. (1997). The golden section and the aesthetics of form and composition: A cognitive model. *Empirical Studies of the Arts*. **15**, 209-232.

（ 5 ） Palmer, S. E., Gardner, J. S., & Wickens, T. D. (2008). Aesthetic issues in spatial composition: Effects of position and direction on framing single objects. *Spatial Vision*, **21**, 421-449.

（ 6 ） Bertamini, M., Bennett, K. M., & Bode, C. (2011). The anterior bias in visual art: The case of images of animals. *Laterality*, **16**, 673-689.

（ 7 ） McLaughlin, J. P., & Dean. P. (1983). Aesthetic preference in dextrals and sinistrals. *Neuropsychologia*, **21**, 147-153.

（ 8 ） Casasanto, D. (2009). Embodiment of abstract concepts: Good and bad in right- and left-handers. *Journal of Experimental Psychology: General*, **138**, 351-367.

Ⅰ-12　典型的なものが好き

（ 1 ） Rosch, E. (1975). Cognitive representations of semantic categories. *Journal of Experimental Psychology: General*, **104**, 192-233.

（ 2 ） Whitfield, T. W. A., & Slatter, P. E. (1979). The effects of categorization and prototypicality on aesthetic choice in a furniture selection task. *British Journal of Psychology*, **70**, 65-75.

（ 3 ） Farkas, A. (2002). Prototypicality-Effect in Surrealist paintings. *Empirical Studies of the Arts*, **20**, 127-136.

（ 4 ） Hekkert, P., & van Wieringen, P. C. W. (1990). Complexity and prototypicality as determinants of the appraisal of Cubist paintings. *British journal of Psychology*, **81**, 483-495.

（ 5 ） Hekkert, P., Snelders, D., & van Wieringen, P. C. W. (2003). "Most advanced yet acceptable": Typicality and novelty as joint predictors of aesthetic preference in industrial design. *British Journal of Psychology*, **94**, 111-124.

（6） Rhodes, G., & Tremewan, T. (1996). Averageness, exaggeration, and facial attractiveness. *Psychological Science*, **7**, 105-110.

（7） Boselie, F. (1991). Against prototypicality as a central concept in aes-thetics. *Empirical Studies of the Arts*, **9**, 65-73.

（8） Armstrong, T. & Detweiler-Bedell, B. (2008). Beauty as an emotion: The exhilarating prospect of mastering a challenging world. *Review of General Psychology*, **12**, 305-329.

（9） Picasso, P. (1911). Clovis Sagot　所蔵：ハンブルク美術館

（10） Braque, J. (1911-1912). Man with a guitar　所蔵：ニューヨーク近代美術館

Ⅰ-13　ほどほどのものがよい

（1） Hoge, H. (1995). Fechner's experimental aesthetics and the golden section hypothesis today, *Empirical Studies of the Art*, **13**, 131-148.

（2） Berlyne, D. E. (1971). *Aesthetics and Psychobiology*. New York: Appleton-Century-Crofts.

（3） Berlyne, D. E. (1974). *Studies in the new experimental aesthetics: Steps toward an objective psychology of aesthetic appreciation*. Washington, D. C.: Hemisphere Publishing Corporation.

（4） 近江源太郎（1984）．造形心理学．福村出版．

Ⅰ-14　美的な評価は感情である

（1） Roseman, I. J. (2001). A model of appraisal in the emotion system: integrating theory, research, and applications. In K. R. Scherer, A. Scorr, & T. Johnstone (Eds.), *Appraisal processes in emotion: Theory, methods, research*. New York: Oxford University Press, pp. 68-91.

（2） Scherer, K. R. (1987). Toward a dynamic theory of emotion: The component process model of affective states. *Geneva Studies in Emotion and Communication*, **1**, 1-98.

（3） Silvia, P. J. (2005). Cognitive appraisals and interest in visual art: Exploring an appraisal theory of aesthetic emotion. *Empirical Studies of the Arts*, **23**, 119-133.

（4） Silvia, P. J. & Brown, E. M. (2007). Anger, disgust, and negative aesthetic emotions: Expanding an appraisal model of aesthetic experience. *Psychology of Aesthetics, Creativity, and the Arts*, **1**, 100-106.

Ⅰ-15　ユーモアはどこから生まれる？

（1） Nerhardt, G. (1970). Humor and inclination to laugh. *Scandinavian Journal of Psychology*, **11**, 185-195.

文 献 一 覧

（2）Rothbart, M. K., & Pien, D. (1977). Elephants and marshmallows: A theoretical synthesis of incongruity-resolution and arousal theories of humour. In A. J. Chapman & H. C. Foot (Eds.), *It's a funny thing, humor*. Oxford: Pergamon, pp. 37-40.

（3）Shultz, T. R. (1972). The role of incongruity and resolution in children's appreciation of cartoon humor. *Journal of Experimental Child Psychology*, **13**, 456-477.

（4）Suls, J. (1972). A two-stage model for the appreciation of jokes and cartoons. In J. H. Goldstein & P. E. McGhee (Eds.), *The psychology of humor*. London: Academic Press, pp. 81-100.

（5）伊藤大幸（2010）．感情現象としてのユーモアの生起過程：統合的モデルの提案．心理学評論, **52**, 469-487.

（6）伊藤大幸（2010）．ユーモアの生起過程における論理的不適合および構造的不適合の役割．認知科学, **17**, 297-312.

（7）Wyer Jr, R. S. (2003). *Social comprehension and judgment: The role of situation models, narratives, and implicit theories*. Psychology Press.

（8）Gervais, M. & Wilson, D. S. (2005). The evolution and functions of laughter and humor: A synthetic approach. *Quarterly Review of Biology*, **80**, 395-430.

（9）Weisfeld, G. E. (1993). The adaptive value of humor and laughter. *Ethology & Sociobiology*, **14**, 141-169.

I-16　好きになったのはいつ？

（1）Johansson, P., Hall, L., Sikström, S., & Olsson, A. (2005). Failure to detect mismatches between intention and outcome in a simple decision task. *Science*, **310**, 116-119.

（2）Hall, L., Johansson, P., Tärning, B., Sikström, S., & Deutgen, T. (2010). Magic at the marketplace: Choice blindness for the taste of jam and the smell of tea. *Cognition*, **117**, 54-61.

（3）Steenfeldt-Kristensen, C., & Thornton, I. M. (2013). Haptic choice blindness. *i-Perception*, **4**, 207-210.

（4）Hall, L., Johansson, P., & Strandberg, T. (2012). Lifting the veil of morality: Choice blindness and attitude reversals on a self-transforming survey. *PLOS ONE*, **7**, e45457.

（5）Hall, L., Strandberg, T., Pärnamets, P., Lind, A., Tärning, B., & Johansson, P. (2013). How the polls can be both spot on and dead wrong: Using choice blindness to shift political attitudes and voter intentions. *PLOS ONE*, **8**, e60554.

（6）McLaughlin, O., & Somerville, J. (2013). Choice blindness in financial decision making. *Judgment and Decision Making*, **8**, 561-572.

（7）Johansson, P., Hall, L., & Chater, N. (2011). Preference change through choice. In R. Dolan, & T. Sharot (Eds.), *Neuroscience of preference and choice: Cognitive and neural mechanisms*. New York: Academic Press.

（8）Ariely, D., & Norton, M. I. (2008). How actions create-not just reveal-preferences. *Trends in Cognitive Sciences*, **12**, 13-16.

（9）Sharot, T., De Martino, B., & Dolan, R. J. (2009). How choice reveals and shapes expected hedonic outcome. *The Journal of Neuroscience*, **29**, 3760-3765.

（10）Nakamura, K., & Kawabata, H. (2013). I choose, therefore I like: preference for faces induced by arbitrary choice. *PLOS ONE*, **8**, e72071.

I-17　あの時見たものは今見ても

（1）Bower, G.H. (1981). Mood and memory. *American Psychologist*, **99**, 229-246.

（2）Bower, G.H., Gilligan, S.G., & Monteiro, K. P. (1981). Selectivity of learning caused by affective states. *Journal of Experimental Psychology: General*, **110**, 451-473.

（3）筒井美加（1997）．自己関連語における気分一致効果．心理学研究，**68**，25-35.

（4）Sakaki, M. (2007). Mood and recall of autobiographical memory: The effect of focus of self-knowledge. *Journal of Personality*, **75**, 421-450.

（5）Godden, D., & Baddeley, A. (1975). Context-dependent memory in two natural environments: On land and underwater. *British Journal of Psychology*, **66**, 325-331.

（6）MacLeod, C.　& Rutherford, E. M. (1992). Anxiety and the selective processing of emotional information: Mediating roles of awareness, trait and state variables, and personality relevance of stimulus materials. *Behavior Research and Therapy*, **30**, 479-491.

（7）「気分一致効果」が作用⁉決済完了画面のバナー広告が，"クリック率10倍"になる理由　https://www.tsuhan-marketing.com/blog/archives/153（Findstar グループ2010年 9 月28日記事．アクセス日：2018年 5 月 7 日）

I-18　流行っているものは美しい

（1）Carbon, C. C. (2010). The cycle of preference: Long-term dynamics of aesthetic appreciation. *Acta Psychologica*, **134**, 233-244.

（2）Bar, M., & Neta, M. (2006). Humans prefer curved visual objects. *Psychological Science*, **17**(8), 645-648.

（3）Cutting, J. E. (2003). Gustave Caillebotte, French impressionism, and mere exposure. *Emotion*, **5**(4), 498-502.

（4）Hunt, J. (1963). Motivation inherent in information processing and action. In O.J. Harvey (Ed.) *Motivation and social interaction*. New York: Ronald.

I-19　シンプル・イズ・ベスト

（1）Arnheim, R. (1974). *Art and visual perception: A psychology of creative eye*. Berkeley: University of California Press.

（2）Wertheimer, M. (1912). *Experimentelle Studien über das Sehen von Bewegung*. Leipzig:

Verlag von Johann Ambrosius Barth.

（3）Wertheimer, M. (1923). Untersuchungen zur Lehre von der Gestalt II. *Psychologische Forschung*, **4**, 301-350.

（4）Attneave, F. (1959). *Applications of information theory to psychology: A summary of basic concepts, methods, and results*. New York: Holt.（アトニーブ，F. 小野 茂・羽生義正（訳）（1968）. 心理学と情報理論. 丸善.）

（5）Fisher, C.B., Ferdinandsen, K., & Bornstein, M.H. (1981). The role of symmetry in infant form discrimination. *Child Development*, **52**, 457-462.

（6）Quinn, P. C., Brown, C. R., & Streppa, M. L. (1997). Perceptual organization of complex visual configurations by young infants. *Infant Behavior and Development*, **20**(1), 35-46.

（7）菅野理樹夫（2008）. 見るちから：古代のものの見方から現代の知覚論まで. 北樹出版.

（8）Kanizsa, G. (1979). *Organization in vision: Essays on Gestalt Psychology*. New York: Praeger（カニッツア，G. 野口 薫（監訳）（1985）. 視覚の文法：ゲシュタルト知覚論. サイエンス社.）

（9）三浦佳世（2007）. 知覚と感性の心理学. 岩波書店.

（10）野口 薫（編）（2007）. 美と感性の心理学：ゲシュタルト知覚の新しい地平. 冨山房インターナショナル.

Ⅰ-20　対称的なものはよい

（1）Wyle, H. (1952). *Symmetry*. New York: Princeton University Press.

（2）新井義史（2016）. 身体感覚の観点による美的形式原理の理解：抽象絵画の普遍的心理構造の検討. 北海道教育大学岩見沢校芸術・スポーツ文化学研究編集部会（編）芸術・スポーツ文化学研究，**2**，大学教育出版，pp. 3-18.

（3）Pelowski, M., Markey, P. S., Forster, M. F., Gerger, G., & Leder, H. (2017). Move me, astonish me … delight my eyes and brain: The Vienna Integrated Model of top-down and bottom-up processes in Art Perception (VIMAP) and corresponding affective, evaluative, and neurophysiological correlates. *Physics of Life Reviews*, **21**, 80-125.

（4）Rubin, E. (1921). *Visuell wahrgenommene Figuren*. Copenhagen: Gyldendals.

（5）Metzger, W. (1953). *Gesetze des Sehens*. Frankfurt: Waldemar Kramer.（メッツガー，W. 盛永四郎（訳）（1965）. 視覚の法則. 岩波書店）

（6）盛永四郎（1969）. 知覚心理学. 明玄書房.

（7）Tuch, A. N., Bargas-Avila, J. A., & Opwis, K. (2010). Symmetry and aesthetics in website design: It's a man's business. *Computers in Human Behavior*, **26**, 1831-1837.

（8）Shepherd, K., & Bar, M. (2011). Preference for symmetry: Only on mars? *Perception*, **40**, 1254-1256.

（9）Komori, M., Kawamura, S., & Ishihara, S. (2009). Averageness or symmetry: Which is more important for facial attractiveness? *Acta Psychologica*, **131**, 136-142.

(10) Gangestad, S. W., Merriman, L. A., & Thompson, M. E. (2010). Men's oxidative stress, fluctuating asymmetry and physical attractiveness. *Animal Behaviour*, **80**(6), 1005-1013.

(11) Krupinski, E., & Locher, P. (1988). Skin conductance and aesthetic evaluative response to nonrepresentational works of art varying in symmetry. *Bulletin of Psychonomic Society*, **26**, 355-358.

(12) Berlyne, D. E. (1971). *Aesthetics and psychobiology*. New York: Appleton Century Croft.

(13) Nadal, M., Muner, E., Marty, G., & Cela-Conde, C.J. (2010). Visual complexity and beauty appreciation: Explaining the divergence of results. *Empirical Studies of Arts*, **28**, 173-191.

(14) Weichselbaum, H., Leder, H., & Ansorge, U. (2018, in press) Implicit and Explicit Evaluation of Visual Symmetry as a Function of Art Expertise. *i-Perception*.

Ⅰ-21　未完の美を求める心

（1）日本民芸協会（編）（1972）．柳宗悦選集 8，物と美．春秋社．

（2）宮本武蔵（1970）．枯木鳴鵙図（久松真一著作集 5），理想社．

（3）大山 正・鷲見成正（2014）．見てわかる視覚心理学．新曜社．

（4）盛永四郎（1969）．類同の法則と視野体制：知覚心理学．明玄書房．

（5）Kanizsa, G. (1979). *Organization in vision: Essays on Gestalt Psychology*. New York: Praeger（カニッツア，G. 野口薫（監訳）（1985）．視覚の文法：ゲシュタルト知覚論．サイエンス社．）

（6）鷲見成正（1992）．「未完の完」についての心理学的考察．映像学，**46**, 27-37.

（7）Sumi, S. (1989). Kinetic contours in the rotating objects. *Perception*, **18**, 293-302.

（8）Schmoll, J.A. (Ed.) (1959). *Das Unvollendete Als Kunstlerische Form*. Bern: A. Franke AG Verlage.（シュモル，J. A. 中村二柄ほか（訳）（1971）．芸術における未完成．岩崎美術社．）

（9）Read, H. (1968). The meaning of art.（1st ed. 1931）London: Faber and Faber Ltd.

（10）Herrigle, G.L. (1958). *Zen—In the art of flower arrangement*. (Trslated from the German by R. F. C Hull) London: Routledge and Kegan Paul.

（11）Sumi, S. (1994). Incompleteness in Gestalt perception: In memory of the late Professor Gaetano Kanizsa. *Japanese Psychological Research*, **36**, 109-112.

（12）Okakura, K. (1929). *The book of tea*. 12th ed. (1st ed. 1906) New York: Duffield and Company.

Ⅰ-22　デザインではムーブマンが大切

（1）宮永美知代（2002）．美術に表現された躍動感．バイオメカニズム学会誌，**26**(3), 127-131.

（2）盛永四郎（1969）．知覚心理学．明玄書房．

文 献 一 覧

（3） Arnheim, R. (1954/1974). *Art and visual perception: A psychology of creative eye.* Berkeley: University of California Press.

（4） Arnheim, R. (1982). *The power of the center: A study of composition in the visual arts.* Los Angeles: University of California Press.（アルンハイム，R．関 計夫（訳）（1983）．中心の力：美術における構図の研究．紀伊國屋書店.）

（5） Dondis, D. A. (1973). *A primer of visual literacy.* Cambridge: MIT Press.（ドンディス，D. A．金子隆芳（訳）（1979）．形は語る：視覚言語の構造と分析．サイエンス社.）

（6） 新井義史（2015）．視覚心理の観点による抽象絵画の構造理解．北海道教育大学岩見沢校芸術・スポーツ文化学研究編集部会（編）芸術・スポーツ文化学研究1．大学教育出版，pp. 22-45.

（7） Koch, C. (1952). *The tree test: The tree drawing test as an aid in psychodiagnosis.* Bern: Hans Huber.（コッホ，C．林 勝造・国吉政一・一谷 彊（訳）（1970）．バウム・テスト：樹木画による人格診断法．日本文化科学社.）

（8） Levy, J. (1976). Lateral dominance and aesthetic preference. *Neuropsychologia*, **14**, 431-445.

（9） Kandinsky, W. (1926). *Several Circles*, Guggenheim Museum.

Ⅰ-23　美は計算できるか？

（1） Birkhoff, G. D. (1932). *Aesthetic Measure.* Cambridge, Massachusetts: Harvard University Press.

（2） Moon, P. & Spencer, D. E. (1944). Aesthetic measure applied to color harmony. *The Journal of the Optical Society of America*, **34**(4), 234-242.

（3） 近江源太郎（1984）．造形心理学．福村出版，pp. 151-159.

（4） Davis, R. C. (1936). An evaluation and test of Birkhoff's aesthetic measure and formula. *Journal of General Psychology*, **15**, 231-240.

（5） Eysenck, H. J. (1940). The general factor in aesthetic judgments. *British Journal of Psychology*, **31**, 94-102.

（6） Boselie, F. & Leeuwenberg, E. (1984). A general notion of beauty used to quantify the aesthetic activity of geometric forms. In W.R., Crozier, & A. J. Chapman (Eds.) *Cognitive processes in the perception of art.* North Holland pp. 367-388.

（7） Boselie, F., & Leeuwenberg, E. (1985). Birkhoff revisited: beauty as a function of effect and means. *American Journal of Psychology*, **98**(1), 1-39.

（8） 長 潔容江・原口雅浩（2013）．絵画の秩序と評価に関する感性心理学的研究（2）．日本認知心理学会第11回大会発表論文集，132.

Ⅰ-24　美は乱調にあり

（1） 武者利光（1992）．ゆらぎの世界：自然界の1/fゆらぎの不思議．講談社.

（2）川崎寧史（2006）．景観画像・風景画像のゆらぎ特徴　図学研究，**40**，175-178.

（3）長　潔容江・原口雅浩・三浦佳世（2015）．絵画のゆらぎと美的評価の関係．日本心理学会第79回大会発表論文集．

I-25　隠れた規則性が美を生み出す

（1）Peitgen, H. O., Jürgens, H., & Saupe, D. (1992). *Chaos and fractals*. New York, NY: Springer-Verlag.

（2）Taylor, R. P. (2002). *Order in Pollock's chaos*. Nature Publishing Group.（ポロックの抽象画にひそむフラクタル　日経サイエンス2003年3月号　日本経済新聞社）

（3）本田勝也（2002）．シリーズ非線形科学入門1　フラクタル．朝倉書店，pp. 42-53.

（4）Cutting, J. E., & Garvin, J. J. (1987). Fractal curves and complexity. *Perception and Psychophysics*, **42**, 365-370.

（5）Taylor, R. P., Micolich, A. P., & Jonas, D. (1999). Fractal analysis of Pollock's drip paintings. *Nature*, **399**, 422.

（6）Taylor, R. P., Spehar, B., Van Donkelaar, P., & Hagerhall, C. M. (2011). Perceptual and physiological responses to Jackson Pollock's fractals. *Frontiers in Human Neuroscience*, **5**, 1-13.

I-26　覚えやすく，見つけやすいものは好まれる

（1）Attneave, F. (1954). Some informational aspects of visual perception. *Psychological Review*, **61**, 183-193.

（2）Garner, W. R. & Clement, D. E. (1963). Goodness of pattern uncertainty. *Journal of Verbal Learning and Verbal Behavior*, **2**, 446-452.

（3）今井四郎（1977）．パターンの良さについての諸学説．心理学評論，**20**，258-272.

（4）Wertheimer, M. (1923). Investigation into Gestalt theory. *Psychological Research*, **4**, 301-351.

（5）Lachmann, T. & van Leeuwen, C. (2007). Goodness takes effort: perceptual organization in dual-task settings. *Psychological Research*, **71**, 152-169.

（6）Makovski, T. & Jiang, Y. V. (2008). Indirect assessment of visual working memory for simple and complex objects. *Memory & Cognition*, **36**, 1132-1143.

（7）Rauschenberger, R. & Yantis, S. (2006). Perceptual encoding efficiency in visual search. *Journal of Experimental Psychology: General*, **135**, 116-131.

I-27　使いやすいデザインをめざして

（1）ノーマン，D. A.（1990）．誰のためのデザイン？：認知科学者のデザイン原論．新曜社．

（2）リンゼイ，P. H.，ノーマン，D. A.（1983）．情報処理心理学入門1　感覚と知覚．サイエンス社．

文 献 一 覧

（3）ギブソン，J. J.（1986）．生態学的視覚論：ヒトの知覚世界を探る．サイエンス社．
（4）ノーマン，D. A.（2011）．複雑さと共に暮らす：デザインの挑戦．新曜社．

I-28　機能的なものは美しい

（1）野口尚孝（1990）．工業デザインにおける機能と形態．精密工学会誌，**56**(6)，979-983．
（2）トーマス・チッペンデールの作した椅子（所蔵：メトロポリタン美術館）
（3）charleshollisjones.com
（4）レイモンド・ローウィー事務所より提供
（5）敷田弘子（2014）．戦時体制下の商工省工芸指導所における機能主義と〈簡素美〉．デザイン学研究，**60**(6)，1-10.
（6）八馬 智（2013）．魅了する土木（特集 土木萌え：ドボクの魅力を伝える）──（ドボクから土木へ）．Civil engineering consultant：建設コンサルタンツ協会会誌，**260**，16-19.
（7）金 美英・李 志炯・崔 庭瑞・八馬 智・日比野治雄・小山慎一（2012）．工場景観愛好者・非愛好者における工場景観評価の相違：「工場萌え」への心理学的アプローチ．デザイン学研究，**59**(2)，79-86.

I-29　弱さも人を惹きつける

（1）Romero, T., Castellanos, M. A., & de Waal, F. B. (2010). Consolation as possible expression of sympathetic concern among chimpanzees. *Proceedings of the National Academy of Sciences*, **107**(27), 12110-12115.
（2）Dunfield, K. A. (2014). A construct divided: prosocial behavior as helping, sharing, and comforting subtypes. *Frontiers in Psychology*, **5**, 958
（3）Kanakogi, Y., Okumura, Y., Inoue, Y., Kitazaki, M., & Itakura, S. (2013). Rudimentary Sympathy in Preverbal Infants: Preference for Others in Distress. *PLoS ONE*, **8**(6), e65292
（4）岡田美智男（2017）．〈弱いロボット〉の思考：わたし・身体・コミュニケーション．講談社現代新書．

I-30　赤ちゃんは何を好むか？

（1）Farroni, T., Johnson, M. H., Menon, E. et al. (2005). Newborns' preference for face-relevant stimuli: Effects of contrast polarity. *Proceedings of the National Academy of Sciences of the United States of America*, **102**(47), 17245-17250.
（2）Pascalis, O., de Schonen, S., Morton, J. et al. (1995). Mother's face recognition by neonates: A replication and an extension. *Infant Behavior & Development*, **18**(1), 79-85.
（3）Quinn, P. C., Yahr, J., Kuhn, A. et al. (2002). Representation of the gender of human faces by infants: A preference for female. *Perception*, **31**(9), 1109-1121.
（4）Kelly, D. J., Quinn, P. C., Slater, A. M. et al. (2005).Three-month-olds, but not new-

borns, prefer own-race faces. *Developmental Science*, **8**(6), 31-36.

（5） Kelly, D. J., Quinn, P. C., Slater, A. M. et al. (2007). Cross-race preferences for same-race faces extend beyond the african versus caucasian contrast in 3-month-old infants. *Infancy*, **11**(1), 87-95.

（6） Decasper, A. J., & Fifer, W. P. (1980). Of human bonding: Newborns prefer their mothers' voices. *Science*, **208**(4448), 1174-1176.

（7） Fifer, W. P., & Moon, C. M. (1989). Psychobiology of newborn auditory preferences. *Seminars in Perinatology*, **13**(5), 430-433.

（8） Moon, C., Cooper, R. P., & Fifer, W. P. (1993).Two-day-olds prefer their native language, *Infant Behavior & Development*, **16**(4), 495-500.

（9） Schaal, B. Marlier, L., & Soussignan, R. (1998). Olfactory function in the human fetus: Evidence from selective neonatal responsiveness to the odor of amniotic fluid. *Behavioral Neuroscience*, **112**(6), 1438-1449.

（10） Soussignan, R., Schaal, B., Marlier, L. et al. (1997). Facial and autonomic responses to biological and artificial olfactory stimuli in human neonates: Re-examining early hedonic discrimination of odors. *Physiology & Behavior,* **62**(4), 745-758.

（11） Rosenstein, H., & Oster, D. (1988). Differential Facial Responses to four basic tastes in newborns. *Child Development*, **59**(6), 1555-1568.

（12） Steiner, J. E., Glaser, D., Hawilo, M. E. et al. (2001). Comparative expression of hedonic impact: Affective reactions to taste by human infants and other primates. *Neuroscience & Biobehavioral Reviews*, **25**(1), 53-74.

（13） Slater, A., Earle, D. C., Morison, V. et al. (1985). Pattern preferences at birth and their interaction with habituation-induced novelty preferences. *Journal of Experimental Child Psychology*, **39**(1), 37-54.

（14） Streri, A., Lhote, M., & Dutilleul, S. (2000). Haptic perception in newborns. *Developmental Science*, **3**(3), 319-327.

（15） Eimas, J., Siqueland, P. D., Jusczyk, E. R. et al. (1971).Speech perception in infants, *Science*, **171**(3968), 303-306.

Ⅰ-31　誇張表現は実物よりもリアル？
（1） 佐々木英也（1989）．オックスフォード西洋美術事典．講談社．
（2） Ramachandran, V. S. (2011). *The Tell-Tale Brain: a neuroscientist's quest for what makes us human.* New York: W. W. Norton.

Ⅰ-32　動物は美を感じるのか？
（1） Zeki, S. (1999). *Inner vision: An exploration of art and the brain.* Oxford: OxfordUniversity Press.

（2）Ramachandran, V. S. (2011). *The Tell-Tale Brain: a neuroscientist's quest for what makes us human*. New York: W. W. Norton.

（3）川畑秀明（2012）．脳は美をどう感じるか：アートの脳科学．ちくま新書．

（4）川合伸幸（2013）．美しい日本の研究「芸術の認知科学」．認知科学，**20**(1)，3-9.

（5）岡ノ谷一夫（2013）．芸術行動の至近要因と究極要因．*Cognitive Studies*，**20**(1)，19-26.

（6）齋藤亜矢（2014）．ヒトはなぜ絵を描くのか：芸術認知科学への招待．岩波科学ライブラリー．

（7）渡辺 茂（2011）．美の比較認知科学：動物にとって美とは何か．学術の動向，**16**(4)，4_64-4_67.

（8）渡辺 茂・長谷川寿一（2016）．美の起源：アートの行動生物学．共立出版．

（9）Kelley, L. A., & Endler, J. A. (2012). Male great bowerbirds create forced perspective illusions with consistently different individual quality. *Proceedings of the National Academy of Sciences*, **109**(51), 20980-20985.

（10）Ushitani, T., & Fujita, K. (2005). Pigeons do not perceptually complete partly occluded photos of food: an ecological approach to the "pigeon problem". *Behavioural Processes*, **69**(1), 67-78.

（11）Nakamura, N., Watanabe, S., & Fujita, K. (2008). Pigeons perceive the Ebbing-haus-Titchener circles as an assimilation illusion. *Journal of Experimental Psychology: Animal Behavior Processes*, **34**(3), 375.

（12）Tomonaga, M., & Imura, T. (2010). Pacman in the sky with shadows: The effect of cast shadows on the perceptual completion of occluded figures by chimpanzees and humans. *Behavioral and brain functions*, **6**(1), 38.

（13）Proffitt, T., Luncz, L. V., Falótico, T., Ottoni, E. B., de la Torre, I., & Haslam, M. (2016). Wild monkeys flake stone tools. *Nature*, **539**(7627), 85-88.

Ⅰ-33　視線を測ると何がわかる？

（1）Findlay, J. M., & Gilchrist, I. D. (2003). *Active Vision: The Psychology of Looking and Seeing*. Oxford: Oxford University Press.（フィンドレイ，J. M. & ギルクリスト，I. D. 本田仁視（監訳）(2006)．アクティヴ・ビジョン：眼球運動の心理・神経科学．北大路書房．）

（2）Itti, L. (2006). Quantitative modelling of perceptual salience at human eye position. *Visual Cognition*, **14**, 959-984.

（3）Riche, N., Duvinage, M., Mancas, M., Gosselin, B., & Dutoit, T. (2013). Saliency and human fixations: State-of-the-art and study of comparison metrics. *2013 IEEE International Conference on Computer Vision*, 1153-1160 DOI: 10.1109/ICCV.2013.147.

（4）Yarbus, A. L. (1967). *Eye movements and vision (B. Haigh, Trans.)*. New York: Plenum Press.

Ⅰ-34 脳活動データからみる美と醜

（ 1 ） Kawabata, H., & Zeki, S. （2004）. Neural correlates of beauty. *Journal of Neurophysiology*, **91**, 1699-1705.

（ 2 ） Vartanian, O., & Goel, V. (2004). Neuroanatomical correlates of aesthetic preference for paintings. *Neuroreport*, **15**(5), 893-897.

（ 3 ） Di Dio, C., Macaluso, E., & Rizzolatti, G. (2007). The golden beauty: brain response to classical and renaissance sculptures. *PloS One*, **2**(11), e1201.

（ 4 ） O'Doherty, J., Winston, J., Critchley, H., Perrett, D., Burt, D. M., & Dolan, R. J. (2003). Beauty in a smile: the role of medial orbitofrontal cortex in facial attractiveness. *Neuropsychologia*, **41**(2), 147-155.

（ 5 ） 川畑秀明 （2018）. 美感の神経美学的基礎. 三浦佳世・川畑秀明・横澤一彦. 美感. 勁草書房, pp. 139-166.

（ 6 ） Ishizu, T., & Zeki, S. (2011). Toward a brain-based theory of beauty. *PLoS One*, **6**, e21852.

（ 7 ） Yeh, Y. C., Lin, C. W., Hsu, W. C., Kuo, W. J., & Chan, Y. C. (2015). Associated and dissociated neural substrates of aesthetic judgment and aesthetic emotion during the appreciation of everyday designed products. *Neuropsychologia*, **73**, 151-160.

（ 8 ） Zeki, S., Romaya, J. P., Benincasa, D. M. T., & Atiyah, M. F. (2014). The experience of mathematical beauty and its neural correlates. *Frontiers in Human Neuroscience*, **8**, 68.

（ 9 ） Armony, J. L., & Dolan, R. J. (2002). Modulation of spatial attention by fear-conditioned stimuli: an event-related fMRI study. *Neuropsychologia* **40**, 817-826.

(10) Berthoz, S., Armony, J. L., Blair, R. J. R., & Dolan, R. J. (2002). An fMRI study of intentional and unintentional (embarrassing) violations of social norms. *Brain*, **125**(8), 1696-1708.

(11) Cela-Conde, C. J., Marty, G., Maestú, F., et al. (2004). Activation of the prefrontal cortex in the human visual aesthetic perception. *Proceedings of the National Academy of Sciences of the United States of America*, **101**(16), 6321-6325.

(12) Krawczyk, D. C. (2002). Contributions of the prefrontal cortex to the neural basis of human decision making. *Neuroscience & Biobehavioral Reviews*, **26**(6), 631-664.

(13) Nakamura, K., & Kawabata, H. (2015). Transcranial direct current stimulation over the medial prefrontal cortex and left primary motor cortex (mPFC-lPMC) affects subjective beauty but not ugliness. *Frontiers in Human Neuroscience*, **9**, 654.

Ⅰ-35 消費者の脳反応からみる魅力

（ 1 ） Lindstrom, M. (2008). *Buyology: Truth and Lies About Why We Buy*. Doubleday, New York. （マーティン・リンストローム 千葉敏生 （訳） 買い物する脳：驚くべきニューロ

文 献 一 覧

マーケティングの世界. 早川書房.）

(2) Ariely, D., & Berns, G. S. (2010). Neuromarketing: the hope and hype of neuroimaging in business. *Nature reviews neuroscience*, 11(4), 284-292.

(3) Plassmann, H., O'Doherty, J. & Rangel, A. (2007). Orbitofrontal cortex encodes willingness to pay in everyday economic transactions. *Journal of Neuroscience*, **27**, 9984-9988.

(4) Knutson, B., Adams, C. M., Fong, G. W., & Hommer, D. (2001). Anticipation of increasing monetary reward selectively recruits nucleus accumbens. *Journal of Neuroscience*, **21**, RC159.

(5) O'Doherty, J., Winston, J., Critchley, H., Perrett, D., Burt, D. M., & Dolan, R. J. (2003). Beauty in a smile: the role of medial orbitofrontal cortex in facial attractiveness. *Neuropsychologia*, **41**(2), 147-155.

(6) Kawabata, H. & Zeki, S. (2004). Neural correlates of beauty. *Journal of Neurophysiology*, **91**, 1699-1705.

(7) Rilling, J. K., Gutman, D. A., Zeh, T. R., Pagnoni, G., Berns, G. S., & Kilts, C. D. (2002). A neural basis for social cooperation. *Neuron*, **35**, 395-405.

(8) McCabe, C., & Rolls, E. T. (2007). Umami: a delicious flavor formed by convergence of taste and olfactory pathways in the human brain. *European Journal of Neuroscience*, **25**, 1855-1864.

(9) Yeh, Y. C., Lin, C. W., Hsu, W. C., Kuo, W. J., & Chan, Y. C. (2015). Associated and dissociated neural substrates of aesthetic judgment and aesthetic emotion during the appreciation of everyday designed products. *Neuropsychologia*, **73**, 151-160.

(10) Braeutigam, S., Rose, S.P.R., Swithenby, S.J., & Ambler, T. (2004). The distributed neuronal systems supporting choice-making in real-life situations: differences between men and women when choosing groceries detected using magnetoencephalography. *European Journal of Neuroscience*, **20**, 293-302.

(11) McClure, S.M., Li, J., Tomlin, D., Cypert, K.S., Montague, L.M., & Montague, P.R. (2004). Neural correlates of behavioral preference for culturally familiar drinks. *Neuron*, **44**, 379-387.

(12) Erk, S., Spitzer, A.P., Wunderlich, A.P., Galley, L., & Walter, H. (2002). Cultural objects modulate reward circuitry. *Neuro Report*, **13**, 2499-2503.

(13) Stoll, M., Baecke, S., & Kenning, P. (2008). What they see is what they get? An fMRI-study on neural correlates of attractive packaging. *Journal of Consumer Behaviour: An International Research Review*, **7**, 342-359.

(14) Aaker, D. A. (1991). *Managing Brand Equity: Capitalizing on the Value of a Brand Name*. New York: The Free Press.

Ⅱ-1 美人・ハンサムとは何か

（1） Galton, F. (1879). Composite Portraits, Made by Combining Those of Many Different Persons Into a Single Resultant Figure. *The Journal of the Anthropological Institute of Great Britain and Ireland*, **8**, 132-144.

（2） Asch, S. E. (1949). Forming impression of personality. *Journal of Abnormal and Social Psychology*, **41**, 258-290.

（3） Kelley, H. H. (1950). The warm-cold variables in first impression of persons. *Journal of Personality*, **18**, 431-439.

（4） Langlois, J. H., & Roggman, L. R. (1990). Attractive faces are only average. *Psychological Science*, **1**, 115-121.

（5） Bruce, V., & Young, A. (1998). *In the eye of the beholder*. NY: Oxford University Press.

（6） Rhodes, G., Harwood, K., Yoshikawa, S., Nishitani, M., & McLean, I. (2002). The attractiveness of average faces: Cross-cultural evidence and possible biological basis. In G. Rhodes & L. A. Zebrowitz (Eds.), *Advances in visual cognition, Vol. 1. Facial attrativeness:Evolutionary, cognitive, and social perspectives*. Westport, CT, US: Ablex Publishing, pp. 35-58.

Ⅱ-2 究極の美人・ハンサムを求めて

（1） Rhodes, G., Proffitt, F., Grady, J. M., & Sumch, A. (1998). Facial symmetry and the perception of beauty. *Psychonomic Bulletin and Review*, **5**, 659-669.

（2） Little, A. C., Apicella, C. & Marlowe, F. W. (2007) Preferences for symmetry in human faces in two cultures: data from the UK and the Hadza, an isolated group of hunter-gatherers *Proceeding of the Royal Society of London B*, **274**, 3113-3117.

（3） Little, A. C., & Hancock, P. J. B. (2002). The role of masculinity and distinctiveness in judgements of human male facial attractiveness. *British Journal of Psychology*, **93**, 451-464.

（4） Cunnigham, M. R. (1986). Measuring the physical in physical attractiveness: Quasi-experiments on the sociobiology of female facial beauty. *Journal of Personality and Social Psychology*, **50**(5), 925-935.

（5） Jones, D., Brace, C. L., Jankowiak, W.,et al. (1995). Sexual selection, physical attractiveness, and facial neoteny: cross-cultural evidence and implications [and comments and reply]. *Current Anthropology*, **36**(5), 723-748.

（6） 蔵 琢也（1993）．美しさをめぐる進化論．勁草書房．

Ⅱ-3 魅力を与え印象にも残りやすいメイクとは？

（1） Trujillo, L.T., Jankowitsch, J. M., & Langlois J. H. (2014). Beauty is in the ease of the beholding: A neurophysiological test of the averageness theory of facial attractiveness.

Cognitive, Affective, & Behavioral Neuroscience **14**, 1061-1076.

（2） Tagai, K., Shimakura, H., & Isobe, H. (2017). The light-makeup advantage in facial processing: Evidence from event-related potentials. *PLoS ONE* **12**, 2.

（3） Tsukiura, T., & Cabeza, R. (2011). Remembering beauty: Roles of orbitofrontal and hippocampal regions in successful memory encoding of attractive faces. *NeuroImage*, **54**, 653-660.

（4） Tagai, K., Ohtaka, H., & Nittono, H. (2016). Faces with light makeup are better recognized than faces with heavy makeup. *Frontiers in Psychology*, **7**, 226.

（5） 鈴木節子（2016）．化粧は時代を映し出す：時代とともに女性は変わる． http://hma. shiseidogroup.jp/info/p20161222_5392/?artist=s_suzuki.（アクセス日：2018年5月1日）

（6） Etcoff, N. L., Stock, S., Haley, L. E., Vickery, S. A., & House, D. M. (2011). Cosmetics as a feature of the extended human phenotype: Modulation of the perception of biologically important facial signals. *PLoS ONE*. **6**, 10.

Ⅱ-4　化粧による魅力向上のメカニズム

（1） 阿部恒之（2002）．ストレスと化粧の社会生理心理学．フレグランスジャーナル社．

（2） 阿部恒之・佐藤智穂・遠藤光男（2009）．目の大きさ知覚に及ぼすアイシャドーの効果：まぶたの陰影の位置・範囲・濃さを操作した実験的検討．日本顔学会誌，**9**，111-118.

（3） 阿部恒之・大川　恵・高野ルリ子（2008）．容貌の印象形成に及ぼす過般化の影響：顔だちマップの理論的基盤に関する実験的検討．日本顔学会誌，**8**，87-96.

（4） 阿部恒之（2000）．「資生堂スキンケア美容理論」に至るスキンケアの歴史．資生堂企業資料館研究紀要・おいでるみん，**9**，116-123.

（5） Jones, B. C., Little, A. C., Burt, D. M., & Perrett, D. I. (2004). When facial attractiveness is only skin deep. *Perception*, **33**(5), 569-576.

（6） 阿部恒之（2005）．サクセスフルエイジング：加点法の美意識の提案．人間生活工学，**6**（1），14-17.

（7） Abe, T. (2005). Odor, information and new cosmetics: The ripple effect on life by aromachology research. *Chemical Senses*, **30** (suppl1), 246-247.

（8） Rhodes, G (2006). The evolutionary psychology of facial beauty. *Annual Review of Psychology*, **57**, 199-226.

（9） 阿部恒之（2017）．心理学で紐解く化粧史：「美対健康」から「美から健康」へ．日本美容福祉学会誌，**17**，13-15.

Ⅱ-5　錯視で引き出す顔の魅力

（1） 森川和則（2012）．顔と身体に関連する形状と大きさの錯視研究の新展開：化粧錯視と服装錯視．心理学評論，**55**，348-361.

（ 2 ）森川和則（2015）．化粧による顔の心理効果：顔錯視研究の観点から．映像情報メディア学会誌，**69**(11)，842-847.

（ 3 ）Morikawa, K., Matsushita, S., Tomita, A., & Yamanami, H. (2015). A real-life illusion of assimilation in the human face: eye size illusion caused by eyebrows and eye shadow. *Frontiers in Human Neuroscience,* **9**(139), doi: 10.3389/fnhum.2015.00139

（ 4 ）Matsushita, S., Morikawa, K., & Yamanami, H. (2015). Measurement of eye size illusion caused by eyeliner, mascara, and eye shadow. *Journal of Cosmetic Science,* **66**, 161-174.

（ 5 ）森川和則・山南春奈・松下戦具・富田瑛智（2014）．アイラインの範囲と観察距離による目の大きさ錯視量．日本顔学会誌，**14**，159.

（ 6 ）松下戦具・杉澤みなみ・森川和則・白土真紀（2015）．二重まぶたで目が大きく見える錯視効果．日本認知心理学会大会発表論文集，152.

（ 7 ）松下戦具・森川和則・菅 万純・長島 愛・白土真紀（2016）．眉と鼻筋の化粧による小顔錯視効果の測定．日本顔学会誌，**16**(1)，46.

（ 8 ）Kobayashi, Y., Matsushita, S., & Morikawa, K. (2017). Effects of lip color on perceived lightness of human facial skin, *i-Perception,* **8**(4), DOI: 10.1177/2041669517717500

（ 9 ）松下戦具・森川和則・加古真也・山南春奈（2014）．魅力的な目の大きさ：平均顔でも目は平均より大きいほうが良い？　日本顔学会誌，**14**，160.

Ⅱ-6　魅力的な表情とは？

（ 1 ）Kamachi, M. G., Chiba, T., Kurosumi, M., & Mizukoshi, K. (2019). Perception of Human Age from Faces: Symmetric Versus Asymmetric Movement. *Symmetry,* **11**(5), 650.

Ⅱ-7　顔を文脈で読む

（ 1 ）Aviezer, H., Hassin, R., Ryan, J., Grady, C., Susskind, J., Anderson, A., Moscovitch, M., & Bentin, S. (2008). Angry, disgusted or afraid? Studies on the malleability of emotion perception. *Psychological Science,* **19**(7), 724-732.

（ 2 ）Susskind, J. M., Littlewort, G., Bartlett, M. S., Movellan, J., & Anderson, A. K. (2007). Human and computer recognition of facial expressions of emotion. *Neuropsychologia,* **45**(1), 152-162.

Ⅱ-8　かわいさの構成要素

（ 1 ）Lorenz, K. (1943). Die angeborenen Formen möglicher Erfahrung. *Zeitschrift für Tierpsychologie,* **5**(2), 235-409.

（ 2 ）Lorenz, K. (1965). *Über tierisches und menschliches Verhalten.* München: Piper.（ローレンツ，K.　日高敏隆・丘 直通（訳）（1989）．動物行動学Ⅱ．思索社.）

（ 3 ）Glocker, M. L., Langleben, D. D., Ruparel, K., Loughead, J. W., Gur, R. C., & Sachser, N. (2009). Baby schema in infant faces induces cuteness perception and motivation for caretaking in adults. *Ethology*, **115**(3), 257-263.

（4） Glocker, M. L. et al. (2009). Baby schema modulates the brain reward system in nulliparous women. *Proceedings of the National Academy of Sciences*, **106**(22), 9115-9119.

（5） Miesler, L., Leder, H., & Herrmann, A. (2011). Isn't it cute: An evolutionary perspective of baby-schema effects in visual product designs. *International Journal of Design*, **5**(3), 17-30.

Ⅱ-9　なぜヒトは伴侶動物の虜になるのか

（1） Trut, L., Oskina, I., & Kharlamova, A. (2009). Animal evolution during domestication: the domesticated fox as a model. *BioEssays*, **31**, 349-359.

（2） 菊水健史（2012）ヒトとイヌを絆ぐ：行動からみた2者の関係．動物心理学研究，**62**，101-110.

（3） Hare, B., Brown, M., Williamson, C., & Tomasello, M. (2002). The domestication of social cognition in dogs. *Science*, **298**, 1634-1636.

（4） 瀧本彩加（2018）．求め合うこころ：人間と伴侶動物が育んできた絆．鈴木幸人（編）「恋する人間」を考える．北海道大学出版会，pp. 213-244.

（5） Nagasawa, M., Mitsui, S., En, S., Ohtani, N., Ohta, M., Sakuma, Y., Onaka, T., Mogi, K., & Kikusui, T. (2015). Oxytocin-gaze positive loop and the coevolution of human-dog bonds. *Science*, **348**, 333-336.

（6） Konno, A., Romero, T., Inoue-Murayama, M., Saito, A., Hasegawa, T. (2016). Dog breed differences in visual communication with humans. *PLoS ONE*, **11**, e0164760.

（7） Takimoto, A., Hori, Y., & Fujita, K. (2016). Horses (*Equus caballus*) adaptively change the modality of their begging behavior as a function of human attentional states. *Psychologia*, **59**, 100-111.

Ⅱ-10　「かわいい」を感情としてとらえる

（1） 増淵宗一（1994）．かわいい症候群．日本放送出版協会．

（2） 四方田犬彦（2006）．「かわいい」論．ちくま新書．

（3） Kringelbach, M. L., Stark, E. A., Alexander, C., Bornstein, M. H., & Stein, A. (2016). On cuteness: Unlocking the parental brain and beyond. *Trends in Cognitive Sciences*, **20**(7), 545-558.

（4） 井原なみは・入戸野 宏（2011）．幼さの程度による"かわいい"のカテゴリ分類．広島大学大学院総合科学研究科紀要Ⅰ人間科学研究，**6**, 13-18.

（5） Hildebrandt, K. A. (1983). Effect of facial expression variations on ratings of infants' physical attractiveness. *Developmental Psychology*, **19**(3), 414-417.

（6） Komori, M., & Nittono, H. (2013). Influence of age-independent facial traits on adult judgments of cuteness and infantility of a child's face. *Procedia-Social and Behavioral Sci-*

ences, **97**, 285-291.

（7）入戸野 宏（2019）「かわいい」のちから：実験で探るその心理．化学同人．

（8）Nittono, H. (2016). The two-layer model of "kawaii": A behavioural science framework for understanding kawaii and cuteness. *East Asian Journal of Popular Culture*, **2**(1), 79-95.

（9）Sherman, G. D., & Haidt, J. (2011). Cuteness and disgust: The humanizing and dehumanizing effects of emotion. *Emotion Review*, **3**(3), 245-251.

(10) Nenkov, G. Y., & Scott, M. L. (2014). "So cute I could eat it up": Priming effects of cute products on indulgent consumption. *Journal of Consumer Research*, **41**(2), 326-341.

(11) Buckley, R. C. (2016). Aww: The emotion of perceiving cuteness. *Frontiers in Psychology*, **7**, 1740.

Ⅱ-11　ボディイメージと心の健康

（1）Nakai, Y., Nin, K., & Noma, S. (2014). Eating disorder symptoms among Japanese female students in 1982, 1992 and 2002. *Psychiatry research*, **219**, 151-156.

（2）Sands, R., Tricker, J., Sherman, C., et al. (1997). Disordered eating patterns, body image, self-esteem, and physical activity in preadolescent school children. *International Journal of Eating Disorders*, **21**, 159-166.

（3）Fairburn, C. G. (2008). Cognitive Behavior Therapy and Eating Disorders. New York: Guilford Press.（フェアバーン，C. G.　切池信夫（監訳）（2010）．摂食障害の認知行動療法．医学書院.）

（4）Bjornsson, A. S., Didie, E. R., & Phillips, K. A. (2010). Body dysmorphic disorder. *Dialogues in clinical neuroscience*, **12**(2), 221-232.

（5）Phillips, K. A., Menard, W., Pagano, M. E., et al. (2006). Delusional versus nondelusional body dysmorphic disorder: clinical features and course of illness. *Journal of Psychiatric Research*, **40**(2), 95-104.

（6）Johnson, S., Williamson, P., & Wade, T. D. (2018). A systematic review and meta-analysis of cognitive processing deficits associated with body dysmorphic disorder. *Behaviour Research and Therapy*, **107**, 83-94.

（7）Buhlmann, U., Teachman, B. A., Naumann, E., et al. (2009). The meaning of beauty: Implicit and explicit self-esteem and attractiveness beliefs in body dysmorphic disorder. *Journal of Anxiety Disorders*, **23**(5), 694-702.

（8）Rosenberg, S. M., Tamimi, R. M., Gelber, S., et al. (2013). Body image in recently diagnosed young women with early breast cancer. *Psycho-Oncology*, **22**(8), 1849-1855.

（9）Begovic-Juhant, A., Chmielewski, A., Iwuagwu, S., et al. (2012). Impact of body image on depression and quality of life among women with breast cancer. *Journal of Psychosocial Oncology*, **30**(4), 446-460.

(10) Schilder, P. (1970). *The image and appearance of the human body*. New York: Interna-

tional Universities Press.（シルダー，P.　秋本辰雄・秋山俊夫（編訳）(1987)．身体の心理学：身体のイメージとその現象．星和書店．）

Ⅱ-12　美しいとトクをする？

（1）Dion, K. K., Berscheid, E., & Walster, E. (1972). What is beautiful is good. *Journal of Personality and Social Psychology*, **24**, 285-290.

（2）Walster, E., Aronson, V., Abrahams, D., & Rottmann, L. (1966). Importance of physical attractiveness in dating behavior. *Journal of Personality and Social Psychology*, **4**, 508-516.

（3）Landy, D., & Sigall, H. (1974). Beauty is talent: Task evaluation as a function of the performer's physical attractiveness. *Journal of Personality and Social Psychology*, **29**, 299-304.

（4）大坊郁夫（1993）．容貌の魅力認知における個人情報の役割．日本グループ・ダイナミックス学会第41回大会発表論文集，102-103.

（5）大坊郁夫（2000）．顔の魅力と認知：社会心理学的展望．日本化粧品技術者会誌，**34**, 241-248.

Ⅱ-13　ブランドロゴつき服は魅力的に見えるか？

（1）竹内一郎（2005）．人は見た目が9割．新潮新書．

（2）西川正之（1996）．被服による対人認知と印象管理．高木 修（監修）被服と化粧の社会心理学．北大路書房，pp. 102-120.

（3）Lee, J., Ko, E., & Megehee, C.M. (2015). Social benefits of brand logos in presentation of self in cross and same gender influence contexts. *Journal of Business Research*, **68**, 1341-1349.

（4）Mcdermott, L.A., & Pettijohn II, T.F. (2011). The influence of clothing fashion and race on the perceived socioeconomic status and person perception of college students. *Psychology and Society*, **4**(2), 64-75.

Ⅱ-14　衛生マスクは魅力を上げるか？

（1）Miyazaki, Y., & Kawahara, J. (2016) The Sanitary-Mask Effect on Perceived Facial Attractiveness. *Japanese Psychological Research*, **58**(3), 261-272.

（2）Elliot, A. J., Tracyb, J. L., Pazdaa, A. D., & Beallb, A. T. (2013). Red enhances women's attractiveness to men: First evidence suggesting university. *Journal of Experimental Social Psychology*, **49**, 165-168.

Ⅱ-15　漫画顔はなぜリアリティがなくても好まれるのか？

（1）Tinbergen, N. (1948). Social releasers and the experimental method required for their study. *The Wilson Bulletin*, **60**, 6-51.

（2） Tinbergen, N. (1953). *The Herring Gull's World*. London: Collins.

II-16　何気ない動作で印象が変わる

（1） 高橋　翠（2011）. 顔の魅力研究の現在：普遍性と個人差に対する進化心理学的アプローチ. 東京大学大学院教育学研究科紀要，**51**，183-190

（2） Stewart, G. L., Dustin, S. L., Barrick, M. R., & Darnold, T. C. (2008). Exploring the handshake in employment interviews. *Journal of Applied Psychology*, **8**, 1139-1146.

（3） Osugi, T., & Kawahara, J. (2015). Effects of bowing on perception of attractiveness. *Attention, Perception, & Psychophysics*, **77**, 1697-1714.

（4） 柴田　寛・髙橋純一・行場次朗（2014）. お辞儀の主観的印象と社会的文脈に対する適切さ. 心理学研究，**85**(6)，571-578.

（5） Ohashi, J. (2010). Balancing obligations: Bowing and linguistic features in thanking in Japanese. *Journal of Politeness Research*, **6**, 183-214.

（6） 小笠原清忠（2007）. 美しい姿勢と立ち居振る舞い：小笠原流礼法入門. アシェット婦人画報社.

（7） Burke, D., & Sulikowski, D. (2010). A new viewpoint on the evolution of sexually dimorphic human faces. *Evolutionary Psychology*, **8**, 573- 585.

（8） Freeman, J. B., Rule, N. O., Adams, R. B., Jr., & Ambady, N. (2009). Culture shapes a mesolimbic response to signals of dominance and subordination that associates with behavior. *NeuroImage*, **47**, 353- 359.

（9） Matarazzo, J. D., Saslow, G., Wiens, A. N., Weitman, M., & Allen, B. V. (1964). Interviewer head nodding and interviewee speech durations. *Psychotherapy: Theory, Research & Practice*, **1**(2), 54.

（10） Osugi, T., & Kawahara, J. (2017). Effects of head nodding and shaking motions on perceptions of likeability and approachability. *Perception*, **47**(1), 16-29

（11） Wells, G. L., & Petty, R. E. (1980). The effects of overt head movements on persuasion: Compatibility and incompatibility of responses. *Basic and Applied Social Psychology*, **1**, 219-230.

（12） Adams, R. B. Jr., & Kleck, R. E. (2003). Perceived gaze direction and the processing of facial displays of emotion. *Psychological Science*, **14**, 644-647.

II-17　受け渡し動作の適切さや美しさ

（1） 柴田　寛・行場次朗（2007）. 他者から手渡された物体を受け取る動作の適切さの検討. 電子情報通信学会技術研究報告，HIP2007-99, 1 - 6 .

（2） 柴田　寛・行場次朗（2008）. 他者から手渡された物体を受け取る動作の選択. 生態心理学研究，**3** , 35-43.

（ 3 ） Shibata, H., Suzuki, M., & Gyoba, J. (2007). Cortical activity during the recognition of cooperative actions. *NeuroReport*, **18**(7), 697-701.

（ 4 ） Shibata, H., Gyoba J., & Suzuki, Y. (2009). Event-related potentials during the evaluation of the appropriateness of cooperative actions. *Neuroscience Letters*, **452**(2), 189-193.

（ 5 ） Sartori, L., & Betti, S. (2015). Complementary actions. *Frontiers in Psychology*, **6**, 557.

（ 6 ） 池田華子・福井隆雄・互 恵子・高田定樹・渡邊克巳 (2011). 手渡し行動における丁寧さとは何か. 電子情報通信学会技術研究報告, HIP2011-12, 91-96.

（ 7 ） Ueda, E., Iida, K., Takemura, K., Nakamura, T., & Koeda, M. (2016). Identification of gracefulness feature parameters for hand-over motion. In M. Kurosu (Ed.), *Human-Computer Interaction. Interaction Platforms and Techniques. HCI 2016. Lecture Notes in Computer Science, vol 9732*. Cham: Springer, pp. 115-124.

（ 8 ） 田中隆寛・都築 匠・上田悦子 (2013). 受け渡しサービス動作における優美さ特徴抽出. ロボティクス・メカトロニクス講演会講演概要集2P1-L08.

（ 9 ） 都築 匠・田中隆寛・上田悦子 (2012). 受け渡し動作における優美動作特徴の抽出. ロボティクス・メカトロニクス講演会講演概要集2A1-Q05.

Ⅱ-18　踊りの魅力と舞いの美しさ

（ 1 ） 小野寺 優 (2014). 柳田国男：民俗学の創始者. 河出書房新社.

（ 2 ） ニッポン再発見倶楽部 (2017). 日本の祭り. 三笠書房.

（ 3 ） Sumi, S. (2000). Perception of point-light walker produced by eight lights attached to the back of the walker. *Swiss Journal of Psychology*, **59**, 126-132.

（ 4 ） 星野 紘ほか (編) (2013). 民俗芸能探訪ハンドブック. 図書刊行会.

（ 5 ） Keene, D. (1990). *Nō and Bunraku: two forms of Japanese theatre*. New York: Columbia University Press.

（ 6 ） 草刈民代 (2017). 舞うひと. 淡交社.

（ 7 ） 鷲見成正 (2013). Point-Light Walker 図の視知覚特性 (4). 日本心理学会第77回大会発表論文集, 493.

（ 8 ） 金原省吾 (1943). 美の表現について. 青磁社.

Ⅱ-19　音楽にともなう身体の動き

（ 1 ） Parncutt, R., & McPherson, G. E. (2002). *The science and psychology of music performance*. New York: Oxford University Press. pp. 370-394. (安達真由美・小川容子 (監訳) (2011). 演奏を支える心と科学. 誠信書房.)

（ 2 ） Evelyn Glennie, TED 2003, How to truly listen. http://www.ted.com/talks/evelyn_glennie_shows_how_to_listen (最終アクセス日：2019年8月8日)

（ 3 ） Shoda, H., & Adachi, M. (2016). Expressivity, affective nuance, and presentation modality in a performer-to-audience communication. *Psychomusicology: Music, Mind, and*

Brain, **26**(2), 167-178. doi:10.1037/pmu0000141

（4）谷 陽祐・安達真由美（2019）．音楽呈示時における身体の動き：足底部圧力変動に注目して．北海道大学心理学講座テクニカルレポート（印刷中）．

（5）Zentner, M., & Eerola, T. (2010). Rhythmic engagement with music in infancy. *Proceedings of the National Academy of Sciences USA*, **107**, 5768-5773.

（6）劉 叶萱（2016）．音楽が乳児の行動に与える影響について：家庭での縦断的フィールド実験．修士論文．北海道大学．

（7）Adachi, M., Nakata, T., & Kotani, Y. (2002). Infants encountering music: An exploration of musical affordances. In C. Stevens, D. Burnham, G. McPherson, E. Schubert, & J. Renwick (Eds.), *Proceedings of the 7th International Conference on Music Perception and Cognition*. Adelaide, Australia: Causal Productions. pp. 454-456.

（8）Phillips-Silver, J., & Trainor, L. J. (2005). Feeling the beat: Movement influences infant rhythm perception. *Science*, **308**(5727), 1430.

（9）Cirelli, L. K., Einarson, K. M., & Trainor, L. J. (2014). Interpersonal synchrony increases prosocial behavior in infants. *Developmental Science*, **17**, 1003-1011.

（10）安達真由美・多賀昌江・半田 康・金内優典（2015）．音楽による養生的胎教の成立メカニズムの探究．科学研究費助成事業研究成果報告書（No. 25560384）．

Ⅱ-20　音楽の魅力とは？

（1）安達真由美（2006）．音楽の意味を科学する．大津由起雄・波多野誼余夫・三宅なほみ（編著）認知科学への招待 2：心の研究の多様性を探る．研究社，pp. 148-166.

（2）Hargreaves, D. J. (1986). *The developmental psychology of music*. Cambridge, UK: Cambridge University Press.

（3）Holbrook, M. B., & Anand, P. (1990). Effects of tempo and situational arousal on the listener's perceptual and affective responses to music. *Psychology of Music*, **18**, 150-162.

（4）Kawakami, A., Furukawa, K., Katahira, K., & Okanoya, K. (2013). Sad music induces pleasant emotion. *Frontiers in Psychology*, **4**, 311. doi: 10.3389/fpsyg.2013.00311

（5）Roballey, T. C., McGreevy, C., Rongo, R. R., Schwantes, M. L., Steger, P. J., Wininger, M. A., & Gardner, E. B. (1985). The effect of music on eating behavior. *Bulletin of the Psychonomic Society*, **23**, 221-222.

（6）North, A. C., & Hargreaves, D. J. (1998). The effect of music on atmosphere and purchase intentions in a cafeteria. *Journal of Applied Social Psychology*, **28**, 2254-2273.

（7）North, A. C., Hargreaves, D. J., & McKendrick, J. (1997). In-store music affects product choice. *Nature*, **390**, 132.

（8）Shoda, H., & Adachi, M. (2012). The Effects of the listening context on the audience's perceptions of artistry, expressiveness, and affective qualities in the piano performance. In E. Cambouropoulos, C. Tsougras, P. Mavromatis, & K. Pastiadis (Eds.), *Proceedings of*

the 12*th* *International Conference on Music Perception and Cognition and the 8*th* Trienni-*
al Conference of the European Society for Cognitive Sciences of Music, pp. 925-929.

（9）Shoda, H., & Adachi, M. (2016). How live performance moves the human heart. *PLOS One*, **11**(4), e0154322. doi:10.1371/journal.pone.0154322

Ⅱ-21　リズムとグルーヴ感の格好良さはどこからくる？

（1）奥平啓太・平田圭二・片寄晴弘（2004）．ポップス系ドラム演奏の打点時刻及び音量とグルーヴ感の関連について．第56回音楽情報科学研究会研究報告，2004-MUS-56，21-26.

（2）Danielsen, A. Waadeland, C. H. Sundt, H. G. & Witek, M. A. (2015). Effects of instructed timing and tempo on snare drum sound in drum kit performance. *The Journal of the Acoustical Society of America*, **138**, 2301-2316.

（3）Frühauf, J. (2013). Music on the timing grid: The influence of microtiming on the perceived groove quality of a simple drum pattern performance *Musicae Scientiae*, **17**, 246-260.

（4）宮丸友輔・江村伯夫・山田真司（2017）．ポピュラー音楽のドラムス演奏におけるグルーヴ感の研究．日本音響学会誌，**73**(10)，625-637.

（5）Arai, M., Matoba, T., Hashida, M., Katayose, H. (2016). Revealing Secret of "Groove" Singing: Analysis of J-pop Music, SMC2016 , 978- 3 -00-053700-4.

Ⅱ-22　魅力的な声とはどんな声？

（1）Kawahara, H., & Matsui, H. (2003). Auditory morphing based on an elastic perceptual distance metric in an interference-free time-frequency representation. Paper presented at the 2003 IEEE International Conference on Acoustics, Speech, and Signal Processing (ICASSP 2003), Hong Kong.

（2）河原英紀（2014）．音声の実時間表示とモーフィングで探る声の多様性，音声研究，**18**(3)，43-52.

（3）Bruckert, L., Bestelmeyer, P., Latinus, M., et al. (2010). Vocal attractiveness increases by averaging. *Current Biology*, **20**, 116-120.

（4）Langlois, J. H., & Roggman, L. A. (1990). Attractive faces are only average. *Psychological Science*, **1**(2), 115-121.

（5）Babel, M., McGuire, G., & King, J. (2014). Towards a more nuanced view of vocal attractiveness. *PLoS ONE*, **9**(2), e88616. doi:10.1371/journal.pone.0088616

Ⅱ-23　品格は言葉から

（1）金水　敏（2003）．ヴァーチャル日本語役割語の謎．岩波書店.

Ⅱ-24　心臓ピクニック：「生命」を交感する快楽

（1）渡邊淳司・川口ゆい・坂倉杏介・安藤英由樹（2011）．"心臓ピクニック"：鼓動に触れるワークショップ．日本バーチャルリアリティ学会論文誌，**16**(3)，303-306.

Ⅱ-25　おいしい・まずいの決め手って何？

（1）Steiner, J. E. (1979). Human Facial Expressions in Response to Taste and Smell Stimulation. *Advances in Child Development and Behavior*, **13**, 257-295.

（2）Colman, R. J. et al. (2009). Caloric Restriction Delays Disease Onset and Mortality in Rhesus Monkeys. *Science,* **325**(5937), 201-204.

（3）Pliner, P., & Hobden, K. (1992). Development of a scale to measure the trait of food neophobia in humans. *Appetite*, **19**(2), 105-120.

（4）Rolls, B. J. (1986). Sensory-specific Satiety. *Nutrition Reviews*, **44**(3), 93-101.

（5）Pelchat, M.L.& Rozin, P. (1982). The special role of nausea in the acquisition of food dislikes by humans. *Appetite*, **3**(4), 341-351.

（6）渡邊克己（2017）．認知科学で読み解く私たちの行動と嗜好．日本官能評価学会誌，**20**(1)，2-5.

（7）Mennella, J. A., et al. (2001). Prenatal and Postnatal Flavor Learning by Human Infants. *Pediatrics*, **107**(6), 1-6.

（8）Kakutani, Y., et al. (2017). Taste of breath: the temporal order of taste and smell synchronized with breathing as a determinant for taste and olfactory integration. *Scientific Reports*, **7**(1), 8922.

Ⅱ-26　誰しもを魅了する香り？

（1）Dalton, P. (1996). Odor perception and beliefs about risk. *Chemical Senses*, **21**(4), 447-458.

（2）綾部早穂・斉藤幸子・菊地　正（2002）．ニオイの知覚に及ぼす経験の影響．筑波大学心理学研究，**24**，1-5.

（3）Nakano, S., & Ayabe-Kanamura, S. (2017). The Influence of Olfactory Contexts on the Sequential Rating of Odor Pleasantness. *Perception*, **46**(3-4), 393-405.

Ⅱ-27　色の美しさは組合せ次第

（1）木村　敦（2013）．多色配色の色彩調和についての実験的研究．風間書房．

（2）Plinius, G. S.　中野定雄・中野里美・中野美代（訳）（1986）．プリニウスの博物誌　第Ⅲ巻．雄山閣出版．

（3）長崎盛輝（1987）．譜説かさねの色目配色考．京都書院．

（4）Chevreul, M. E. (1839). *De la loi du contrasté simultane des couleurs, et de l'assortiment des objets colores*. Paris: Pitois-Levrault. In F. Birren, (Eds.) (1987). *The principles of har-*

mony and contrast of colors and their applications to the arts. West Chester: Schiffer Pub.

(5) Judd, D.B. (1955). Classic laws of color harmony expressed in terms of the color solid. ISCC News Letter, 119, 13. In Judd, D. B., & Wyszecki, G. W. (1965) *Color in business, science and industry.* 2nd ed. New York: Wiley, pp. 361-367.

(6) Rood, O. N. (1973). *Modern chromatics: students' text-book of color with applications to art and industry.* New York: Van Nostrand Reinhold Co.

(7) Moon, P., & Spencer, D. E. (1944). Geometric formulation of classical color harmony. *Jounal of the Optical Society of America,* **34**, 46-59.

(8) Geissler, L. R. (1917). The affective tone of color-combinations. *Studies in psychology: Titchener commemorative volume,* Worcester L. N. Wilson pp. 150-174.

(9) Oyama, T. (2003). Affective and symbolic meanings of color and form: Experimental psychological approaches. *Empirical Studies of Arts,* **21**, 137-142.

(10) 細野尚志・児玉 晃・霜村美子 (1958). カラーハーモニーの研究：調和に対する志向の個人差と類型について. 色彩研究, **5**, 5 - 8 .

(11) Ikeda, T., Matsuyoshi, D., Sawamoto, N., Fukuyama, H., & Osaka, N. (2015). Color harmony represented by activity in the medial orbitofrontal cortex and amygdala, *Frontiers in Human Neuroscience,* **9**, 382, 1-8.

(12) Itten, J. (1961). *Kunst der Farbe, Studienausgabe.* Ravensburg: Maier.（イッテン, J. 大智浩（訳）(1971) ヨハネス・イッテン色彩論. 美術出版社.）

Ⅱ-28 よさの概念は多義的

(1) Wertheimer, M. (1923). Investigation into Gestalt theory. *Psychological Research,* **4**, 301-351.

(2) Attneave, F. (1954). Some informational aspects of visual perception. *Psychological Review,* **61**, 183-193.

(3) Garner, W. R., & Clement, D. E. (1963). Goodness of pattern uncertainty. *Journal of Verbal Learning and Verbal Behavior,* **2**, 446-452.

(4) 今井四郎 (1977). パターンの良さについての諸学説. 心理学評論, **20**, 258-272.

(5) 児玉優子・三浦佳世 (2011). パターンのよさと知覚的体制化. 心理学研究, **82**, 277-282.

(6) 行場次朗・瀬戸伊佐生・市川伸一 (1985). パターンの良さ評定における問題点：SD法による分析結果と変換構造説の対応. 心理学研究, **56**, 111-115.

(7) Osgood, C. E., Suci, G. J., & Tannenbaum, P. H. (1957). *The measurement of meaning.* Urbana: University of Illinois Press.

(8) Howe, E. S. (1980). Effects of partial symmetry, exposure time, and backward masking on judged goodness and reproduction of visual patterns. *Quarterly Journal of Experimental Psychology,* **32**, 27-55.

（9） Takahashi, J., Kawachi, Y., & Gyoba, J. (2012). Internal criteria underlying affective responses to visual patterns. *Gestalt theory*, **34**, 67-80.

(10) Imamoglu, C. (2000). Complexity, liking and familiarity: Architecture and non-architecture Turkish students' assessments of traditional and modern house facades. *Journal of Environmental Psychology*, **20**, 5-16.

(11) Takahashi, J., Kawachi, Y., & Gyoba, J. (2015). Visual short-term memory is modulated by visual preference for spatial configuration between objects. *Gestalt Theory*, **37**, 141-160.

(12) Jackson, M. C., Wu C-Y, Linden, D. E. J., & Raymond, J. E. (2009). Enhanced visual short-term memory for angry faces. *Journal of Experimental Psychology: Human Perception and Performance*, **35**, 363-374.

Ⅱ-29　パターンの気持ち悪さ

（1） Cole, G. G., & Wilkins, A. J. (2013). Fear of holes. *Psychological Science*, **24**, 1980-1985.

（2） Sasaki, K., Yamada, Y., Kuroki, D., & Miura, K. (2017). Trypophobic Discomfort is Spatial-Frequency Dependent. *Advances in Cognitive Psychology*, **13**, 224-231.

（3） Le, A. T. D., Cole, G. G., & Wilkins, A. J. (2015). Assessment of trypophobia and an analysis of its visual precipitation. *The Quarterly Journal of Experimental Psychology*, **68**, 2304-2322.

（4） Chaya, K., Xue, Y., Uto, Y., Yao, Q., & Yamada, Y. (2016). Fear of eyes: triadic relation among social anxiety, trypophobia, and discomfort for eye cluster. *PeerJ*, **4**, e1942.

（5） 今泉 修・古野真菜実・日比野治雄・小山慎一（2016）．日本語版 Trypophobia Questionnaire（TQ-J）の作成．パーソナリティ研究，**25**, 171-173.

（6） Imaizumi, S., Furuno, M., Hibino, H., & Koyama, S. (2016). Trypophobia is predicted by disgust sensitivity, empathic traits, and visual discomfort. *SpringerPlus*, **5**, 1449.

（7） Kupfer, T. R., & Le, A. (in press). Disgusting clusters: trypophobia as an overgeneralised disease avoidance response. *Cognition and Emotion*.

（8） Yamada, Y., & Sasaki, K. (2017). Involuntary protection against dermatosis: A preliminary observation on trypophobia. *BMC Research Notes*, **10**, 1-5.

（9） Wagner, K. D., Yamada, Y., Croley, J. A., & Wilson, J. (2018). Trypophobia: Implications for Dermatology. *Manuscript submitted for publication*.

(10) Pipitone, R. N., Gallegos, B., & Walters, D. (2017). Physiological responses to trypophobic images and further scale validity of the trypophobia questionnaire. *Personality and Individual Differences*, **108**, 66-68.

(11) Ayzenberg, V., Hickey, M. R., & Lourenco, S. F. (2018). Pupillometry reveals the physiological underpinnings of the aversion to holes. *PeerJ*, **6**, e4185.

(12) Robakis, T. K. (2018). Trypophobia associated with gabapentin: A case report. *Journal of Clinical Psychopharmacology*, **38**, 162-163.

（13）Martínez-Aguayo, J. C., Lanfranco, R. C., Arancibia, M., Sepúlveda, E., & Madrid, E. (2018). Trypophobia: What do we know so far? A case report and comprehensive review of the literature. *Frontiers in Psychiatry*, **9**, 15.

Ⅱ-30　美しさが約束された比率？
（1）布施英利（2010）．美の方程式：美＝完璧×破れ．講談社．
（2）Fechner (1865). Über die frage des goldenen Schnittes (On the question of the golden section). *Archiv für die zeichnenden Künste*, **11**, 100-112.
（3）Höge, H. (1997). The golden section hypothesis: Its last funeral. *Empirical studies of the Arts*, **15**, 233-255.
（4）Stieger, S., & Swami, V. (2015). Time to let go? No automatic aesthetic preference for the golden ratio in art pictures. Psychology of Aesthetics, *Creativity, and the Arts*, **9**, 91-100.

Ⅱ-31　景観美に「らしさ」は必要ない !?
（1）竹之内香織・槇　究（2002）．建物の色彩評価を変える要因：建物らしさおよび背景との関わり．日本建築学会大会学術講演梗概集，D-1，319-320.
（2）槇　究・乾　正雄・中村芳樹（1994）．街路景観の評価構造の安定性．日本建築学会計画系論文集，**458**，27-33.
（3）Russell, J. A., & Lanius, U. F. (1984). Adaptation level and the affective appraisal of environmemts. *Journal of Environmental Psychology*, **4**, 119-135.

Ⅱ-32　庭園美は数学的に解明できるか？
（1）オギュスタン・ベルク（1990）．日本の風景・西洋の景観そして造形の時代．講談社現代新書．
（2）宮元健次（1998）．日本庭園の見方．学芸出版社．
（3）佐久間大典（2006）．アイ・トラッキング技術を用いたバーチャル石庭の景観解析．平成15年度筑波大学システム情報工学研究科修士論文．
（4）Van Tonder, G. J., Lyons, M. J., & Ejima, Y. (2002). Visual Structure of a Japanese Zen garden. *Nature*, **419**, 359-360.
（5）Miura,K., Sukemiya, H., & Yamaguchi, E. (2011). Goodness of spatial structure in Japanese rock gardens. *Japanese Psychological Research*, **53**(4), 391-401.
（6）小埜雅章（監修）（2003）．京の庭師と歩く京の名庭．平凡社．
（7）岡崎甚幸（2003）．人間と風景：風景構成法からみた日本人の風景表現．*PROFESSOR DR. SHIGEYUKI OKAZAKI and His Studio*, 71-77.

Ⅱ-33　インテリアの色の効果は変化する

（1）槇　究（2012）．インテリアの印象に及ぼす光色と物体色の影響．日本建築学会環境系論文集，676，461-466.

（2）小木曽定彰・乾　正雄（1961）．Semantic Differential（意味微分）法による建物の色彩効果の測定．日本建築学会論文報告集，**67**，105-113.

（3）槇　究（2018）．インテリアの好みと個人属性の関連．日本建築学会環境系論文集，752，811-819.

（4）槇　究・澤　知江（1999）．室内の雰囲気評価に及ぼす色彩・照明・素材の複合効果．日本建築学会計画系論文集，516，15-22.

Ⅱ-34　照明の光と美しさ

（1）Newton, I. (1704). Opticks or a treatise of the reflections, refractions, inflections and colours of light, London: Printed for Sam. Smith, and Benj. Walford, Printers to the Royal Society, at the Prince's Arms in St. Paul's Church-yard.

（2）島倉　瞳・坂田勝亮（2009）．色順応刺激消失後における色の見えの時間推移．Vision, **21**(2)，101-114.

（3）Marina, V., & Danilova, J. D. (2010). Mollon; Parafoveal color discrimination: A chromaticity locus of enhanced discrimination. *Journal of Vision* **10**(1): 4. doi: 10.1167/10.1.4.

（4）ニュートンによるスペクトルの発見　http://www.rarebookroom.org/Control/nwtopt/index.html

Ⅱ-35　人工現実空間における臨場感と迫真性

（1）寺本　渉・吉田和博・浅井暢子・日高聡太・行場次朗，鈴木陽一（2010）．臨場感の素朴な理解，日本バーチャルリアリティ学論誌，**15**，7-16.

（2）行場次朗（2018）．臨場感と迫真性の感性心理学的特性．電子情報通信学会誌，**101**，793-797.

Ⅱ-36　ホールも楽器のうち？

（1）Taylor, C. (1992). *Exploring Music*. Bristol: IOP Publishing.（佐竹　淳，林　大（訳）（1998）．音の不思議をさぐる．大月書店.）

（2）Moore, B.C.J. (1989). An introduction to the psychology of hearing, 3rd Ed. Cambridge, MA: Academic Press.（ムーア，B. C. J.　大串健吾（監訳）（1994）．聴覚心理学概論．誠信書房.）

（3）安斎直宗（2013）．新・エフェクターの全知識．リットーミュージック.

Ⅱ-38　書体のデザイン

（1）向井裕一（2018）．日本語組版入門：その構造とアルゴリズム．誠文堂新光社.

（ 2 ）中野泰志（2014）．コンデンス書体の可視性・可読性に関する実験的検討：低視力シミュレーションによる検討．日本ロービジョン学会誌，**14**，44-51.

（ 3 ）雪 朱里＋グラフィック社編集部（2015）．もじ部：書体デザイナーに聞くデザインの背景・フォント選びと使い方のコツ．グラフィック社．

（ 4 ）タイポグラフィ編集部（2018）．タイポグラフィ事典．グラフィック社．

（ 5 ）内山勝義（2005）．家電製品本体のユニバーサルデザインフォント研究：ユニバーサルデザイン視点による読みやすい日本語フォント，*Matsushita Technical Journal*，**51**(4)，359-363.

（ 6 ）中野泰志・新井哲也（2012）．弱視生徒用拡大教科書に適したフォントの分析：好みと読書パフォーマンスの観点からの検討．日本ロービジョン学会誌，**12**，81-88.

Ⅱ-39　真珠の美

（ 1 ）谿 雄祐（2015）．真珠の評価のエキスパート知覚．日本官能評価学会誌，**19**(1)，12-16.

（ 2 ）Nagata, N., Dobashi, T., Manabe, Y., & Usami, T. (1997). Modeling and visualization for a pearl-quality evaluation simulator. *IEEE Transactions on Visualization and Computer Graphics*, **3**(4), 307-315.

（ 3 ）Toyota, T., & Nakauchi, S. (2013). Optical measurement of interference color of pearls and its relation to subjective quality. *Optical Review*, **20**(1), 50-58.

（ 4 ）Tani, Y., Nagai, T., Koida, K., Kitazaki, M., & Nakauchi, S. (2015). Experts and novices use the same factors-but differently-to evaluate pearl quality. *PloS One*, **9**(1), e86400, 1-7.

Ⅱ-40　高級感のある水切りトレー

（ 1 ）橋田規子（2010）．ドレイナートレイ：環境の変化に対応したキッチングッズ．デザイン学作品集，**15**(1)，2 -5.

Ⅱ-41　視線からみえてくる食品パッケージのデザイン

（ 1 ）「昭和産業，パッケージ変更で食用油の売り上げが 3 割増」日経デザイン2016年 5 月号，p. 16.

（ 2 ）Shimojo, S., Simion, C., Shimojo, E., & Scheier, C. (2003). Gaze bias both reflects and influences preference. *Nature Neuroscience*, **6**, 1317-1322.

（ 3 ）朴 京子・王 斌・崔 庭瑞・小山慎一・日比野治雄（2012）．安心マークによって作り出される食品パッケージの盲点．第59回日本デザイン学会研究発表大会概要集，**59**，94.

（ 4 ）坂井明野・朴 京子・日比野治雄・小山慎一（2017）．機能性表示が他の記載項目への注目度に与える影響．第12回日本感性工学会春季大会概要集，P-35.

Ⅱ-42　こころと身体を活性化させる車づくり

（ 1 ）Ho, C. & Spence, C. (2008). *The multisensory driver: Implications for ergonomic car in-*

terface design. Hampshire: Ashgate Publishing Limited.

（2）長町三生（1989）．感性工学：感性をデザインに生かすテクノロジー．海文堂出版．

（3）広島大学 COI 中核拠点（2013）．精神的価値が成長する感性イノベーション拠点 http://coikansei.hiroshima-u.ac.jp/（アクセス日：2018.4.26.）

（4）Portilla, J., & Simoncelli, E.P. (2000). A parametric texture model based on joint statistics of complex wavelet coefficients. *International Journal of Computer Vision*, **40**, 49-71.

（5）Itti, L., Koch, C., & Niebur, E. (1998). A model of saliency-based visual attention for rapid scene analysis. *IEEE Transactions on Pattern Analysis and Machine Intelligence*, **20**(11), 1254-1259.

（6）笹岡貴史・岡本宜久・岩瀬耕二ほか（2015）．自動車のピラー形状が脳活動に与える影響：fMRI 研究．日本認知心理学会大会発表論文集，**31**.

（7）町澤まろ・金山範明・牧田 快・笹岡貴史・山脇成人（2017）．感情・認知多軸デコーデッドニューロフィードバックによるわくわく感の可視化．第40回日本神経科学大会．

（8）Machizawa, M. G., Lisi, G., Kanayama, N., Mizuochi, R., Makita, K., Sasaoka, T., & Yamawaki, S. (2019). Quantification of anticipation of excitement with three-axial model of emotion with EEG, bioRxiv 659979.

Ⅱ-43　人間らしいが人間ではない不快

（1）Hoffmann, E. T. A. (1816). Der Sandmann. In: *Die Nachtstücke*. Berlin: Realschulbuchhandlung, pp. 1-82.

（2）新美南吉（1943）．狐．大和書店．

（3）Yamada, Y., Kawabe, T., & Ihaya, K. (2013). Categorization difficulty is associated with negative evaluation in the "uncanny valley" phenomenon. *Japanese Psychological Research*, **55**, 20-32.

（4）Kawabe, T., Sasaki, K., Ihaya, K., & Yamada, Y. (2017). When categorizationbased stranger avoidance explains the uncanny valley: A comment on MacDorman and Chattopadhyay (2016). *Cognition*, **161**, 129-131.

（5）Sasaki, K., Ihaya, K., & Yamada, Y. (2017). Avoidance of Novelty Contributes to the Uncanny Valley. *Frontiers in Psychology*, **8**, 79-13.

（6）Darwin, C. R. (1839). *Journal of researches into the geology and natural history of the various countries visited by H.M.S. Beagle*. London: Henry Colburn.

（7）Jentsch, E. (1906). Zur Psychologie des Unheimlichen. *Psychiatrisch-Neurologische Wochenschrift*, **8**, 195-198.

（8）Yamada, Y., Kawabe, T., & Ihaya, K. (2012). Can you eat it? A link between categorization difficulty and food likability. *Advances in Cognitive Psychology*, **8**, 248-254.

文 献 一 覧

Ⅱ-44　食べ物がインスタ映えするメカニズム

（1）河野憲之・柳井啓司（2013）．ラーメン vs カレー：2年分のログデータと高速食事画像認識エンジンを用いた Twitter 食事画像分析とデータセット自動構築．電子情報通信学会 パターン認識・メディア理解研究会（PRMU）.

（2）Hering, E. (1964). Outlines of a theory of the light sense. (Trs., by L. M. Hurvich, and D. Jameson) Cambridge, MA: Harvard Univ. Press. (Zur Lehre vom Lichtsinne: Sechs Mittheilungen an die kaiserl. Bd. 1878 Wine: Akademie der Wissenschaften.)

（3）Kimura, A. et al. (2010). Infants' recognition of objects using canonical color. *Journal of Experimental Child Psychology*, **105**, 256-263.

（4）Morrot, G. et al. (2001). The color of odors. *Brain and Language*, **79**, 309-320.

（5）Motoyoshi, I. et al. (2007). Image statistics and the perception of surface qualities, *Nature*, **447**, 206-209.

（6）Wada,Y. et al. (2010). Influence of luminance distribution on the appetizingly fresh appearance of cabbage, *Appetite*, **54**, 363-368.

（7）Cole, G. G., & Wilkins, A. J. (2013). Fear of holes. *Psychological Science*, **24**, 1980-1985.

（8）松原和也ほか（2017）．昆虫の可食性に関する顕在的・潜在的態度．日本視覚学会2017年冬季大会抄録集，VISION, **29**(1)，31.

Ⅱ-45　レアな商品の魅力

（1）Brock, T. C. (1968). Implications of commodity theory for value change. In A. G. Greenwald, T. C. Brock, & T. M. Ostrom (Eds.), *Psychological foundations of attitudes*, New York, NY: Academic Press, pp. 243-275.

（2）Inman, J. J., Peter, A. C., & Raghubir, P. (1997). Framing the deal: The role of restrictions in accentuating deal value. *Journal of Consumer Research*, **24**, 68-79.

（3）Brannon, L. A., & Brock, T. C. (2001). Limiting time for responding enhances behavior corresponding to the merits of compliance appeals: Refutations of heuristic-cue theory in service and consumer settings. *Journal of Consumer Psychology*, **10**, 135-146.

（4）van Harpen, E., Pieters, R., & Zeelenberg, M. (2014). When less sells more or less: The scarcity principle in wine choice. *Food Quality and Preference*, **36**, 153-160.

（5）有賀敦紀・井上淳子（2013）．商品の減少による希少性の操作が消費者の選好に与える影響．消費者行動研究，**20**，1-12.

（6）Darke, P. R., & Ritchie, R. J. B. (2007). The defensive consumer: Advertising deception, defensive processing, and distrust. *Journal of Marketing Research*, **44**, 114-127.

《執筆者紹介》（五十音順，＊は編著者）

安達真由美（あだち　まゆみ）
　　北海道大学大学院文学研究院教授

阿部恒之（あべ　つねゆき）
　　東北大学大学院文学研究科教授

綾部早穂（あやべ　さほ）
　　筑波大学人間系教授

有賀敦紀（ありが　あつのり）
　　広島大学大学院総合科学研究科准教授

伊藤大幸（いとう　ひろゆき）
　　中部大学現代教育学部講師

伊村知子（いむら　ともこ）
　　日本女子大学人間社会学部准教授

上田和夫（うえだ　かずお）
　　九州大学大学院芸術工学研究院准教授

上田彩子（うえだ　さやこ）
　　国立研究開発法人理化学研究所
　　脳神経科学研究センター理研 CBS トヨタ連携センター知能行動制御連携ユニット研究員

上田祥行（うえだ　よしゆき）
　　京都大学こころの未来研究センター特定講師

大杉尚之（おおすぎ　たかゆき）
　　山形大学人文社会科学部准教授

大塚由美子（おおつか　ゆみこ）
　　愛媛大学法文学部准教授

尾形明子（おがた　あきこ）
　　広島大学大学院教育学研究科准教授

越智啓太（おち　けいた）
　　法政大学文学部教授

片寄晴弘（かたよせ　はるひろ）
　　関西学院大学理工学部教授

蒲池みゆき（かまち　みゆき）
　　工学院大学情報学部教授

茅原拓朗（かやはら　たくろう）
　　宮城大学事業構想学部教授

川畑秀明（かわばた　ひであき）
　　慶應義塾大学文学部教授

＊河原純一郎（かわはら　じゅんいちろう）
　　北海道大学大学院文学研究院教授

　北岡明佳（きたおか　あきよし）
　　立命館大学総合心理学部教授

　北崎充晃（きたざき　みちてる）
　　豊橋技術科学大学大学院工学研究科教授

　木村　敦（きむら　あつし）
　　日本大学危機管理学部准教授

　行場次朗（ぎょうば　じろう）
　　尚絅学院大学総合人間科学系心理部門特任教授

　小山慎一（こやま　しんいち）
　　筑波大学芸術系教授

　近藤あき（こんどう　あき）
　　京都工芸繊維大学繊維学系助教

　坂田勝亮（さかた　かつあき）
　　女子美術大学芸術学部教授

　笹岡貴史（ささおか　たかふみ）
　　広島大学脳・こころ・感性科学研究センター准教授

　佐々木恭志郎（ささき　きょうしろう）
　　関西大学総合情報学部准教授

　柴田　寛（しばた　ひろし）
　　東北文化学園大学医療福祉学部准教授

　鷲見成正（すみ　しげまさ）
　　慶應義塾大学名誉教授

　十河宏行（そごう　ひろゆき）
　　愛媛大学法文学部教授

　互　恵子（たがい　けいこ）
　　株式会社資生堂みらい開発研究所主任研究員

　髙橋純一（たかはし　じゅんいち）
　　福島大学人間発達文化学類准教授

　瀧本（猪瀬）彩加（たきもと（いのせ）　あやか）
　　北海道大学大学院文学研究院准教授

　谿　雄祐（たに　ゆうすけ）
　　金沢大学先端科学・社会共創推進機構 URA・博士研究員

　玉岡賀津雄（たまおか　かつお）
　　中国・湖南大学外国語学院教授，名古屋大学大学院人文学研究科名誉教授

長 潔容江（ちょう　きよえ）
　　元・九州大学大学院人間環境学府博士後期課程

筒井亜湖（つつい　あこ）
　　武蔵野美術大学造形学部非常勤講師

仲渡江美（なかと　えみ）
　　愛媛県立医療技術大学保健科学部准教授

中野泰志（なかの　やすし）
　　慶應義塾大学経済学部教授

中村航洋（なかむら　こうよう）
　　ウィーン大学心理学部・日本学術振興会海外特別研究員

新美亮輔（にいみ　りょうすけ）
　　新潟大学人文学部准教授

入戸野　宏（にっとの　ひろし）
　　大阪大学大学院人間科学研究科教授

橋田規子（はしだ　のりこ）
　　芝浦工業大学デザイン工学部教授

橋田光代（はしだ　みつよ）
　　福知山公立大学情報学部准教授

槙　究（まき　きわむ）
　　実践女子大学生活科学部教授

松田　憲（まつだ　けん）
　　北九州市立大学大学院マネジメント研究科教授

三浦彩美（みうら　あやみ）
　　武庫川女子大学文学部准教授

＊三浦佳世（みうら　かよ）
　　九州大学名誉教授

宮崎由樹（みやざき　ゆうき）
　　福山大学人間文化学部准教授

森川和則（もりかわ　かずのり）
　　大阪大学大学院人間科学研究科教授

山田祐樹（やまだ　ゆうき）
　　九州大学基幹教育院准教授

和田有史（わだ　ゆうじ）
　　立命館大学食マネジメント学部教授

渡邊淳司（わたなべ　じゅんじ）
　　日本電信電話株式会社コミュニケーション科学基礎研究所上席特別研究員

《編著者紹介》

三浦佳世（みうら・かよ）
　　大阪大学大学院文学研究科心理学専攻博士課程後期修了　学術博士
　　現在：九州大学名誉教授
　　主著：『美感――感と知の統合』（共著）勁草書房，2018年
　　　　　『視覚心理学が明かす名画の秘密』（単著）岩波書店，2018年

河原純一郎（かわはら・じゅんいちろう）
　　広島大学大学院教育学研究科博士課程後期修了　博士（心理学）
　　現在：北海道大学大学院文学研究院教授
　　主著：『注意――選択と統合』（共著）勁草書房，2015年
　　　　　『心理学の実験倫理――「被験者」実験の現状と展望』（共編著）勁草書房，2010年

美しさと魅力の心理

2019年10月10日　初版第1刷発行　　　　　　〈検印省略〉
2022年1月30日　初版第2刷発行

定価はカバーに
表示しています

編著者　　三　浦　佳　世
　　　　　河　原　純一郎

発行者　　杉　田　啓　三

印刷者　　中　村　勝　弘

発行所　株式会社　ミネルヴァ書房
607-8494　京都市山科区日ノ岡堤谷町1
電話(075)581-5191／振替01020-0-8076

© 三浦，河原ほか，2019　　　　　中村印刷・藤沢製本

ISBN978-4-623-08659-7

Printed in Japan

心理学スタンダード
── 学問する楽しさを知る

Ａ５判／288頁
本体2800円

サトウタツヤ・北岡明佳・土田宣明 編著

知覚心理学
── 心の入り口を科学する

Ａ５判／298頁
本体2800円

北岡明佳 編著

絶対役立つ　教養の心理学
── 人生を有意義にすごすために

Ａ５判／226頁
本体2500円

藤田哲也 編著

絶対役立つ教養の心理学 展開編
── 人生をさらに有意義にすごすために

Ａ５判／226頁
本体2800円

藤田哲也 編著

マネジメントの心理学
── 産業・組織心理学を働く人の視点で学ぶ

Ａ５判／264頁
本体2600円

伊波和恵・高石光一・竹内倫和 編著

社会でいきる心理学

Ａ５判／268頁
本体2500円

増地あゆみ 編著

──────── ミネルヴァ書房 ────────

https://www.minervashobo.co.jp/